Gerda und Rüdiger Maschwitz · Stille-Übungen mit Kindern

Gerda und Rüdiger Maschwitz

Stille-Übungen mit Kindern

Ein Praxisbuch

Mit Beiträgen von
Eleonore Gottfried-Massa
und Marie-Luise Soltmann

Kösel

kartonierte Ausgabe

ISBN 3-466-36464-7

Druck und Bindung: Kösel, Kempten
Umschlag: Elisabeth Petersen, Glonn
Umschlagfoto: Sam Zarember, Image Bank, München

1 2 3 4 5 · 00 99 98 97 96

Gedruckt auf umweltfreundlich hergestelltem Werkdruckpapier (säurefrei und chlorfrei gebleicht)

Inhalt

Die Stilleübungen

Praxisfelder

Liebe Leserin, lieber Leser!

Wir laden Sie ein, an unseren Überlegungen und Erfahrungen mit Stille-Übungen für Kinder teilzuhaben und wünschen Ihnen viel Freude beim Erleben mit den Kindern.
Unser Schwerpunkt war viele Jahre lang die außerschulische Kinder- und Jugendarbeit, ehe wir uns zunehmend mehr der Meditationsarbeit mit Erwachsenen zuwandten. (Unseren aus der Gemeindepraxis erwachsenen Ansatz stellten wir in dem Buch »Geistliches Leben wagen« dar.) Durch diese Meditationsangebote kamen auch viele Menschen zu uns, die als Eltern oder Lehrer/innen oder Erzieher/innen oder in anderen Funktionen mit Kindern zu tun hatten. Und sie fragten, ob das, was sie für sich als gut und wichtig erfahren hätten, nicht auch für Kinder möglich wäre. Hier schloß sich für uns ein Kreis, und wir begannen, gemeinsam mit vielen »Praktikern«, aus unserer Erfahrung in beiden Bereichen nach Übungen und Modellen zu suchen und sie auszuprobieren. Gelegenheit dazu bot sich für uns im Kontaktunterricht in der Grundschule (Religion bzw. Förderunterricht), in Gruppenangeboten im Kindergarten, in Gottesdiensten mit Kindern, in Freizeiten und im Zusammensein mit unseren eigenen Kindern. Nicht zuletzt diese zeigten uns, wieviel Freude und gemeinsame Erfahrungsmöglichkeiten in diesem Thema stecken.
Seit unseren ersten Versuchen ist die generelle Bereitschaft, sich mit Stille-Übungen und Meditation zu beschäftigen, sehr gewachsen. Dies zeigt z.B. auch die zunehmende Resonanz, die die verschiedensten Seminarangebote in dieser Richtung finden. Nachdem wir einmal damit angefangen hatten, wurde schnell deutlich, wie groß das Interesse und der Wunsch nach Unterstützung ist.
Dabei traf das Stichwort »Stillearbeit mit Kindern« auf ganz unterschiedliche Motivationen. Dies wird aus den verschiedenen Fragen und Bemerkungen über die Kinder deutlich:

- Mein Kind kann keine Minute stillsitzen.
- Meine Kinder lassen sich von allem ablenken.
- Die Lautstärke in meiner Klasse ist unerträglich.
- Viele können sich nicht konzentrieren.
- Die Kinder haben gar keine Phantasie mehr.
- Was kann ich mit den lustlosen, aggressiven, gestreßten Kindern anfangen?
- Beim Kindergarten-Gottesdienst toben die Kleinen durch den Altarraum. Gibt es da nicht was, damit sie ruhig sitzenbleiben?

- Wie kann ich mit Kindern meditieren?
- Wie kann ich religionspädagogisch im Kindergarten arbeiten?
- Kann man auch im Kindergottesdienst meditieren?
- Ich habe am Ende einer Sportstunde den Kindern eine Phantasiegeschichte erzählt. Das tat denen so gut. Was kann ich noch machen?

Die Beobachtung, daß es immer schwieriger wird, Kinder für etwas zu interessieren, sie mit der Aufmerksamkeit bei der Sache zu halten, das Gefühl, daß ihnen etwas fehlt, ließ nach Konzentrationsübungen und anderen Möglichkeiten, dem entgegenzuwirken, suchen. Dieses Interesse findet seinen Widerhall im Buchangebot, wo gerade in den letzten drei Jahren eine deutliche Zunahme an Literatur zu diesen Themen zu verzeichnen ist.

Nun hat Stille ja, wie gesagt, ganz unterschiedliche Aspekte. Wenn wir den Ansatz in diesem Buch in einen Satz zusammenfassen sollten, hieße er:

Stille ist kein Ziel, Stille ist die Chance, die Fülle des Lebens zu entdecken.

So ergibt sich aus der Zusammenstellung der Übungen *kein* Rezeptbuch nach dem Muster:

- Ein Löffel Körperübungen,
- eine Prise Phantasiereisen,
- zweimal Mandala malen,
- eine (biblische) Geschichte

… und fertig ist das stille Kind.

So wichtig es in manchen Situationen ist, ein Mindestmaß an Disziplin zu erreichen, so sehr es allen guttut, einen Moment Ruhe in eine aufgewühlte Kindergruppe zu bekommen, so wichtig Konzentration für die Leistungssteigerung ist, – dies ist nach unserer Meinung nicht das Ziel einer Stilleübung.

Wir möchten dazu beitragen, daß Kinder sich selbst und ihre Fähigkeiten entdecken, entwickeln und erweitern. Und wenn dies gelingt – davon sind wir überzeugt –, dann verändern sich die vorher genannten Probleme, und manches regelt sich von selbst. Warum, so werden Sie vielleicht fragen, finden die Kinder nicht ganz von selbst dahin? Manche tun es ja, anderen fällt es schwer. Das Leben der Kinder geschieht in einem Zusammenspiel individueller und gesellschaftlicher Zusammenhänge, die ihnen Möglichkeiten eröffnen oder sie begrenzen. Deshalb wollen wir im ersten Teil nachfragen, welche Bedingungen das Leben der Kinder heute bestimmen, was ihrer positiven Entwicklung entgegensteht. Aber auch umgedreht wollen wir fragen, was wir von den Kindern lernen können, wenn wir ihnen den Freiraum gewähren, nach ihrem »inneren Bild« zu wachsen. Vielleicht führt uns dies zu einem neuen Verständnis dessen, was Jesus meinte, als er uns die Kinder als Vorbild hinstellte.

Damit wären wir bereits bei einem zweiten Punkt, den Sie als durchgehenden Tenor in diesem Buch entdecken werden. Alles, was wir für oder besser mit den Kindern

tun und erleben, hat auch etwas mit uns Erwachsenen zu tun. Es fängt damit an, daß wir Unruhe, Unkonzentriertheit, Lustlosigkeit, Aggressionen, Überfordertsein etc. nicht nur bei den Kindern, sondern auch bei uns entdecken.
Die Bemerkungen über die Kinder, die wir vorne aufführten, hören wir von Erwachsenen auch in abgewandelter Form:
- Ich bin so unruhig,
- ich habe keine stille Minute mehr für mich,
- ich kann mich nicht mehr konzentrieren,
- ich bin so leicht reizbar,
- ich bin überfordert, am Ende meiner Kraft,
- ich brauche Stille!

Von da ist es nur ein kleiner Schritt zu der Erkenntnis, daß wir nichts an die Kinder weitergeben können, was wir selbst nicht (mehr) besitzen. Deshalb brauchen auch wir Erwachsene einen Platz, an dem wir zur Ruhe finden, uns besinnen und neue Kraft schöpfen können. Es ist eine der schönen Erfahrungen mit dem Thema dieses Buches, daß es uns Erwachsenen genauso wie den Kindern gilt. Darin steckt ein Stückchen Hoffnung, daß wir uns mit den Kindern wandeln und neue Lebendigkeit und Kraft gewinnen.
Wie kann dies geschehen? – Wir müssen es probieren!
Hinter all den Übungen steht ein erfahrungsorientierter Ansatz, der das Erleben in den Vordergrund stellt. Unser Bemühen zielt auf einen ganzheitlichen Erfahrungsraum, in den die religiöse Erziehung integriert ist. So können die Kinder die Kraft der Stille, das Bewußtsein für ihren Körper, ihre schöpferischen Möglichkeiten erkennen und ausdrücken lernen. Natürlich braucht Erfahrung einen gedanklichen Rahmen, in dem das Erlebte verarbeitet und eingeordnet werden kann, und der sich dadurch auch verändert.
Gerade heute, wo sich viele Eltern mit einer vertieften religiösen Begleitung überfordert sehen, gewinnen solche Erfahrungsfelder in Kindergärten, Unterricht, Kindergottesdienst und Kinderfreizeiten einen neuen Stellenwert. Wir wünschen uns, daß viele Mitarbeiter/innen in diesen Bereichen durch dieses Buch zu eigenen Versuchen ermutigt werden.
Wenn Sie die Übungen lesen, werden Sie bemerken, daß Sie diese auch unabhängig von unserer Einstellung verwenden können. Mit der entsprechenden Achtsamkeit und Sorgfalt werden sie immer zu guten Erfahrungen führen. Vielleicht werden Sie selbst auch neugierig und entdecken neue Zugänge zu Ihrem Glauben. Wir haben es immer wieder erfahren: Stillearbeit hat letztlich eine geistliche Dimension, die der Mensch nicht ausschalten kann. Wer zur Stille, zum Ursprung, findet, findet auch Gott, – wie auch immer er dies benennt.

Warum brauchen Kinder heute Stille?

1 Was hindert die Kinder, die Stille zu entdecken?

Zur Einstimmung eine Kindheitserinnerung Luise Rinsers:

»Ich, das Kind, kniete vor ihr (der Christusfigur – Verf.) auf den Altarstufen und blickte zu ihr auf. Ich betete nicht. Ich mochte von allen Gebeten, die wir gelernt hatten, keines. Das waren Wörter, Wörter. Ich kniete und schaute, eine Stunde lang, zwei Stunden lang auf den Steinstufen. Mir müssen die Knie geschmerzt haben, ich merkte es nicht. Es war sicher auch kalt, ich merkte es nicht. Nie kam jemand, der mich störte. Wenn ich lange so regungslos gekniet hatte, begann der Christus mich anzusehen. Kein Zweifel: er senkte seine sonst geradeaus schauenden Augen und blickte mich an. Dann stand mein Herz still, mein Atem stockte, ich verging in Seligkeit. Woher kannte das Kind die Praktik der Meditation?
Als ich später davon hörte, als überall Meditation gepflegt wurde und als man sie sogar ausdrücklich lehrte ..., war ich erstaunt: das war doch ganz natürlich, das mußte doch jedermann können und erleben. Man brauchte doch nur lange genug stillsitzen und an nichts denken und innen ganz leer sein, dann kam das Ersehnte von selbst. Ganz einfach.«
(Aus: Luise Rinser, Den Wolf umarmen, Frankfurt ^{5}1984, S. 152 f.)

Was so einfach und natürlich erscheint, ist zumindest heute nicht mehr einfach und für die meisten Kinder und Erwachsenen eher fremd. Und doch haben wir alle eine Ahnung von diesen Erfahrungen und haben sogar ähnliche Erfahrungen selbst gemacht. Vielleicht spüren Sie diesen Erfahrungen einmal nach:

1. Übung:

Legen Sie dieses Buch, nachdem Sie die Anleitung gelesen haben, für einen Moment zur Seite und werden still. Spüren Sie sich in diese Stille ein und erinnern sich an Situationen, in denen Sie »an nichts dachten, innen ganz leer waren«, und doch von diesen Erfahrungen in einer besonderen Weise berührt wurden: vielleicht war es auf einem Berg oder am Meer, vielleicht bei oder nach einer Geburt oder bei einem Konzert oder beim Musizieren oder Malen. Es gibt viele Möglichkeiten solcher Erfahrungen in unserem Alltag. Vergegenwärtigen Sie sich diese Erfahrungen, und spüren Sie nach, was diese Erfahrungen in Ihnen wachrufen.

Auch wenn Sie sich kaum erinnern können, berührt Sie vielleicht die Suche nach der kindlich unbekümmerten Zwiesprache mit Gott, spüren Sie eine diffuse Sehnsucht nach tiefen Erfahrungen, stellt sich die Frage nach der Sinngebung.
Warum tun wir uns so schwer damit? Warum hat Stille heute im Erleben der Kinder mehr mit dem Gefühl der Angst als mit dem Gefühl innerer Freude zu tun? Welche Vorerfahrungen bringen die Kinder mit? Uns erschien es notwendig, einige Aspekte der kindlichen Wirklichkeit näher zu betrachten und nach Weichenstellungen zu suchen, die in die eine oder andere Richtung führen.

1.1 Kindsein – ein Blick zurück

Wir leben im ›Jahrhundert des Kindes‹ und bezeichnen damit vor allem die veränderte Einstellung gegenüber dem Phänomen Kindheit. Sie wurde bestimmt durch die Erkenntnis, daß die Jahre des Heranwachsens weder für den einzelnen noch für die Gesellschaft zu vernachlässigen sind. Diese Erkenntnis führte zu einem neuen lebhaften Interesse an den Kindern, brachte ihnen Wertschätzung und Zuwendung, machte sie aber auch zum Gegenstand (im wörtlichen Sinne) von Erziehung, Psychologie, Politik, Militär, Vernichtung, …
Im Rückblick auf dieses Jahrhundert des Kindes fallen uns viele Bilder ein, die die glücklichen Seiten der Kindheit widerspiegeln, eine Art fortgeschriebener ›Bullerbü-Traum‹.
Aber genauso deutlich sind uns Bilder, die nur Entsetzen hervorrufen:
Kinder als Soldaten mit Waffen, – gefolterte und zerschlagene Kinder, – Kinder im KZ, – Kinder auf der Flucht und am Verhungern, – Kinder alleingelassen in den Wohnungen, – Kinder vor Horrorvideos, – Kinder in Elite- und Zuchtschulen und abgeschoben in verwahrloste Heime (nicht nur in Rumänien), – Kinder als Sport- und Medienstars (nicht nur Michael Jackson), – vergewaltigte Kinder, – Kinder als einkalkulierte Verkehrsopfer, …
Kindsein ist und war oft gar nicht so glücklich, wie es in Erinnerungen erzählt und in Büchern beschrieben wird. Kindern wurde und wird vieles abverlangt, Kindsein wird bestimmt durch die Interessen der Erwachsenenwelt.
Uns geht es, wenn wir die Aspekte der Kindheit heute vor allem kritisch darstellen, nicht darum, die Vergangenheit zu romantisieren und das Heutige zu verdammen, sondern wir wollen Entwicklungen nachzeichnen, die die heutige Kindheit bestimmen und ihre Licht- und Schattenseiten verdeutlichen.
Auch die Kindheit, wie wir sie heute erleben, ist noch eine relativ junge Entwicklung. So, wie heute noch in vielen ›armen‹ Ländern, hieß Kindheit auch bei uns

früher, daß die Kleinen bis etwa zum Alter von 4-5 Jahren frei von großer Verantwortung heranwachsen konnten. Dies entspricht in etwa dem Zeitraum, in dem ein Kind seine Grundfertigkeiten wie Gehen, Sprechen, zielgerichtetes Handeln und Vertrauen zu einem ersten Abschluß bringt. Je nach Kultur, Schicht und sonstigen Lebensbedingungen wuchs es behütet und geschätzt oder wenig beachtet, Verwandten oder älteren Geschwistern anvertraut, heran. Sobald es dazu in der Lage war, lernte es seinem Alter entsprechende Aufgaben zu übernehmen, um seinen Beitrag zum Leben der Familie zu leisten. Gelernt wurde durch Mitarbeit und anschauliche Erfahrung.

Unterricht im Sinne von Schule war den Kindern der oberen Schicht und wenigen Ausnahmen durch den Besuch von Klosterschulen vorbehalten. Erinnern Sie sich daran, daß auch bei uns die allgemeine Schulpflicht noch sehr jung ist. Sie wurde nicht aus Kinderfreundlichkeit zum Gesetz, sondern die Veränderung von der bäuerlichen und handwerklichen zur industriellen Arbeit verlangte von den Menschen neue Grundfertigkeiten, die weit über das hinausgingen, was sie durch Mitwirkung als Kind lernen konnten.

In Verbindung mit dem industriellen Wandel veränderten sich auch die geistig/philosophischen Grundlagen der Gesellschaft in einem immer schneller werdenden Tempo. Die Diskussion der gesellschaftlichen ethischen Werte verband sich mit dem sozialen Wandel und beeinflußte den Alltag der Menschen und damit auch den der Kinder.

Wir haben uns vier wesentliche Veränderungen in den letzten Jahrhunderten angesehen, um an ihnen deutlichzumachen, daß der Kinderalltag heute Teil eines generellen Wandels ist, der positive und negative Seiten hat. Auf dem Hintergrund dieses Wandels können wir heutige Veränderungsmöglichkeiten reflektieren und umsetzen.

Es geht um:

1. die Entwicklung der Buchdruckerkunst;
2. die Zeit der Aufklärung;
3. die Rolle der Kinder in der Zeit der Industrialisierung;
4. die Bedeutung der Psychologie und der Psychoanalyse.

1.1.1 Lesen verleiht Flügel – die Auswirkungen der Erfindung des Buchdrucks

Es ist heute kaum noch zu ermessen, welche Revolution im geistigen Bereich die Erfindung des Buchdrucks ermöglichte. Das mühsame Abschreiben wurde ersetzt durch den Druckvorgang, und auf einmal konnte ein Text in relativ kurzer Zeit

beliebig oft vervielfältigt werden. Bis dahin war die Mehrzahl der Menschen auf ihren eigenen Erfahrungsraum begrenzt. Wichtiges wurde durch Geschichten, Sagen und Berichte mündlich weitergegeben. Nur ein kleiner Personenkreis, der lesen und schreiben konnte, hatte Zugang zu den Handschriften. Sie konnten ihre Erfahrungen schriftlich festhalten, konnten Ideen und Erkenntnisse anderer im Lesen nachvollziehen. Dies wurde nun durch den Buchdruck für viele möglich. Natürlich mußten sie dazu auch lesen und schreiben lernen. Es lag im Interesse des Protestantismus, dies zu fördern, damit die Bibel in möglichst vielen Haushalten gelesen werden konnte. Im Zeitalter der Reformation und in den Jahren danach entstand ein fast euphorischer Bildungseifer, wenn es auch zu früh wäre, in dieser Zeit schon von Volksbildung zu sprechen.
Warum hatte das Buch eine solch große Bedeutung?

---

2. Übung:

Erinnern Sie sich an ein oder zwei wichtige Bücher aus Ihrer Kinderzeit.
Um welche Personen, Situationen ging es da? – Wie weit haben Sie sich mit den (Haupt-)Personen identifiziert? – Wohin führte Sie die Phantasie? – Haben Sie Rollen und Situationen in Ihr Spiel, in Ihre Tagträume übernommen, entwickelt und ausgeschmückt? – Haben diese Erfahrungen Sie im damaligen Alltag bestärkt und getragen oder sind Sie dem Alltag ausgewichen und entflohen? – Welchen Stellenwert geben Sie diesen Erfahrungen heute, wirkt diese Identifikation in irgendeiner Form bis heute?

Mit Sicherheit erweiterte das Lesen (besonders in der Kindheit) den eigenen realen Erfahrungsraum. Wer lesen konnte, hatte Teil an den Erfahrungen und Ideen anderer, wußte von Ländern, die er nie gesehen hatte, kannte Gesellschaftsformen, zu denen er keinen Zutritt hatte, las Gedanken und Vorstellungen, die der Denkweise seiner Mitmenschen fremd, vielleicht sogar bedrohlich erschienen. Damit war das Buch der erste Schritt, Erfahrungen nicht durch reales Tun oder in der Vermittlung von Mensch zu Mensch zu erleben, sondern sich durch das Medium Buch (und heute durch all die anderen Medien) davon unabhängig zu machen.
Dies alles hatte nicht zu unterschätzende positive Auswirkungen auf die geistige Entwicklung. Aber auch die Grenzen und Risiken der Medienwirklichkeit waren bereits im Buch angelegt: Papier ist geduldig. Ohne die Korrektur durch die eigene Erfahrung und den Austausch mit anderen bleibt manches Trugbild haften.

1.1.2 Der Mensch im Zentrum der Welt – die Zeit der Aufklärung

Im Grunde war der Buchdruck auch der notwendige Vorläufer der Aufklärung. Als vielen geistig interessierten Menschen die alten antiken und die neuen philosophischen und wissenschaftlichen Schriften zur Verfügung standen, als sich die daraus entwickelnden neuen Sichtweisen der Wirklichkeit schnell verbreiten ließen, als eine Entdeckung die andere anregte, konnte der Erkenntnisdrang der Menschen nicht länger gebremst werden.

Der Kern der Aufklärung liegt in einer neuen Definition der Wirklichkeit. Die Menschen wurden sich ihrer Fähigkeiten neu bewußt und lösten sich von den Machtansprüchen der christlichen Institutionen, die sie in ihrem Drang nach Wissen und Erkenntnis am Zügel gehalten hatten. Sie stellten die Erkenntnisfähigkeit des Menschen in den Mittelpunkt und hoben ihn damit aus dem Zusammenhang der Schöpfung heraus. Die Erfahrung, immer mehr Zusammenhänge in der Natur zu durchschauen, sie nachahmen und verändern zu können, führte zu einem Allmachtsgefühl, das die Menschen nicht mehr als Teil, sondern als das beherrschende Gegenüber zur Natur definierte. Die Folge war, daß die naturwissenschaftliche Forschung blühte und Erkenntnis sich an Erkenntnis reihte. Heute sind wir alle Nutznießer der daraus entstandenen Entdeckungen und Erfindungen.

Aber auch die negativen Seiten sind heute deutlicher denn je zu sehen: Die Loslösung von den Ansprüchen der Institutionen hat auch zu einem inhaltlich-moralischen Ablösungsprozeß geführt. Die ethische Entscheidung, ob ich das, was ich tun kann, auch tun darf (siehe Atomforschung, Gentechnik) steht oft dem Forscherdrang entgegen. Der christliche Glaube setzt in diesem Zusammenhang kaum noch rechtsverbindliche Normen. Erst langsam sind die Grenzen des Mythos vom Machbaren sichtbar. Darüber hinaus hat sich die Forschung immer mehr in die Entschlüsselung von Einzelfakten hineingestürzt und läuft Gefahr, den Gesamtzusammenhang aus dem Blick zu verlieren. Das alte Wissen, daß die Erde ein lebendiger Organismus ist, in dem eins das andere bedingt, kommt erst jetzt wieder in die Diskussion.

Auch in den Geisteswissenschaften wirkte sich der Geist der Aufklärung aus. Sie wird auch die Zeit der Pädagogik und rückt die Besonderheit der Kindheit erstmals im größeren Maße in den Blickpunkt der wissenschaftlichen Öffentlichkeit. Stellvertretend dafür können Locke und Rousseau stehen. In den Vorstellungen dieser beiden Männer äußern sich zwei unterschiedliche Konzeptionen der menschlichen Entwicklung, die bis in unsere Zeit hinein nicht nur die pädagogische Diskussion beeinflußt haben.

John Locke beschreibt den Menschen als »tabula rasa«. Für ihn ist der Mensch bei der Geburt noch durch nichts vorgeprägt. Erst durch die Erziehung wird der Mensch zu dem Wesen, das er letztlich ist. Für Locke ist so, vereinfacht gesagt, der Mensch

ein erziehungsbedürftiges und damit auch in jede Richtung formbares Wesen. Seine Vorstellung wird durch manches makabre Experiment bestätigt, sei es durch die sogenannten Wolfskinder oder Kaspar Hauser, sei es durch das Experiment eines preußischen Königs, der durch die Isolation von Säuglingen herausfinden wollte, was wohl die natürliche Sprache des Menschen sei.
Rousseau dagegen orientierte sich an der Natur. So wie aus jedem Samen die jeweils vorbestimmte Pflanze wird, so soll sich auch der Mensch nach seinem in ihm liegenden natürlichen Plan entwickeln können. Für Rousseau ist das Kind dem Ursprung näher und der Erwachsene in seiner unnatürlichen Haltung und Einstellung eher das Problem. Diese Sichtweise wird oft als romantisch dargestellt, zumal die obengenannten Experimente Erziehung zwingend notwendig erscheinen lassen.
Beide Gedankengänge führten dazu, daß der Wert der Erziehung neu diskutiert wurde. Entsprechend den jeweiligen Idealen wurden die Kinder bewußt erzogen. Bildung und Erziehung hatten die erklärte Absicht, den Menschen zu formen. Der junge Mensch wurde und wird an dieser Formung kaum beteiligt. Die Erkenntnis, daß das Kind ein erziehungsfähiges Wesen ist, förderte so nicht nur die Bildung des Kindes, sondern sie gab auch die Möglichkeit, diese Bildung von den gesellschaftlichen Interessen, Erfordernissen und Bedingungen her zu gestalten. Dies führte oft genug zum Mißbrauch und zur Indoktrination der Menschen.
Locke hat den Puritanismus und dessen strengen Erziehungsstil sehr beeinflußt, und wenn man das heutige Erziehungswesen sieht, kann man sagen: John Locke hat sich durchgesetzt. Doch ganz sind Rousseau's Gedanken über die Eigenständigkeit des Kindseins und seinen Wert für das Erwachsensein noch nicht verschwunden. Zum Beispiel schwingt in dem Wort Kindergarten noch etwas von dem Wachsen und Pflegen des Natürlichen mit.
Beide hoben durch ihre Betrachtungen den Wert des Kindseins im Unterschied zum Erwachsensein hervor und regten die Diskussion darüber, was und wie ein Kind lernt, an. Indem sie die Rolle der Natur im Menschen genau entgegengesetzt beurteilten, kamen sie auch zu einem entgegengesetzten Erzieherbild. Für uns heute kann dies ein Prüfstein sein, wo wir uns mit unserer eigenen Einstellung ansiedeln und was dies für unsere Einstellung den Kindern gegenüber bedeutet.

---

3. Übung:

Schließen Sie für ein kleines Gedankenexperiment einmal einen Moment lang die Augen. – Warten Sie, bis die Gedanken ruhiger werden, und lassen Sie sie wie Wolken weiterziehen.
Dann konzentrieren Sie Ihre Aufmerksamkeit auf die Vorstellung, wie der Garten Ihrer Träume aussehen könnte. Wenn Bilder kommen, sehen Sie sich in Ihrem Garten um.

Schlendern Sie hindurch. Was wächst da? Gibt es Beete, Büsche, Bäume? Wie sehen die Wege aus? Welche Orte laden zum Ausruhen ein? Sind Tiere im Garten? Schauen Sie sich in Ruhe um.
Welche Aufgabe hätte ein Gärtner in diesem Garten?
Wären Sie selbst gerne der Gärtner?
Vielleicht haben Sie Lust, etwas über Ihren Garten aufzuschreiben oder ihn zu malen.
Übertragen Sie das Verhältnis des Gärtners zur Natur einmal auf Ihre Beziehung zu Kindern. Gibt es da Parallelen? Wieviel Vertrauen haben Sie in die Selbstregulationskräfte der Natur? Wieviel Ordnung, wieviel Wildnis gefällt Ihnen? Macht Ihnen das Gärtnern Freude, oder würden Sie es lieber anderen überlassen?
Wenn Sie einen eigenen Garten haben, so können Sie ihn sich ja einmal unter diesen Gesichtspunkten ansehen. Die Frage, wo wir uns im Verhältnis zur Schöpfung sehen, bestimmt unser Denken und Handeln im Alltag im hohen Maße.

1.1.3 Alles ist machbar! – Die industrielle Revolution

Der Geist der Aufklärung, der die Wissenschaften aus der Abhängigkeit der Religion befreite, lockte auch den Erfindergeist und den Freiheitsdrang der Menschen heraus. Schon früh hatte Francis Bacon dafür geworben, daß es eine Technik geben müsse, die dem Menschen diene. Erfindungen in rascher Folge führten vom Handwerk über die Manufaktur zur Industrie und damit zu einschneidenden Veränderungen in allen Lebensbereichen. Um Arbeit zu finden, verließen viele ihre Heimat und siedelten sich da an, wo industrielle Zentren entstanden. Damit begann die Auflösung des Lebens auf dem Lande, sei es auf eigenem Grund und Boden oder auf dem des Lehnsherren. Die Verstädterung nahm zu, der Kontakt zur Natur ab. Viele Kinder blieben sich alleine überlassen oder mußten unter ausbeuterischen Verhältnissen mitarbeiten, weil die Not der Familien groß war. Durch ihre Größe und Beweglichkeit waren sie für manche Arbeiten (Karrenkinder unter Tage, Teppichknüpfen) besonders geeignet. (Das gleiche spielt sich heute noch in vielen Ländern dieser Erde ab.)
Daneben forderte die industrielle Entwicklung zunehmend mehr qualifizierte Arbeitskräfte, die über eine bessere Ausbildung verfügen mußten. So kam es, daß auf der einen Seite die Arbeit der Kinder im elterlichen Hof, in Fabriken und Bergwerken selbstverständlich war, auf der anderen Seite von den Erwachsenen Weiterbildungsangebote gefordert wurden. Ich bin sicher, daß es die Gedanken der Volksbildung und der sozialen Gerechtigkeit, die später zur allgemeinen Schulpflicht führten, ohne den Bedarf an qualifizierten Arbeitskräften viel schwerer gehabt hätten.

Die Verbindung zwischen den gesellschaftlichen, wirtschaftlichen Anforderungen und ihren Inhalten sowie dem Aufbau unseres Schulsystems läßt sich auch heute in der Diskussion wiederfinden.
Die allgemeine Schulpflicht und der Besuch der Schule brachte den Kindern dann auch eher eine zusätzliche Be-, denn eine Entlastung. Zwar wurde die Kinderarbeit allmählich verboten, doch die Mitarbeit in den bäuerlichen Betrieben und im Handwerk war weiterhin nötig. Die Kinder arbeiteten in der Schule und zu Hause. Diese doppelte Belastung der Kinder hielt bis in die 50er und 60er Jahre dieses Jahrhunderts an (und hält, was zum Beispiel die Hausarbeit und die Beaufsichtigung jüngerer Geschwister betrifft, aber auch die Arbeit zur Finanzierung von Konsumwünschen, heute noch an).
Es gab noch andere Veränderungen, die nicht sogleich nach außen sichtbar waren. Die Veränderung der Arbeits- und Lebenssituation wurde von einer Veränderung der Werte und Normen begleitet. Nach anfänglicher Skepsis setzte sich ein allgemeiner Technik- und Fortschrittsglaube durch: Alles ist machbar –, wir werden schon immer etwas Neues erfinden, das uns das Leben leichter macht. Wir werden die Natur in den Griff bekommen. Wir sind besser als die Natur. – Das Resultat sehen wir heute.
Mit der Loslösung aus der Herkunftsfamilie und den Aufstiegsmöglichkeiten durch Arbeit, Bildung und Leistung veränderten sich auch die sozialen Bewertungen. Nicht Herkunft, sondern Leistung zählte. Was zunächst Befreiung aus überkommenen Strukturen war, wird heute zum umgekehrten Zwang. Weil ja jeder die Chance hat, etwas zu leisten, ist er für sein Glück und seinen Wohlstand selbst verantwortlich. Leistung und Konkurrenz werden zur Maxime, Statussymbole zum Lebenssinn. Geld ist der allgemein akzeptierte Fixpunkt, und immer mehr regeln marktwirtschaftliche Gesetze von Angebot und Nachfrage, Bedürfnisweckung, Mode und Konsumbewußtsein alle Lebensbereiche. Alles ist kaufbar, man muß nur das Geld haben. Und Geld kann jeder haben, er muß sich nur geschickt genug anstellen…
Ist das die Botschaft unserer Gesellschaft an die Kinder?

---

4. Übung:

Überprüfen Sie diese Botschaft. Nehmen Sie sich ein Blatt und einen Stift, und schauen Sie sich bewußt die Werbung im Fernsehen an, die zu der Zeit läuft, in der Kinder noch fernsehen. Achten Sie nicht auf die Produkte, sondern schreiben Sie auf, welche Botschaft und welchen Lebenssinn diese Werbung vermittelt.

1.1.4 Frühe Prägungen – der Einfluß der Psychologie und der Psychoanalyse

Daß Kinder viel lernen können und darin auch leicht beeinflußbar sind, war also zu Beginn dieses Jahrhunderts eine bekannte und genutzte Tatsache. Trotzdem war das Ergebnis nicht immer das gewünschte. Die Psychologie gab auf die Frage, wie Menschen sich zu dem, was sie als Erwachsene darstellen, entwickeln, neue Antworten und Impulse. Sie wies nach, daß viele Prägungen bereits in frühester Kindheit geschehen. Damit lenkte sie das Augenmerk auf die ersten Lebensjahre, die vorher eher nebensächlich erschienen waren.

Rousseau fehlte noch die Erkenntnis, daß jeder Mensch vom ersten Lebenstag an Liebe, Zuwendung und Anregungen braucht, um sich seiner Natur gemäß zu entwickeln. Jetzt wurde die Beziehung zwischen Kind und Erwachsenem auf einmal sehr wichtig,und es wurde deutlich, daß die Art, wie etwas gelehrt und gelernt wird, wichtiger sein kann als der Inhalt. Galt bisher (und bei manchen gilt es noch heute), daß das Ziel die Mittel rechtfertige, so wurde jetzt der Weg zum Ziel wesentlich. Hiermit wurde die Art und Weise der Erziehung, die in den letzten Jahrhunderten oft nebenbei und gar nicht bewußt geschah oder sich an den Kriterien Zucht und Gehorsam ausrichtete, als eigene Aufgabe und Lernfeld umschrieben. Negativ erlebte Erziehungsformen, wie z.B. Prügeln, Demütigen, Einsperren wurden nicht nur verboten, sondern es setzte sich auch die Erkenntnis durch, daß diese Aktionen nur die Hilflosigkeit der Eltern, Lehrer oder sonstiger Erzieher zeigen.

Dieses Wissen hatte Auswirkungen auf die Begleitung des Kindes beim Erwachsenwerden, gerade auch für die religiöse Erziehung. Denn durch die Psychoanalyse wurde auch bewußt, wie sehr unser erstes und damit tiefstes Gottesbild geprägt wird durch unsere Elternerfahrung. Ein patriarchalisches, auf Strenge und Strafe basierendes Elternhaus wird ein ebensolches Gottesbild fördern. Doch in einer positiven Hinwendung und Annahme des Kindes kann sich die liebende Zuwendung Gottes und besonders Jesu zu den Kindern verdeutlichen und sich sein Gottesbild auf Vertrauen gründen.

Zusammengefaßt läßt sich sagen: Was ich als Kind an Gutem und Schlechtem erfahren habe, bestimmt mein bewußtes und unbewußtes Leben als Erwachsener. Da wir dazu neigen, das Schwere und Enttäuschende aus unseren Kindheitserfahrungen zu verdrängen und die Schattenseiten der Erziehung wie Härten, Schläge, mangelndes Verständnis u.ä. aus der Erinnerung auszublenden, werden wir oft erst in Krisensituationen wieder mit ihnen konfrontiert. Erlebnisse und Erfahrungen der Kindheit werden dann als krankmachend erlebt. Hier hilft die Psychologie bzw. Psychoanalyse mit einer weiteren Erkenntnis: Die Lernfähigkeit geht mit der Kindheit nicht verloren. Wandlung und Wachstum sind nicht auf die Kindheit beschränkt, sondern sind im Erwachsenwerden und Erwachsensein immer noch möglich.

Die Erkenntnisse der Psychologie geben der frühen Kindheit damit eine wesentliche Bedeutung – und schränken sie gleichzeitig wieder ein: Was uns früh prägt, gehört ein Leben lang zu uns, – aber jeder kann sich auch im Erwachsenenalter noch verändern, seine Kindheit durcharbeiten und sein Leben neu gestalten.
Hier setzen auch die verschiedenen geistlichen Wege und Übungsformen an. Sie geben die Chance, das eigene Leben in einem neuen Licht zu sehen und sich zu ändern.

---

5. Übung:

Nehmen Sie Farben, eine lange Papierrolle und sich selbst Zeit. – Beginnen Sie, sich zu erinnern. Malen Sie Kindheitssituationen auf, die für Sie wichtig sind. So entsteht ein gemaltes Lebenspanorama. Vielleicht können Sie in einem weiteren Durchgang die Gottesvorstellungen und -erfahrungen ihrer jeweiligen Entwicklungsstufe ergänzen.
Gehen Sie mit Ihren Erkenntnissen und Erlebnissen liebevoll um, spüren Sie Ihre Gefühle, und beenden Sie die Übung, wenn diese zu anstrengend und zu tief ist.

1.2 Wie schön ist es, heute Kind zu sein!? – Aspekte des kindlichen Umfeldes

Die Entdeckung des Buchdrucks, die Ideen der Aufklärung, die industrielle Revolution und die Erkenntnisse der Psychologie sind vier Wurzeln in der Geschichte, aus denen sich viele der rasanten Veränderungen in unserem europäisch westlichen Lebensbereich besser verstehen lassen. Wir finden sie wieder, wenn wir uns jetzt einige Aspekte des Kinderalltags heute näher ansehen:

- Die Bedeutung der Familie hat sich verändert,
- die außerfamiliäre Erziehung bestimmt die Kinder immer mehr,
- die Medien und ihr Einfluß auf die Kinder entwickeln sich rasant,
- der freie Raum natürlicher Spielfelder verschwindet fast total,
- die Pädagogisierung und Kommerzialisierung erreicht die Kinder in allen Lebensbereichen.

---

6. Übung:

Um für dieses Kapitel einen persönlichen Vergleich zu haben, schlagen wir Ihnen folgende Aufgabe vor:
Nehmen Sie ein Blatt und teilen Sie waagerecht alle Wochentage und senkrecht alle Stunden des Tages ein. Es entsteht ein Blatt mit vielen Feldern. Tragen Sie nun

in jedes Feld ein, was Sie in einer durchschnittlichen Woche zu dieser Zeit alles tun, z.B. schlafen, arbeiten, essen, lesen ... Stellen Sie anschließend in Schwerpunkten Ihre Tätigkeit zusammen. Runden Sie die Aktivitäten der Einfachheit halber auf 30 Minuten auf oder ab, Sie können dies ja im Tagesturnus ausgleichen. – Erstellen Sie solche Pläne auch für und mit 2 und mehr Kindern unterschiedlichen Alters.
So haben Sie eine persönliche Ausgangsposition zu unseren Texten.

1.2.1 Die Bedeutung der Familie

Begannen sich mit der industriellen Revolution die Bande der Großfamilien zu lösen, so haben wir nun wohl das gegenteilige Extrem erreicht. Noch nie gab es so viele alleinlebende Menschen wie bei uns heute, gefolgt von den Paaren ohne Kinder. Und auch die Familien mit Kindern sind immer kleiner geworden, mit drei Kindern gilt man schon als kinderreich. Daneben nimmt die Zahl der Alleinerziehenden stetig zu. Für die Kinder bedeutet dies eine deutliche Eingrenzung der zur Verfügung stehenden Bezugspersonen, sie finden im positiven Falle viel mehr Beachtung, haben bei Schwierigkeiten aber auch niemanden sonst, den sie so gut kennen, daß sie sich ihm anvertrauen könnten. Dies wird noch dadurch verschärft, daß in vielen Familien beide Eltern voll arbeiten (müssen) und so wenig Zeit für Austausch, Fragen und gemeinsames Tun bleibt. Viele Kinder bleiben mit ihren guten und schlechten Erfahrungen, mit ihren Fragen und Bedürfnissen alleine, weil keiner Zeit für sie hat oder aber weil sie sich durch ihre Mitteilung dem Erwachsenen ausgeliefert fühlen. Die Kleinfamilie macht ein ausgewogenes Verhältnis zwischen Nähe und Distanz schwierig.
Insgesamt ist die Bedeutung der Familie für die Sozialisation des Kindes trotz oder wegen der Kleinfamilie gesunken. Zwar hat die Familie in den ersten vier Lebensjahren noch eine entscheidende Bedeutung, spätestens danach begleiten Kindergarten, Schule, die Welt der Medien und die Kontakte zu gleichaltrigen Kindern die häusliche Erziehung; die Heranwachsenden werden durch sie oft mehr als durch die Eltern beeinflußt.
Es gibt auch positive Veränderungen in der Familie. Die meisten Eltern machen sich heute viel mehr Gedanken über die Erziehung ihrer Kinder als frühere Generationen. Sie sind heute lange nicht mehr so streng, sie wünschen Freiräume für sich und fördern damit bei ihren Kindern die Selbständigkeit. Liebe, Zärtlichkeit, Geborgenheit von Vater und von Mutter sind für zahlreiche Eltern zur Selbstverständlichkeit geworden. Doch mit dem klaren (wenn auch meist unreflektierten) Erziehungsstil der früheren Generationen gingen oft auch die Sicherheiten und Grenzen, die Kinder

brauchen, verloren. Eltern, die die eigene Erziehung hinterfragen und versuchen, ihre Erziehung und damit die Entwicklung des Kindes anders zu gestalten, sind oft verunsichert und hilflos. Da ersetzt leicht die gesellschaftliche Meinung (die heute mit der Mode wechselt) die eigene Überzeugung. Das Kind braucht jedoch ein Gegenüber, an das es sich anlehnen, gegenüber dem es sich aber auch abgrenzen kann, um eigene Lebensmöglichkeiten zu erproben.

Die allgemeine Unsicherheit der Eltern drückt sich besonders im religiösen Bereich aus. Sie übertragen die eigenen Fragen, Wertungen, Auseinandersetzungen und Hilflosigkeiten gegenüber dem christlichen Glauben auf die Kinder oder verbannen den Glauben ganz aus dem gemeinsamen Alltag. Oft genug glauben Mann oder Frau noch an Gott, aber dies ist selten mit persönlichen Erfahrungen verbunden, – und es bleibt Privatsache, so privat, daß die Kinder nichts vom Glauben der Eltern erfahren. Dazu kommt eine tiefgreifende Kritik an der überheblichen und lebensfernen Art, mit der sich der christliche Glaube ihnen in den Äußerungen der Kirchen darstellt, da er in bestimmten Erscheinungsformen die Mündigkeit, Freiheit, Würde und Verantwortung des einzelnen nicht ernst nimmt.

An die Religionspädagogik stellt sich heute eine doppelte Frage:
- Welche grundlegende Orientierung bietet der christliche Glaube?
- Wo und wie kann ich Inhalte des Glaubens erfahren?

1.2.2 Die Veränderung der Schulsituation

Aus Übung 6:

Verdeutlichen Sie sich die Zeit, die die Kinder in der Woche für die Schule benötigen. Berücksichtigen Sie das Alter und den Schultyp.

Wir – die Autoren – sind beide keine Pädagogen, die schwerpunktmäßig in der Schule arbeiten. Vielleicht sehen wir deshalb aus dem Abstand die schulische Wirklichkeit kritischer. Die Schule ist ein Bereich, der immer tiefer in das Leben der jungen Menschen eingreift. Die Schulzeit ist nicht kürzer geworden, und entgegen landläufigen Meinungen müssen Kinder in kürzerer Zeit immer mehr lernen. Trotz der Freundlichkeit und des kreativen Einsatzes vieler Lehrerinnen und Lehrer sind die Anforderungen an die Kinder heute schon im Grundschulbereich hoch. Dies liegt nicht am subjektiven Interesse des Unterrichtenden, sondern an den gesellschaftlichen Interessen (s. industrielle Revolution/qualifizierte Fachkräfte). So arbeiten manche Kinder schon in der Grundschule mehr als ihre Eltern im Beruf. Mit Unterricht und Hausaufgaben kommen Viertkläßler leicht auf eine 35-Stundenwoche,

dazu kommen je nach Elternhaus noch weitere Verpflichtungen wie Sportverein, Musikschule, Kinderchöre etc. Die Überstunden bezahlt niemand.
Verstärkt wird diese zeitliche Beanspruchung oft noch durch den psychischen Streß, wenn Eltern schon in der Grundschule den Numerus clausus im Blick haben. Die einseitige Leistungsorientierung verhindert eine vielseitige Entwicklung; vor allem die kreativen, ethischen und sozialen Aspekte kommen zu kurz.
Leider werden dann oft auch noch Leistungen ebenso wie die Mitarbeit zu Hause nicht über Einsicht, sondern über Geld geregelt, so daß der Zusammenhang Leistung und Geld-Wertschätzung frühzeitig gelernt wird.
Zwischen Geld und Schule gibt es noch eine weitere Verbindung: Die lange Schulzeit führt zu einer verlängerten ökonomischen Abhängigkeit. Erwachsenwerden wird durch die Frage definiert: Wann bin ich finanziell unabhängig? – und nicht: Wann bin ich reif genug, über meine Belange selbst zu entscheiden?
Dominiert die Schule auch jetzt schon den Kinderalltag, so gibt es bereits weitergehende Überlegungen, auch im Freizeitbereich aktiv zu werden. Diese Überlegung, nicht nur im Lernbereich der Schule den Kindern zu begegnen, ist einerseits gut und als soziale Hilfe sicher sinnvoll, die Auswirkungen sind jedoch nicht zu übersehen. Die fortschreitende Pädagogisierung des Kinderalltags schränkt die Möglichkeiten der Kinder immer weiter ein, unabhängig von der Aufsicht Erwachsener den eigenen Umgang mit der Wirklichkeit zu erproben.
Die schulischen Entwicklungen sind genauso wie andere gesellschaftliche Entwicklungen nicht umkehrbar, aber die Weichen und die Fahrtrichtung können wir mitbestimmen. Es wird nicht unwesentlich sein, wie die Kinder sowohl die Unterrichtsgestaltung als auch das Freizeitangebot erleben. Wenn die Schule sich in der Freizeit nur mit anderen Inhalten fortsetzt, fehlt noch mehr Zeit und Gelegenheit für alternative Erfahrungen und Gegenwelten, die junge Menschen dringend brauchen. Versucht die Schule jedoch, in der Freizeit nach anderen pädagogischen Kriterien zu arbeiten als im Unterricht, so wird sie in sich widersprüchlich. Es ist ein hoher Anspruch, dies auszuhalten. Eine dritte Möglichkeit liegt darin, bereits in der Unterrichtsgestaltung Freiräume zu suchen, in denen die Kinder frei vom Verwertungsdruck sich selbst erleben und erproben können. Dies mindert den Grad der Pädagogisierung nicht, sucht aber seine positiven Möglichkeiten zu nutzen. Ansätze dazu bietet die erfahrungsorientierte Pädagogik.
In diese Richtung möchten wir sie auch mit diesem Buch ermutigen. Die Erfahrungen der Stille können helfen, auch die schulischen Anforderungen für sich und die Kinder mit mehr Gelassenheit zu sehen. Den Freiraum dazu gibt es – trotz Lehrplan –, wenn Kinder, Lehrer und Eltern es gleichermaßen möchten.

1.2.3 Wo Kinder spielen – Spielfelder

Aus Übung 6:

Schauen Sie sich die Freizeitaktivitäten der Kinder an und überprüfen Sie, wieviel davon im weitesten Sinne pädagogisch angeleitete Aktivitäten sind.

Lange nicht so auffällig wie Familie und Schule, hat sich die Kindheit in dem Bereich verändert, in dem laut Schiller der Mensch besonders Mensch sein kann – im Spiel. Die Zeit zum Spielen war und ist recht unterschiedlich verteilt, vielleicht haben heute die »ärmeren« Kinder sogar mehr Zeit zum Spielen, da ihr Tagesplan nicht noch mit zusätzlichen Verpflichtungen angefüllt ist (wenn sie nicht in irgendeiner Form bereits arbeiten müssen). Für alle hat sich aber das Wo und Wie des Spielens geändert.
Noch nach dem 2. Weltkrieg gab es eine Reihe von Spielfeldern, die dem jungen Menschen außerhalb der Kontrolle der Erwachsenen einen eigenen Erfahrungsraum ermöglichten. Da waren in den ländlichen und kleinstädtischen Gegenden die bekannten Felder, Wälder und Wiesen. In den Städten wurde auf den Trümmergrundstücken gespielt, und der geringe Verkehr erlaubte das Benutzen der Straße. Dies läßt sich noch einmal an den Bildern von Jörg Müller nachvollziehen, die eindrücklich den Wandel der dörflichen und städtischen Landschaft nachzeichnen (vgl. Lit. S. 49). Solche Spielfelder, in denen die Kinder selten oder wenig kontrolliert wurden, stellten Freiräume dar und gaben ihnen eigene Entwicklungsmöglichkeiten. Solange junge Menschen sich nicht besonders auffällig verhielten, waren sie der Kontrolle der Erwachsenen für eine längere Zeit entzogen. Damit ergänzten und kompensierten diese Freiräume die Erziehung durch Familie und Schule.
Diese Spielfelder waren gefährdet, als sich mit den gesellschaftlichen Entwicklungen auch Wohn- und Besitzverhältnisse der Menschen veränderten, Verstädterung und Technisierung der Landwirtschaft die Natur immer weiter zurückdrängten.
Blieben die natürlichen Spielfelder in den ländlicheren Gebieten noch bis in die 60er Jahre erhalten, so muß man sie heute schon in den kleinen Dörfern suchen. Selbst da ersetzt der angelegte Spielplatz die verschwundenen ungenutzten, durch keinen Zaun versperrten Ecken. Wer einmal den Lebensrückblick eines älteren Menschen gehört hat, weiß, wie sehr diese Freiräume, z.B. die Schönheit der Landschaft, die Gestaltung eines eigenen kleinen Reiches (Höhlen, Buden, Geheimplätze), die Erlebnisse mit Tieren, die gemeinsamen Streiche, präsent sind. Es gibt viele Bücher, die diese Erfahrungen beschreiben oder in Romanform verarbeiten (Es lohnt sich, dabei sehr auf den sozialen Hintergrund der Kindheitserlebnisse zu achten.). Allgemein bekannt sind z.B. Astrid Lindgrens »Kinder aus Bullerbü«.
Die Beschreibungen dieser Erfahrungsräume wirken oft sehr romantisch, weil sie Sehnsüchte und Wünsche in uns ansprechen, die so nicht wieder-hol-bar sind und

deren Schattenseiten, die es auch gab, verblaßt sind. Doch der positive Erinnerungswert verweist auf einen akuten Mangel in dem Erleben der Kinder heute. Viele Kinder kennen selbst die Jahreszeiten und ihre Eigenheiten nur noch vordergründig. Die Natur und ihre wirklichen Zusammenhänge werden ausgeblendet und verharmlost: In zentral geheizten Räumen kann uns die Winterkälte nichts anhaben, auch in heißen Sommern fließt reichlich Wasser aus den Hähnen. Viele Gemüse- und Obstsorten können wir zu jeder Jahreszeit erwerben, es ist höchstens ärgerlich, daß die Erdbeeren im Winter teuer sind. Auch Schwimmen und Schlittschuhlaufen sind zu fast jeder Zeit möglich, – was stört uns also der Rhythmus der Natur? Die Industrialisierung der Nahrungsmittel und die Kommerzialisierung der Freizeit haben uns von der Natur unabhängiger gemacht, – mit all den Vorteilen, die wir daraus genießen. Doch die Gefahr besteht, daß wir damit auch noch den letzten Teil unseres ökologischen Bewußtseins verlieren und uns unserer Verantwortung entledigen. Wenn dies der Haupttenor ist, der Kindern begegnet, macht es sie zu Menschen, die immer mehr »alles und das sofort« haben wollen.
Mit dem Verlust der natürlichen Spielfelder ging für die Kinder ein großer Erfahrungsraum verloren, in dem sie durch Beobachtung, Versuch und Irrtum die grundlegenden Gesetze der Natur entdecken konnten. Sich selbst zu erproben, den Spielraum von Freiheit und Begrenzung auszuloten, war sicherlich nicht immer ungefährlich, aber ein notwendiger Schritt zu einem gesunden Selbst-bewußtsein. Die Frage, wie ich mit solchen Erfahrungen und Erkenntnissen umgehe, verweist auf die Notwendigkeit der Vermittlung ethischer Orientierung, die mir hilft, meinen Platz als Mensch im Zusammenspiel aller Kräfte zu finden. Doch das eine geht nicht ohne das andere. Erst der integrierte Umgang von Erfahrung und Wissen läßt mich erwachsen werden.

Exkurs

Die Besonderheit des Menschen ist es sicherlich, daß er die natürlichen Gegebenheiten gestalten kann. Der Trugschluß der Aufklärung, daß der Mensch deshalb etwas Besseres sei, getrennt von der »dummen« Natur, hat zusammen mit der fehlenden Erfahrung zu dem heute gängigen Verhältnis zur Natur geführt. Wir maßen uns an, die Natur zu unseren Zwecken auszubeuten und zu verschandeln, ja sogar Fehler in der Natur zu entdecken, die wir korrigieren können. Die Erfahrung zeigt uns aber, auch wenn es in manchen Fällen schmerzliche Umwege braucht, daß nur die Nutzung und Gestaltung von Dauer ist, die mit der Natur im Einklang steht.
Paulus gebraucht das Bild vom Leib für die Ordnung der christlichen Gemeinde, und uns scheint dies ein gutes Bild auch für den gesamten Organismus Erde zu sein: Vielleicht sind wir Menschen das Gehirn, aber wie lange können wir ohne Lunge leben? Wieviel Gift verträgt unser Magen, bis er kollabiert? Wie weit können wir die Haut verstümmeln und zupflastern, bis der Kreislauf seine Dienste

einstellt? Die Beispiele ließen sich beliebig fortsetzen, und die Übertragung auf unseren Umgang mit der Natur liegt auch nahe. Im umgekehrten Übertragungsweg sehen wir auch einen Sinn aller Körperarbeit: Unser Körper ist die uns nächste Natur, die wir beobachten, entdecken, die wir lieben und von der wir lernen können.

Die Gesellschaft hat längst auf den Verlust der natürlichen Spielfelder reagiert:
1. Es gibt als Ersatz immer mehr gestaltete Spielfelder (alle Arten von Spielplätzen, Freizeitparks, Erlebnisbädern, Eishallen etc.). Ob im kulturellen Bereich (Jugendmusikschulen), im Sport oder im Miteinander (Vereine, Kirchen, kommunale Angebote), überall werden Freizeitangebote geplant, die Pädagogisierung der Freizeit nimmt ständig zu. Es gibt kaum noch erziehungsfreien Raum. So mutet es schon tragisch an, wenn im Kindergarten heute freies Spiel angeboten werden muß und viele Kinder damit nichts anfangen können.
2. Zum anderen ist die Kommerzialisierung der Freizeit längst durchgesetzt. Der Markt bestimmt, was gespielt wird. Neue Freizeitmöglichkeiten – vom Surfen bis Skaten, von Barbie bis Turtles – wechseln einander ab und beeinflussen alle und sorgen für eine gleichförmige Freizeitgesellschaft. Die Beschäftigungen sind so klar vorgegeben, daß es zum Spiel keiner großen Phantasie bedarf. Die Natur wird den Freizeitzwecken angepaßt (Skipisten, Erlebnisparks) oder »naturidentisch« hergestellt (Erlebnisschwimmbäder, Eisbahnen). Gerade da, wo sich die Freizeitbeschäftigung in der Natur abspielt, wird sie durch ihre Gleichförmigkeit zur neuen Umweltgefahr, da dadurch immer eine Spitzenbelastung der wenigen Erholungsräume entsteht (Skifahren, Mountainbikes, Spazierengehen).
3. Zum größten Spielfeldersatz sind jedoch die Medien in ihren vielen Varianten geworden, worauf wir unter dem Stichwort »Wirklichkeit aus zweiter Hand« noch näher eingehen.
4. Nicht unerwähnt sollen die Initiativen der Kinder selbst bleiben. Jeder noch nicht festgelegte Raum kann für sie Spielfeld sein – Baugruben, Schuttgrundstücke, leere Häuser, jedes noch so kleine Wäldchen, jeder dreckige Bach, die Garagenhöfe, Keller, Einkaufszentren etc. Neue, nicht geplante Spielfelder entstehen, und statt an den Grenzen und Gesetzmäßigkeiten der Natur werden jetzt Phantasie und Kräfte an den Ordnungsgesetzen unserer Gesellschaft gemessen. Die soziale Kontrolle ist damit viel dichter, und Kinder lernen es, mit den Verboten umzugehen, sie zu umgehen, sich anzupassen und für ein Stückchen Freiheit auch die Strafen in Kauf zu nehmen. Kinder brauchen Freiräume, um sich selbst zu entdecken. Ihre Spielfelder haben eigene Regeln und distanzieren sich von der Erwachsenenwelt, dieser Einsicht müssen sowohl alle Erziehenden als auch die konkrete Umwelt Rechnung tragen. Wer Kindern Spielräume nimmt, kann sich nicht beschweren, wenn sie dafür an anderer Stelle neue Spielräume entdecken.

Um Mißverständnisse und eine falsche Idealisierung zu vermeiden, möchte ich noch ein paar differenzierende Bemerkungen zu den freien Spielfeldern einfügen:
Was uns aus eigener und vielfältig berichteter Erfahrung positiv erscheint, ist die direkte Erfahrung der Natur als ein lebendiges, vielfältiges und eigenen Gesetzen gehorchendes Geschehen. Ich kann als Mensch in dieses Geschehen eingreifen, kann fördern und unterdrücken, kann vernichten und behüten, kann mich mit oder gegen die Natur entscheiden, – wenn ich in meinem Bemühen nachlasse, wird sich die Natur in einem Prozeß steter Veränderung dessen neu bemächtigen. Ich denke da ganz einfach an den Versuch, einen Nutzgarten anzulegen, und bin mir sicher, daß dies ein Abbild des Großen im Kleinen ist. Ein weiterer positiver Effekt dieser Spielfelder liegt auch darin, daß hier Fähigkeiten wie Phantasie, Kreativität, handwerkliches Geschick, Organisationstalent und Einhalten frei gewählter Verbindlichkeiten genutzt und erprobt werden können. Auch ist die direktere und unverfälschtere Auseinandersetzung unter Gleichaltrigen im Prinzip positiv zu bewerten, doch werden hier auch die Grenzen deutlich. Eine Kindergruppe findet nicht unbedingt von alleine zu einem gleichberechtigten, den einzelnen achtenden Miteinander. In diesen Freiräumen kann sich alles ausleben, was die Kinder von ihren Anlagen und aus ihrer bisherigen Erfahrung mitbringen. Dies kann die soziale Entwicklung des einzelnen bereichern, ihr aber auch schaden. Wenn ich an die Kinderbanden in den neuen Spielfeldern der Innenstädte denke, so herrschen dort oft sehr »darwinistische« Gesetze (der Stärkste setzt sich durch, Anpassung sichert Überleben). Sozial erklärlich, zeigt dies jedoch deutlich, daß Erfahrungen in einem größeren Zusammenhang gesehen werden müssen und daß moralische bzw. ethische Orientierung zu einem ganzheitlichen Menschenbild dazugehört.
Die Übungen und Anleitungen dieses Buches wollen die äußeren notwendigen Spielfelder nicht ersetzen. Sie wollen aber der Neugierde und den schöpferischen Kräften der Kinder Raum geben, um innere Spielfelder und die Natur in ihnen zu entdecken. Vielleicht wirkt sich dies auch auf ihre Beziehung zur gesamten Schöpfung aus, wenn sie entdecken, daß sie ein Teil und ein Abbild des Ganzen sind.

1.2.4 Wirklichkeit aus zweiter Hand

Aus Übung 6:

Stellen Sie die Zeit fest, die Kinder täglich und wöchentlich mit Medien verbringen. Wenn die Medien nicht ausgewiesen sind, holen Sie dies nach. Beachten Sie die unterschiedlichen Medien und unterscheiden Sie diese in ihrem Gebrauch und in ihrer Benutzungsdauer und -art.

Wenn Kinder die Wirklichkeit nicht mehr im Tun und Ausprobieren, in der Mitarbeit zu Hause oder in freien Spielfeldern kennenlernen, dann muß es andere Möglichkeiten geben. Diese andere Möglichkeit beginnt mit dem Lesen eines Buches. Die Inhalte und Bilder eines Buches, die Menschen und Handlungen dringen in die Phantasie ein, vermischen sich mit Erfahrungen und gestalten das eigene Leben mit. Wir erfahren durch Bücher, wie andere Menschen leben. Wir lernen fremde Welten kennen, wir nehmen sie in unsere Vorstellung und in unser Wissen auf und damit auch in unsere innere Bilderwelt hinein. Dabei sind Erfahrungen zwischen Buchdeckeln immer etwas anderes als echte Erfahrungen. Die Freiheit des Schreibers, Phantasie und Wirklichkeit zu mischen, kann nur an der eigenen Realität überprüft werden. Andere Medien, Schallplatten, Kassetten, Video, Radio, Fernsehen steigern diese Möglichkeit, am Leben anderer teilzunehmen und fremde zu eigenen Erfahrungen zu machen. Wie viele von uns haben ihr Indianerbild den Büchern von Karl May entliehen!
Diese Wirklichkeit aus zweiter Hand, die sicherlich mit der Buchdruckkunst begann, hat neben allen technischen Errungenschaften die größten Veränderungen in unseren Lebensgewohnheiten bewirkt. Dabei sind die Kinder nur dem Vorbild der Erwachsenen gefolgt. Radio, Schallplatten, Fernsehen waren zunächst Neuerungen der Erwachsenenwelt, die dem gestiegenen Informationsbedürfnis und dem Wunsch nach Unterhaltung entgegenkamen. Förderten sie zunächst die nachbarschaftliche und innerfamiliäre Kommunikation, als noch nicht jeder ein Radio, später einen Fernseher hatte, wurden sie bald zum Ersatz zwischenmenschlicher Beziehungen. Die Kinder folgten diesem Trend, und je stärker sie von anderen Erfahrungsmöglichkeiten abgeschnitten wurden, desto mehr wurde die Medienwelt ihr Ersatz. Mittlerweile dominiert bei manchen Kindern diese zweite Wirklichkeit so sehr, daß sie sie für die einzig wahre und echte Wirklichkeit halten.
Die Kinder und Jugendlichen sehen und hören diese gemachte Wirklichkeit nicht nur, sie leben auch *in* dieser Second-hand-Wirklichkeit. Durch Spielsachen, die den Medienstars angeglichen sind und die über die Werbung weit verbreitet werden, können sie Geschichten, Situationen, die sie gesehen haben, nachspielen. Ob dies noch ein Rollenspiel ist, das der Förderung und Auseinandersetzung mit der eigenen Rolle dient, möchte ich in den meisten Fällen bezweifeln.
Die Schwierigkeit besteht nicht nur darin, daß Kinder die Grenzen von Phantasie und Realität oft nicht erkennen können (wenn ein Sechsjähriger mir genauestens erklärt, was eine Frau mit bijonischen Kräften alles kann, zweifelt er dann wirklich daran, daß es so etwas gibt?). Dies ließe sich durch Information vielleicht noch korrigieren. Schwieriger erscheint mir noch die Vermittlung des Unterschiedes zwischen einer gut dargestellten Realität und der Realität selbst. Drei Beispiele: Fernseherprobte Kinder wissen alles, natürlich auch, wie man Fische fängt. Wenn sie es ausprobieren, sind sie schnell enttäuscht. Wie warm oder kalt es an einem frühen

Morgen ist, muß ich fühlen. Wie lange zwei Stunden Warten sind, muß ich erleben. Und wenn dann trotzdem noch kein Fisch gefangen ist ..., die Enttäuschung spüre ich auf dem Nachhauseweg anders als in der Zweiminuten-Einblendung eines noch so guten Schauspielers. Oder: Wunderschöne Bilder zeigen das Leben auf einer Waldwiese. Schön – aber wenn ich die gezeigten Pflanzen im Wald suche, sind sie viel kleiner, unscheinbarer, kaum zu entdecken. Sie blühen auch nicht immer, und gar Tiere zu beobachten braucht Geduld und Stille. Für Erwachsene selbstverständlich, was aber, wenn der Film meine einzige Information ist? Oder: Mit wieviel Sympathie kann ich das Schicksal eines hungernden äthiopischen Kindes im Fernsehen verfolgen, und wie anders sind die Gefühle, wenn ein solches Kind als Asylantenkind in meine Klasse kommt?

Die Second-hand-Wirklichkeit verbindet so nur scheinbar, sie trennt uns eher von der Natur und den realen Menschen, wenn wir sie nicht an realen Erfahrungen messen können. Weil Zeitraffer, Szenenwechsel, Bildschnitt, schauspielerisches Vermögen die Gesetzmäßigkeiten von Zeit und Raum, von Wachsen und Vergehen, von Betroffensein und Handeln in konkreter Situation nicht vermitteln können, sind sie für den Erfahrenen eine Ergänzung, für den Unwissenden eine Täuschung. Die wahrnehmbare Wirklichkeit kann dann mit der vorgespielten Wirklichkeit nicht konkurrieren, sie erscheint alltäglich, langweilig, öde und wiederholt sich. Daneben überträgt sich der Umgang mit den Medien auf den Umgang mit Menschen. Eine Lehrerin sagte: »Die Kinder behandeln mich wie einen Fernseher. Der läuft immer – und ab und zu sehen sie mal hin.«

Am bedauerlichsten ist an diesem Prozeß, daß die mediale Wirklichkeit unsere Energien bindet und echte Beziehungen unterhöhlt. Einsamkeit läßt sich durch Fernsehen viel leichter ertragen, aber nicht verändern. Der Mensch im Fernsehen oder Radio schenkt keine Zärtlichkeit und kein Vertrauen.

Was wir heute erleben, ist eine rasante Veränderung der menschlichen Werte, die alle Menschen umfaßt, die aber den jungen Menschen am tiefsten betrifft, da er keine anderen Vorerfahrungen hat und sich deshalb am leichtesten neuen Bedingungen und Gegebenheiten anpassen läßt. Ich halte diese Entwicklung für Leib, Geist und Seele nicht für förderlich. Wir haben den aufrechten Gang nicht gelernt, um ihn jetzt wieder abzugeben.

Natürlich haben die Medien auch positive Seiten. Doch die Kinder brauchen Hilfen, um einen sinnvollen Umgang damit einzuüben. Und sie brauchen Alternativen, die die konkreten Erfahrungen fördern. Gerade deshalb arbeiten wir mit und an inneren Bildern, um Kindern den eigenen Reichtum erfahrbar zu machen. Die Kinder sollen nicht an den vorgespielten Bildern haften, sondern zur eigenen Phantasie und Kreativität finden, das braucht Geduld. Es braucht vielleicht mehrere Anläufe, bis aus der Biene-Maja-Wiese eine eigene Wiese wird.

1.2.5 Zusammenfassung: Kindheit – eine Illusion

Neil Postman stellt in seinem Buch »Das Verschwinden der Kindheit« die These auf, daß die Kindheit, wie wir sie heute kennen, ungefähr mit der Buchdruckerkunst begonnen hatte, nach langem Anlauf ihre Blüte Anfang dieses Jahrhunderts erlebte und jetzt am Ende des Jahrhunderts verschwindet. Postman trauert um den Verlust der Kindheit und wirkt auf mich bedauernd, resignativ. Neben mancher Zustimmung teile ich die abschließende Tendenz des Buches nicht: In unserer heutigen Zeit verschwindet die Kindheit nicht, sondern es wird deutlich, daß es Kindheit im Postman'schen Sinne für die Allgemeinheit nie gegeben hat. Postman spiegelt in seiner Beschreibung und in seinem Wunsch nach Kindheit die Sehnsucht nach einer heilen Welt wider, die wenigstens für eine kurze Zeit das Leben bestimmen sollte. Was Neil Postman als Verlust erlebt, ist die romantische Seite des Erwachsenwerdens. Es ist das, was wir als junge Menschen auf den Spielfeldern erlebt haben, was wir in der Erinnerung als Gutes bewahren, was sich im Lebensrückblick eines älteren Menschen verklärt, auch wenn es die Ausnahmesituationen des Alltags waren.

Die Lebenswirklichkeit sah und sieht anders aus. Nach einer mehr oder weniger kurzen Schonfrist erfährt das Kind über direkte Anforderung oder auf Zukunft geplantes Lernen, was es für die Bewältigung seines Erwachsenenalltags braucht. Je weniger dies die Familie leisten kann, desto größer ist die Herausforderung an die Gesellschaft, durch entsprechende Einrichtungen für Ersatz zu sorgen. Mißt man an der Zeit, die Kinder heute in Erziehungseinrichtungen verbringen, den Wert der Familie, so ist da nicht viel geblieben. Nur die Zeit etwa bis zum Ende des 4. Lebensjahres (wie seit eh und je) ist für die gesellschaftliche Formung noch nicht interessant, und vielleicht fällt es deshalb so schwer, auch da, wo es sozial notwendig wäre, die Einrichtung von Kinderkrippen und Tagesstätten durchzusetzen.

Was sich für die Kinder verändert hat, ist, daß sie die Erwachsenen und ihre Welt viel widersprüchlicher erleben als früher. (Aber auch das erscheint mir als ein Spiegel unserer gesellschaftlichen Situation.)

Einerseits sind sie freier, können mehr sagen, haben, wissen, erleben, konsumieren als früher, – andererseits sind sie länger abhängig, sind sie gelangweilt, weil sie zuviel haben, vereinsamt in oberflächlichen Beziehungen, gestreßt in ständigen Anforderungen, gesättigt vom Bombardement ständig neuer Eindrücke, verunsichert, welchen Platz sie in dieser Gesellschaft haben. Sie sind Kinder – und wirken doch schon so alt.

So gelten sie im schulischen Bereich für eine immer längere Zeit als Kinder im Sinne von unwissend, zu belehrend. Die Zeit in der Schule, die körperliche und seelische Belastung entspricht aber zunehmend den Anforderungen eines Arbeitslebens. Und wie dort lernt das Kind, daß es Leistung erbringen muß, um anerkannt zu sein. Es erlebt auch, daß es die Leistungen ständig verbessern muß, daß die Ansprüche nicht

aufhören, sondern immer weitergehen. Es erlebt: Ich bin noch nicht, ich muß noch werden.
Mit der Schul- und Ausbildungszeit ist auch finanzielle Abhängigkeit verbunden, auch in diesem Sinne bleiben die Heranwachsenden lange Kind.
Auch in den Familien schwanken die Anforderungen. Sie werden behütet, belohnt, beschenkt, kontrolliert und bestraft, geliebt und geschlagen. Oft werden die Kinder schon früh als Partner ernst genommen und mit dem Wunsch nach Selbständigkeit auch überfordert. Trotzdem bleiben sie Kind und müssen sich im Zweifelsfall dem Willen der Erwachsenen beugen. Vor allem aber aus der Sicht der produzierenden Industrie sind sie schon früh erwachsen. Sie werden umworben, ganze Produktpaletten werden nur auf die Bedürfnisse dieser Altersgruppe zugeschnitten. Ob Mode, Spielzeug, Süßigkeiten oder Comics, eigene Frisuren, ganze Büchereien, Urlaubsangebote und all die kommerzialisierten Einrichtungen im Freizeitbereich, – wer wollte da bezweifeln, daß die Industrie die Kinder nicht genauso ernst nimmt wie die Erwachsenen. Obwohl das Taschengeldvolumen nicht zu unterschätzen ist, führen gerade hier beide Seiten des Kindseins schnell in Widerspruch.
Ob Kindergarten, Schule, Familie oder Freizeit, die Pädagogisierung und Kommerzialisierung erreicht fast alle Lebensbereiche der Kinder. Sie erleben die Zeit des Erwachsenwerdens als etwas von Erwachsenen Gestaltetes, Geplantes, Angebotenes. Was ihnen fehlt, ist der Freiraum, in dem sie sich unabhängig von dem Wissens- und Interessensvorsprung des Erwachsenen erproben können, in dem sie selbst entdecken können, wie groß oder klein sie sind und was in ihnen steckt.

1.3 Wenn ihr nicht werdet wie die Kinder – mit und von Kindern lernen

Wenn wir davon ausgehen, daß die grundlegenden Prägungen im Leben durch Erfahrungen erworben werden, dann ist es notwendig und durchaus lebensspendend, wenn dem Heranwachsenden offene Erfahrungsfelder zur Verfügung stehen. Schwierig wird es in unserer schon so pädagogisierten Gesellschaft, wenn die Einrichtung solcher Erfahrungsfelder wieder eine pädagogische Aktion ist. Ich möchte nicht mißverstanden werden: Erziehung durch Auseinandersetzung mit Erwachsenen ist für Kinder genauso nötig, aber eben nicht alles.
Und egal, wie wir uns verhalten, wo eine Beziehung zwischen Kindern und Erwachsenen besteht, es gilt die Regel: *Wir können nicht Nicht-Erziehen.*
Wie aber mit den alten Erfahrungen und Werten der Kindheit umgehen, ohne Vergangenes zu beklagen oder sich resignativ in den Wandel der Gesellschaft einzufügen?

7. Übung:

Wenn ihr nicht werdet wie die Kinder, sagt Jesus zu den Erwachsenen, die ihn umgeben. Was meint er? Bitte beantworten Sie diese Frage nicht sofort, sondern schauen Sie in Ihrem inneren Bild Kindern zu. Lassen Sie Bilder von Kindern an sich vorbeiziehen. Entdecken und erinnern Sie, was Jesus alles gemeint haben könnte. Welche Erinnerungen sind Hoffnungszeichen, welche dieser Fähigkeiten möchten Sie auch haben?

Für uns ist es eine Herausforderung, mit Kindern so zusammenzuleben und zu lernen, daß wir ihnen eigene Erfahrungen ermöglichen, uns mit ihnen in den Prozeß des Erlebens einlassen und wo nötig, Maßstäbe zur Einordnung ihrer Erfahrung anbieten.
Dies bedeutet ein anderes pädagogisches Verständnis, als sonst oft zwischen Eltern und Kindern, Lehrern und Schülern üblich. Ich möchte dies für den Arbeitsstil dieses Buches präzisieren:
Jedes Kind bringt neue schöpferische Kräfte mit in die Welt, und es liegt an uns, ihnen Raum zur Entfaltung zu geben. Wie ein Gärtner, kann ich den Boden gut bereiten, kann empfindliche Pflanzen schützen und starken Pflanzen die Grenzen zeigen. Das gleiche gilt für die Kinder. Zur Vorbereitung des Bodens gehört ein Klima, in dem das Kind sich angenommen fühlt, in dem es mit seinen Besonderheiten Platz hat. Solange, bis die Kinder selbst stark und achtsam genug sind, muß ich ihnen helfen, sich gegenseitig nicht zu unterdrücken.
Alle Übungen sind Anregungen, sich selbst zu entdecken. Je mehr die Kinder dies begreifen, desto mehr kann ich mich zurücknehmen und die Impulse offener gestalten. Ziel ist ja nicht die Abhängigkeit von mir und meinen tollen Ideen, sondern Vertrauen in die eigene Kraft, die eigenen Möglichkeiten. Die Kinder sollen soviel Freiraum wie möglich erleben, und dazu gehört – für viele vielleicht ungewohnt – die innere Einstellung, daß ich zwar eine Idee habe, wohin eine Übung führen kann, daß ich aber ganz neugierig und offen bin, was die Kinder dabei entdecken. (Deshalb versuchen wir, in den Anleitungen jede Form von Suggestion zu vermeiden. Gerade bei den Phantasiegeschichten ist es nur ein schmaler Grat zwischen Anregung und Vorgabe.)
Es ist der Versuch, eine offene Beziehung zwischen Erwachsenen und Kindern herzustellen, ohne die Unterschiede zu verwischen. Die Stärke des Erwachsenen ist vielleicht seine Lebenserfahrung, seine persönliche Autorität und auch sein Wissen, das er zur Verfügung stellt. Auch schafft er mit seinem Vorbild und seiner Verantwortung den nötigen Raum, innerhalb der einzelnen Beziehung in der Gruppe genauso wie nach außen.
Die Kinder bringen dafür Fähigkeiten und Voraussetzungen mit, die bei uns Erwachsenen schon durch vieles überdeckt sind. Wir sind immer wieder überrascht, wie sehr wir bei den Übungen auch von den Kindern lernen.

Die Stärken der Kinder

Die Basis, auf der Kinder ihr Leben beginnen, ist *Vertrauen.* Das Vertrauen, versorgt zu werden, geliebt zu werden, daß das Leben gut ist. Oft wird dieses Vertrauen allzu früh enttäuscht. Trotzdem schlummert es in den Kindern wie eine Sehnsucht, die sie nach Menschen suchen läßt, denen sie Vertrauen schenken können. (Weil so viele hier einen Mangel spüren, haben es andere Menschen leicht, sie mit dem Versprechen von Sicherheit in ihre Abhängigkeit zu führen. Jugendsekten, Fanatismus, aber auch Konsumhörigkeit haben da ihre Wurzeln.) Auch für unsere Übungen ist Vertrauen eine wichtige Basis. Vielleicht ist sie am Anfang noch sehr dünn, dann wird sie wachsen.

Wenn Kinder heranwachsen, ihre Umwelt entdecken und sich mit ihr auseinandersetzen, sind sie voll *Neugierde und Offenheit.* Offenheit von einer Qualität, die nicht schon weiß, was hinter der nächsten Ecke ist. Wenn wir sie nicht mit Verboten und Wissen zuschütten, macht sie uns fähig, jeden Morgen wie den ersten zu begrüßen. Neugierde und Offenheit machen lebendig, lassen uns den Augenblick annehmen, wie er ist. Nur so können wir in unseren Gefühlen echt bleiben, ohne sie mit Vergangenem zu belasten oder mit Erwartungen zu enttäuschen.

Aus dieser Neugierde, die wie ein Motor wirkt, und der staunenden Offenheit der Kinder resultiert ihre *Fähigkeit, in Erfahrungen, in dem,was sie tun, ganz da zu sein.* Solche Erfahrungen sind lebendig, Kinder sind – und tun nicht so als ob. Wir Erwachsene neigen zum Abwägen, Beurteilen, Einschränken, noch während oder schon bevor wir etwas erleben. Dies nimmt uns viel von unserer Lebendigkeit. Dies gilt auch für unseren Glauben. Kinder müssen erleben, was es heißt, das Leben an Christus zu orientieren. Wenn sie erleben, daß sie im Gottesdienst angenommen werden, so wie sie sind, daß sie in der Familie als Letzte auch einmal die Ersten sein können, daß auf ihr Versagen nicht mit Verachtung und Strafe, sondern mit einer erneuten Zusage des Vertrauens reagiert wird, dann können sie Anspruch und Wirklichkeit des Evangeliums auf ihr Leben beziehen. Ohne Erfahrung bleiben Worte nur Worte.

Und noch etwas haben Kinder – manchmal so viel, daß uns Eltern schon mal die Haare zu Berge stehen: *schöpferische Kraft,* die aus allem noch etwas machen kann, die flexibel und stark ist wie Löwenzahn, der durch den Asphalt bricht. Diese Kraft braucht ihren Raum, in dem sie sich ausgestalten kann, ohne an Vorgaben gemessen zu werden. Kennen Sie den Anfang des Buches vom kleinen Prinzen (vgl. Lit. S. 49)? Dort sind Bilder gemalt, und wir können raten, was sich in den Bildern verbirgt. Unsere Phantasie wird sehr unterschiedlich sein: Bestehen Sie nicht auf Hüten, wenn Ihre Kinder eine Schlange meinen, die einen Elefanten frißt!

Sicherlich brauchen die Kinder an manchen Punkten Hilfe, ihre Kräfte zu ihrem und dem Nutzen anderer einzusetzen. Doch sie zu unterdrücken heißt, ihnen die Möglichkeit zu nehmen, sie selbst zu sein.

All dies, Vertrauen, Neugierde, Offenheit, gelebte Erfahrung, schöpferische Kraft können wir bei den Kindern entdecken und, wenn wir sie gewähren lassen, auch von ihnen lernen. Dann können wir den Satz »Wenn ihr nicht werdet wie die Kinder« neu verstehen und uns in diesem Sinne freuen an gelebter Partnerschaft.
Wenn Sie in einem späteren Kapitel die Phasen der Stilleübungen kennenlernen, werden Sie bemerken, daß es genau diese Fähigkeiten der Kinder sind, die uns der Stille öffnen und sie fruchtbar werden läßt. Deshalb fällt es manchen Kindern so leicht, sind sie schon, was wir noch mühevoll suchen. Doch andere sind so wie wir, schon (furchtbar) erwachsen, – doch wenn wir uns zutrauen, uns zu verändern, warum sollten wir es den Kindern nicht zutrauen, sie selbst zu werden? Auch dies Vertrauen ist manchmal notwendig.

1.4 Ansätze für eine ganzheitliche religiöse Erziehung

Der traditionelle Kern allen Lehrens ist bei uns die Wissensvermittlung. Ich muß etwas lernen, muß etwas wissen, um es zu beherrschen. Wissen ist Macht. Dies entspricht der Lebenseinstellung. Alles ist machbar. Aber was ist Wissen? Wissen vermittelt Information, Zusammenhänge und vielleicht sogar einen Überblick. Kurz zusammengefaßt: Wissen zielt auf Sachkunde. Dies ist notwendig, aber nur ein Teil. Sinnfragen lassen sich nicht durch Wissen beantworten, allenfalls lassen sich Richtungen aufzeigen. Gerade im religiösen Bereich hat Wissensvermittlung als Schwerpunkt der Glaubensvermittlung ihre Grenzen erreicht.
Erfahrung dagegen ist eine Art des Lernens, die es dem Lernenden zumutet, also ihm den Mut abverlangt, sich mit der eigenen Person auseinanderzusetzen. Erfahrungen kann ich nur machen, keiner kann mir eigene Erfahrungen abnehmen (dies ist etwas anderes, als von den Erfahrungen anderer zu lernen). Im Wort *erfahren* ist angedeutet, daß in mir sich etwas bewegt, fährt, ankommt. *Erfahrung* drückt aus, daß sich auf meiner Reise – auf dem Lebensweg etwas ereignet, mich anfährt, mit mir unterwegs ist. Ob ein Bibelwort, eine Geschichte, ein Ereignis mich erreicht, liegt an der Erfahrung, – an meinem persönlichen Zusammentreffen mit diesem Wort, dieser Geschichte, diesem Ereignis. Stille kann den Raum schaffen für solch ein persönliches Zusammentreffen.
Dabei sind die Erfahrungen nicht beliebig.
Damit überhaupt elementare geistliche Erfahrungen geschehen und sich vertiefen können, kommt es heute in der religiösen Sozialisation eines Kindes wesentlich darauf an, daß es in seiner Entwicklung nicht elementare Brüche erlebt:

Viele Kinder erleben einen lieben Gott in der frühen Kindheit, erfahren eventuell von älteren Bezugspersonen Vorstellungen eines strafenden und aufpassenden Gottes, erleben oft die Belanglosigkeit oder Unsicherheit gegenüber Gott im Elternhaus, setzen sich in der Schule und im Kindergarten mit sehr unterschiedlich ausgedeuteten Jesus- und Gottesgeschichten auseinander und hören in den Kirchen über die Schuld und Fehler der Menschen und ordnen dies Gott zu. Daran kann nicht nur ein Kind irre werden.

Was könnten aber durchgehende Erfahrungen sein, an denen die Kinder im Glauben wachsen können?

Eine Basiserfahrung der Kinder muß es sein, daß sie Vertrauen und grundsätzliche Annahme durch Menschen erleben. Dieses Vertrauen mag verschieden gegründet sein und sich im Alltag in vielerlei Gestalt ausdeuten.

Als Mitte meines Vertrauens benenne ich:

- Gott ist Liebe und aus Gott lebt unser Urvertrauen.
- Jesus Christus lebte diese Liebe und lebt mit dieser Liebe in uns.
- Unser Handeln und unsere Werte ergeben sich aus der Liebe und sind eine Folge der Liebe; nie eine Leistung, die von einer göttlichen Instanz gefordert wird.
- Im Namen Gottes kann keine Gewalt – auch nicht in Form von Angst – gerechtfertigt oder erklärt werden.

Da wir mehr schlechte als rechte Mittler dieses Vertrauens sind, bleibt es eine grund-legende Aufgabe der geistlichen Arbeit mit Kindern, sich immer wieder die Mitte – den Urgrund alles Seins – im Erleben zu vergegenwärtigen. Dies können wir dort finden, wo wir von erfüllter Stille sprechen.

Über solche Erfahrungen können Kinder und ebenso Erwachsene Zugang zum christlichen Glauben finden. Wer Erfahrungen vermittelt und sich gleichzeitig mit den Erfahrungen hinterfragen läßt, begibt sich mit den Kindern auf einen verantwortungsvollen Weg. Erfahrungen sind nicht beliebig und nicht neutral, sie erreichen einen konkreten Menschen in einer konkreten Situation, und ich weiß nicht schon im voraus, was es für ihn bedeutet. Dieser Lernweg ist nicht einfach, weil er so wenig Sicherheiten bietet, aber letztlich lernen wir das Wesentliche nur durch Erfahrung.

Wir versuchen, mit diesem Buch einen Weg ganzheitlicher Erziehung aufzuzeigen, in dessen Mittelpunkt die Erfahrung steht. Dabei lassen wir uns inhaltlich vom Begriff Schalom leiten.

Das Wort Schalom kommt aus dem Hebräischen, und wir hören es zumeist in der Bedeutung Frieden. Es heißt auch Ganzsein, Wohlbefinden und Heilsein. Wer dem anderen Schalom wünscht, wünscht ihm bestmögliches Gedeihen. Dieser Begriff ist eine kurze Zusammenfassung unseres Menschenbildes, so wie wir es im christlichen Glauben entdecken, und eine Richtschnur, nach der wir mit anderen zusammenleben können.

Unsere Arbeit mit Kindern orientiert sich also am bestmöglichen Gedeihen der jungen Menschen. Sie soll zu ihrem Ganzsein und Heilsein beitragen. Wir sehen aber auch, daß die Realität vom Gegenteil bestimmt wird. Wir könnten lange Geschichten schreiben von Kindern, die eher zerrissen, verletzt, kaputt sind als heil. Wir können dem nicht Einhalt gebieten, doch wir sind gefragt, unseren Beitrag zu leisten. Der Friede, die Fülle des Ganzseins ist letztlich keine Leistung des Menschen, Schalom ist uns als Geschenk Gottes zugesagt. Es gilt, dies zu entdecken. Gerade deshalb sind Erfahrungen wesentlich, Worte versagen oft genug, und Wissen kann auch hilflos machen.

Die Zusage des Schalom ermutigt uns, sowohl die gesellschaftlichen als auch die inneren Bedingungen des heutigen Menschen zu reflektieren, Lebendiges zu fördern, Gefährdendes anzuklagen und, wo wir es können, zu verändern. Es ermutigt uns, mit (jungen) Menschen zu arbeiten, damit sie in unserer Alltagsrealität in ihrer Würde und mit ihren gottgeschenkten Möglichkeiten leben können. Was wir dazu brauchen,ist Liebe, Vertrauen und in der Stille gegründeten Glauben.

Wir sehen es als religionspädagogische Aufgabe an, daß Kinder diese Zusammenhänge kontinuierlich erfahren, daß sie lernen, Erfahrungen kritisch zu verarbeiten, daß sie gelerntes Wissen in Erfahrungszusammenhänge einordnen und daß sie über die Erfahrung hinaus aus Eigeninteresse ihr Wissen vertiefen und erweitern. Hier wird dann situationsbedingtes Lernen, wie Paulo Freire es vermittelt hat, in einer elementaren Weise bei uns nötig und möglich. Die Religionspädagogik bringt, so verstanden, Erfahrung als ihren ursprünglichen und ureigenen Beitrag ein. Gleichzeitig müssen wir lernen, Theologie als Reflexion der Erfahrungsfelder zu begreifen, damit sie uns auch anregen kann, neue Erfahrungsfelder zu suchen.

1.5 Der Ursprung, der Kinder und Erwachsene verbindet – Gemeinsames und Unterschiede

Nachdem wir so oft erwähnt haben, daß die Übungen Kinder und Erwachsene gleichermaßen ansprechen, wollen wir jetzt noch etwas über die Unterschiede sagen, die sich aus dem unterschiedlichen Stand der persönlichen Entwicklung ergeben.

Doch fangen wir noch einmal mit den Gemeinsamkeiten an. Das, worauf die Erfahrungen hinzielen, können wir als Vergegenwärtigung des Ursprungs beschreiben. Doch was ist der Ursprung, und wie können wir ihn finden?

Der Verlust der Einheit – ein Stück Menschheitsgeschichte

Am Beginn der Menschheitsgeschichte waren die Menschen noch eins mit ihrer Umgebung und dem Geheimnis der Schöpfung, das wir Gott nennen.
Die Bibel beschreibt dieses ursprüngliche Einssein in der Schöpfungsgeschichte. Die Menschen – Mann und Frau – waren sich ihrer selbst nicht bewußt, sie lebten im Einklang mit ihrem eigenen Ursprung. Wir könnten auch sagen, sie lebten, ohne sich selbst zu erforschen und zu bedenken. Im weiteren Text der Schöpfungsgeschichte finden wir eine Deutung, warum wir nicht mehr in dieser Einheit von Schöpfung und Gott (und dies ist das Paradies) existieren.
Nach traditionellen Vorstellungen mußte etwas Böses geschehen sein, also eine schlimme Ursache vorliegen, damit der Mensch aus dieser Einheit fiel. Wir stellen uns ein schweres Vergehen der Menschen vor, das Gott bestraft. Bei dieser Vorstellung wird deutlich, daß wir werten und nach Erklärungen suchen, die uns Unverständliches einsichtig machen. Diese Wertungen sind heute fragwürdig geworden, und ohne sie können wir die Schöpfungsgeschichte in ihrem tieferen Anliegen neu wahrnehmen:
Die Menschen haben sich aus dem Einssein mit aller Schöpfung heraus entwickelt. In der menschlichen Entwicklungsphase gab es den Zeitpunkt, an dem der Mensch sich selbst wahrnahm und damit immer mehr seine Möglichkeiten erkannte. – Er aß vom Baum der Erkenntnis. – Er nahm Frau und Mann, gut und böse, Glück und Unglück, reich und arm … wahr. Mit dieser Wahrnehmung trat er außerhalb des eigenen Selbst, sah sich selbst getrennt von seinem Umfeld. Eine Trennung hatte stattgefunden.
Der Mensch trennte sich von seinem menschlichen Gegenüber, – er oder sie grenzte sich ab. Der Mensch trennte sich auch von dem göttlichen Gegenüber – von seiner Mitte und seinem Urgrund – und mußte sich ein Bild von Gott machen. Der Mensch trennte sich von der Schöpfung und wollte sie beherrschen.
Der Verlust dieser Einheit wird historisch als Gewinn erfahren, denn die Menschheit begann zu entdecken, zu ergründen, zu verstehen, zu entwickeln und zu technisieren. Dieser Prozeß ist in seiner Gesamtheit ein Entwicklungsprozeß mit vielen Licht- und Schattenseiten. Letztlich führte er uns in die »Moderne« und zu unserer heutigen Situation. Die Aufspaltung oder die Entwicklung zur Vielfältigkeit prägt unser Leben.
Eine Rückkehr in alte Einheit ist nicht möglich, sie würde eine Regression darstellen. Genausowenig, wie wir als geborene Menschen in den Mutterschoß zurück können, eröffnet sich uns die Rückkehr ins Paradies. Die religiöse Sprache bezeichnet diesen Vorgang der Trennung zwischen Gott und dem menschlichen Gegenüber als Sünde. Verstehen Sie dies nicht als moralisch wertendes Wort, sondern als Beschreibung eines Verlustes: Das Bewußtsein der Einzigartigkeit eines jeden Men-

schen beinhaltet die Erfahrung des Getrenntseins und die Erfahrung der immer neuen Trennung durch unser Denken, Fühlen und Tun. Diesen Verlust können wir nur akzeptieren und müssen ihn in seiner Totalität begreifen.
In dieser Feststellung liegt keine Traurigkeit und keine Resignation, denn die Menschheitsgeschichte und die Geschichte des Glaubens wird fortgeschrieben. Wir sind aber eingeladen, das Einssein als Grunderfahrung des geistlichen Weges neu zu entdecken.
Lesen Sie bei Lukas (Kap. 10) die Maria- und Marthageschichte unter diesem Aspekt. Beide Frauen verkörpern Lebensnotwendiges: die eine sorgt für den Leib, die andere für den seelisch-geistigen Bereich. Letztlich kommt es darauf an, daß beide Bereiche in uns zu ihrem Recht kommen. Es geht darum, das Handeln und Sorgen mit dem Hören und Vertrauen zu verbinden, auf daß sie eins werden. Gerade in unserer heutigen Zeit höre ich den Hinweis Jesu, daß Maria das Bessere gewählt hat, als das Notwendige – das Notwendende – in unserer hiesigen Kultur, ich höre es nicht als ein Abwerten des Leiblichen.
In der Geschichte des christlichen Glaubens gibt es die Erfahrung von Männern und Frauen, die die Einheit des Lebens – die Einheit mit sich selbst, mit Gott und der Schöpfung – immer wieder neu gefunden haben. Diese Möglichkeit steht uns allen offen.

Der Verlust der Einheit – ein Stück Lebensgeschichte

Die Menschheitsentwicklung spiegelt sich in der Entwicklung eines jeden Kindes wider. Die ursprüngliche symbiotische Einheit des Kindes mit der Mutter muß sich auflösen, damit ein Mensch sich heilsam und verantwortungsvoll entwickeln kann. Je älter ein Kind wird, desto notwendiger wird die Erkenntnis, daß es ein eigenständiges und wertvolles Wesen ist. Das Kind erlebt die Trennung in seiner Beziehung, und dies ist wichtig; es erkennt die vielen Einzelheiten des Lebens und beginnt, sie für sich zusammenzusetzen. Für eine gelungene Entwicklung des Menschen ist sowohl die Auflösung der symbiotischen Beziehung als auch die Entwicklung des eigenen Selbst, sowohl die Erfahrung konkreter Gegenüber als auch die differenzierte Wahrnehmung der Wirklichkeit notwendig. Vertrauen und Liebe, Freiheit und Grenzen gehören zu den Grunderfahrungen, die dem Menschenkind helfen, diesen Prozeß zu verarbeiten.
Doch auch als erwachsene Menschen spüren wir oft noch eine Sehnsucht nach der Einheitserfahrung des Kindes.
Diese Einheitserfahrung des Kindes war auch nicht nur eine Einheitserfahrung mit der Mutter, sondern viele Kinder erleben genauso intensiv eine Einheitserfahrung in der Schöpfung und mit Gott. Es ist schwierig, diese religiösen Erfah-

rungen zu benennen, da uns die Sprache und die Beschreibungsmöglichkeit für solche Erfahrungen fehlen. Vielleicht hilft Ihnen die Vergegenwärtigung eigener Kindheitserfahrungen:

---

8. Übung:

Blättern Sie nochmals zurück zur ersten Übung. Erinnern Sie sich, vielleicht haben Sie sich Notizen gemacht. Gibt es für Sie Erfahrungen, die Sie diesem Bereich zuordnen würden? Lesen Sie auch nochmal die Beschreibung von Rinser am Anfang dieses Buches, S. 15.

Der Umgang mit dem Verlust der Mitte und der Trennung vom Ursprung

Wenn wir nicht in die Einheit der Kindheitssituation zurück können, gleichzeitig die Entwicklung einer differenzierten Wahrnehmung zur Bewältigung unseres Lebens notwendig ist, welche Erfahrungen bleiben uns dann offen?
Diese Frage muß für Erwachsene und Kinder von verschiedenen Gesichtspunkten aus beantwortet werden.

Das Kind

Das Kind muß, um sich als eigene Persönlichkeit entwickeln zu können, sein eigenes »Ich« entdecken und ausgestalten dürfen. Unter dem »Ich« verstehe ich die Persönlichkeit, die das Kind darstellt, wenn es »ich« sagt und meint. Ich denke an Aussagen, wie »ich will«, »ich brauche«, »ich mag dich« und »ich mag dich nicht«. Das Kind entdeckt sich und grenzt sich ab. Dieses »Ich« ist kein ursprüngliches »Ich«, sondern beschreibt schon ein geformtes und geprägtes Wesen. (Es entspricht hier nicht der psychoanalytischen »Ich-Instanz« oder dem Jungschen »Selbst«.) Das Kind muß »Ich« werden, damit es »Du« sagen kann. Diese Entwicklung zur Eigenständigkeit – zu einem eigenen Wesen in der Welt – geschieht in der Auseinandersetzung mit der Umwelt.
Meditation im Sinne der disziplinierten Einübung der Versenkung und eventuell sogar das zeitweise Heraustreten aus der Weltgestaltung (Klöster u.a. abgeschlossene Gemeinschaften) sind für das Kind nicht sinnvoll und nicht angebracht. Dies könnte sogar schwerwiegende Störungen zur Folge haben, wenn dadurch die notwendigen Trennungen verhindert würden und das Kind sich in einer unreflektierten symbiotischen Einheit, z.B. mit Vater, Mutter oder einem bestimmten Gottesverständnis, einrichten würde.

Doch kennt das Kind aus seiner eigenen Lebensgeschichte (wenn auch oft diffuse) Erfahrungen des Urgrundes. Es ist ja noch nicht so weit davon entfernt. (Sie haben sich dies, liebe Leserin und Leser, vielleicht in der obigen Übung verdeutlichen können.)

Die Übungen dieses Buches wollen an diese vorhandenen Erfahrungen mit dem Urgrund – mit der Mitte des Lebens – anknüpfen und sie verstärken. Damit ermöglichen sie eine Vergegenwärtigung und Vertiefung der früheren Erfahrungen, die inmitten der oft verwirrenden Vielfalt eine heilsame Einheit erleben lassen.

Auf der anderen Seite richten die Übungen die Aufmerksamkeit wie durch ein Fernglas auf einzelne Ausschnitte in der Umwelt der Kinder, die sie so in einer ganz neuen Vielschichtigkeit erleben. Im Erleben, Ausdrücken und Reflektieren verbinden sich unterschiedliche schöpferische Fähigkeiten und stärken den Selbstwert der Kinder. So wachsen in der Wahrnehmung der eigenen persönlichen Gestalt gleichzeitig verschiedene Seiten eines jungen Menschen zu einem Ganzen zusammen.

Beide Seiten, die Anbindung an das Urvertrauen und die Stärkung des Selbst, sind für die Entwicklung der Kinder wichtig.

Der Erwachsene

Als Erwachsene stehen wir an einem anderen Punkt unseres Lebensweges. Unser Selbstbewußtsein hat sich gerundet, wir haben Differenzierungen gelernt, wir bewegen uns sicher in der Vielschichtigkeit dieser Welt – und spüren doch vielleicht innere (Sinn)Leere und so etwas wie Sehnsucht nach dem alten Paradies.

Darin sind Sie den Kindern nahe, und deshalb können Sie – wenn auch mit einer anderen Bewußtheit – die gleichen Übungen und Erfahrungen machen wie die Kinder. Sie werden Ihre Erfahrungen in Ihre Sicht der Wirklichkeit und in Ihre Glaubensgeschichte integrieren. Sie werden sicher viele schöne und heilsame Erlebnisse haben. Es kann aber auch der Punkt kommen, an dem die Erfahrungen verflachen oder Spannungen entstehen. Dies kann Sie entmutigen, aber auch ein produktiver Anreiz sein, sich ganz neu und mit anderer Konsequenz auf die Suche nach dem eigenen Ursprung zu begeben und sich z.B. für einen Meditationsweg zu entscheiden. Dann ändert sich die Blickrichtung, sie blicken nicht mehr zurück, suchen nicht mehr die alten Erfahrungen, sondern lassen sich auf ungewisses Neuland ein, um nicht die Einheit *vor* der Vielfalt, sondern die Einheit *in* der Vielfalt zu finden.

Wir begeben uns so mit Kindern auf einen Weg, und doch ist es nicht der gleiche. Zur Entwicklung des Menschen gehört das Suchen und das Finden. Dabei will dieses Buch eine Hilfe sein.

Zum Abschluß: So wie nicht jedes Kind, das Stille positiv erfahren hat, als Erwachsener meditieren wird, so gibt es auch für Sie als Erwachsene viele Wege, immer wieder aus der Stille heraus zum Wesen des Lebens zu finden.

Deshalb ist es für die Anleitung dieser Übungen nicht notwendig, im weitesten Sinne Meditationserfahrungen gemacht zu haben.
Doch Sie sollten:
- Stille als eigene Erfahrung kennen und einen eigenen Ruhepol haben,
- für sich selbst Erfahrungen sammeln und vertiefen,
- sich nicht für ein fertiges Wesen halten, sondern Freude an der Veränderung haben, – auch wenn es mal weh tut,
- über das eigene Wesen hinaus sich auf die anderen zubewegen und mit ihnen fühlen.

Die einen werden dabei von Meditationserfahrungen ausgehen und von daher ihre Übungen entwickeln. Andere werden in der Begegnung mit Kindern ihre ersten Erfahrungen machen und dann für sich parallel etwas tun. Beide Wege sind, wenn sie verantwortungsvoll gegangen werden, möglich.

1.6 Auf der Suche nach erfüllter Stille – ein Resümee

Was unterscheidet die Stille, zu der wir uns mit den Übungen dieses Buches auf den Weg machen, von anderen Stilleerfahrungen?
Zum einen, daß es uns nicht um die Stille als solche geht, sondern um die Chance, daß wir in der Stille etwas entdecken können, das immer da ist, das wir nur nicht wahrnehmen.
So sind die Übungen keine Tricks, um Kinder still zu bekommen, sondern das Angebot, Schritt für Schritt die Erfahrung zu machen, daß es in der Stille etwas zu entdecken gibt. Stille wird dabei nie von außen gefordert oder gar erzwungen, sondern sie wird gemeinsam gesucht und in ihrer Wirkung erfahren. Stille ist für Kinder oft ersteinmal negativ besetzt, und dies wird verstärkt, sobald sie auch nur den geringsten Druck durch Disziplinarmaßnahmen oder Erwartungen verspüren. Erfüllte Stille braucht Behutsamkeit, braucht die Einladung und den Dialog, damit Stille nicht Bedrohung, sondern Schutz ist. Nur so kann ich meinen eigenen Schutz loslassen, meine Masken, mein angepaßtes Reagieren, mein aggressives Verteidigen. Ich kann von außen nach innen gehen.
Wohin geht der Weg, was kann ich entdecken? Im Kern aller Übungen geht es um die Öffnung des Kindes und um unsere Öffnung für die heilende und stärkende, unser Innerstes zum Leben erweckende Kraft, die ganz in uns ist und gleichzeitig über uns hinausweist, transzendent ist und uns mit allen Geschöpfen dieser Schöpfung und dem Schöpfer selbst verbindet.
Grundannahme ist die Zusage an uns alle und die Erfahrung derer, die den Weg gegangen sind, daß wir alle die Kraft des heiligen Geistes in uns haben, spüren und

erfahren können, daß unser Leib Tempel des heiligen Geistes ist. Darin liegt die unantastbare Würde unseres Menschseins, daß wir Abbilder Gottes sind, wenn wir unser Leben von dieser Kraft bestimmen lassen.
Wir sind Teil der Schöpfung und haben Anteil an der immerwährenden Schöpfung. Aus der Erfahrung dieser Stille können wir, können die Kinder sich in verarbeitender, d.h. heilender und schöpferischer Form ausdrücken und sich so als wertvolle und geliebte Wesen entdecken.
Warum tun wir uns so schwer damit, dies zu erleben? Die Erfahrungen sind uns gar nicht so fremd, wie wir vielleicht am Anfang glauben. Oft wird uns im Alltag der eine oder andere Moment geschenkt, wo uns innerlich etwas anrührt, was wir vielleicht nicht benennen können. Dies kann durch ein Wort, eine Berührung, ein Gefühl ausgelöst werden, aber auch durch den Anblick, ja durch das Bild eines Menschen, aus dem dies herausstrahlt. Gerade Kinder vermitteln uns dieses Gefühl – besonders das Neugeborene in seiner ganzen Ursprünglichkeit –, wir spüren die Chance, die in uns allen lag und liegt.
Andere Bilder fallen mir ein: das mit sich und seiner Umwelt versöhnte kleine Kind, das unsere Sehnsucht nach Vertrauen und So-sein-können-wie-wir-sind ausdrückt. Oder da ist das dreckige, zerlumpte, uns offen anblickende Kind aus irgendeinem fernen Land, das uns innerlich guttut, weil es trotz seiner Lebenssituation seine Würde nicht verloren hat, vielleicht weniger als wir.
Wir kennen diese Bilder, und es ist gut, daß es sie gibt. Erkennen wir in ihnen auch unsere Kinder? Wie nahe sind sie noch ihrem Ursprung? Vielleicht sind sie ganz anders, als wir sie gerne hätten, – können wir sie trotzdem annehmen, so wie sie sind? Bei aller Kritik, die wir äußern müssen, bei allen Grenzen, die wir ziehen, wie können wir dies tun, ohne das Kind in seiner Würde zu verletzen, ohne ihm seine Lebendigkeit zu nehmen? Und wie – so können wir die Fragen fortsetzen – verhält es sich mit dem Kind in uns? Was trennt uns von unserem Ursprung? Können wir uns so annehmen, wie wir sind? Wie steht es um unsere innere Würde? Woraus schöpfen wir Kraft?
Die Frage nach erfüllter Stille ist damit auch die Frage, wie wir wieder in Beziehung zu unserem Ursprung gelangen. Manche Kinder sind da noch nahe dran, ihnen fällt es leicht, in sich hineinzuspüren und auf Entdeckungsreise zu gehen. Andere sind längst kleine Erwachsene, außenbestimmt, ständig sich darstellend, auf ihre Wirkung bedacht, mit Aggressionen, die sie vor weiteren Verletzungen ihrer Gefühle schützen sollen. Diese mehr oder weniger dicke Schicht, die sich im Laufe unseres Lebens zwischen unser Alltagserleben und unsere innere Kraft schiebt, müssen wir durchdringen. Dies ist eine Aufgabe der Übungen, auf eine zunehmende Öffnung und Durchlässigkeit hinzuarbeiten. Dabei begegnen uns manche Erinnerungen und Gefühle, die wir längst vergessen glaubten. Manche sind schön und tun uns deshalb gut, andere sind schmerzhaft, machen uns vielleicht traurig – und tun uns trotzdem gut, wenn wir sie uns nochmal anschauen, uns bewußtmachen und damit loslassen können.

Überhaupt werden wir vieles loslassen können, was wir für unverzichtbar hielten: Äußerlichkeiten, Vor-Urteile, Wissen. Vom Lauten zum Leisen, von der Außenorientierung zur Innerlichkeit, – das geht selten auf einmal, es ist ein Weg mit Kurven und Umwegen, mit Überraschungen und tollen Aussichten, mit dunklen und enttäuschenden Wegstrecken, – aber immer lebendig und neu.
Lohnt sich dieser Weg? Was können Kinder auf diesem Weg entdecken?
Sie können sich selbst entdecken, ihre eigene ursprüngliche Lebendigkeit, sie können erleben, daß sie um ihrer selbst willen angenommen sind, sie können Transzendenz und innere Fülle, Kraft und Lebendigkeit spüren, sie können Vertrauen und Geborgenheit, Gemeinschaft und Verantwortung erleben und selbst weitergeben, und sie können eine Quelle inneren Glücks finden.
Wie gesagt, manchmal werden den Kindern und auch uns solche Erfahrungen geschenkt. Sie bleiben als Momente des Glücks, der inneren Stimmigkeit in unserer Erinnerung und bilden so die Basis für unsere Suche nach dem ganz anderen.
Sie ruhen wie Samen in uns allen, und wenn wir wie gute Gärtner liebevoll für jeden die richtige Bedingung schaffen, können sie sich entfalten. Dies ist eine andere Aufgabe der verschiedenen Übungen, förderliche Bedingungen zu schaffen, in der dieser Same in den Kindern sich entfalten und wachsen kann. Alle Übungen haben in sich ihre Wirkung, sei es die Weckung der Aufmerksamkeit, die Schulung der Sinne, das Lernen von der Natur oder von unserem Körper. Stilleübungen in diesem Sinne sind eine Chance zu geistigem Wachstum – und keine Tricks, um Kinder ruhig zu bekommen oder sie zu belehren.
Aus all dem bisher Geschriebenen wird bereits deutlich, daß ich mich als Erwachsener nicht aus den Übungen herausnehmen kann. Die Haltung, die innere Einstellung, wird von den Kindern erspürt und förderlich oder hindernd wahrgenommen.
Die folgende Rabbi-Geschichte ist für mich ein Beispiel der innigen Verknüpfung von eigener innerer Einstellung und verändernder Stille.

Ein Vater bringt sein Kind zum Rabbi und klagt darüber, daß der Junge keine Ausdauer beim Lernen habe.

9. Übung:

Halten Sie hier inne und überlegen Sie, was Sie machen könnten und machen würden. Lesen Sie dann weiter.
Der Vater geht und der Rabbi nimmt das Kind, bettet es schweigend an sein Herz, bis der Vater zurückkommt. Er gibt ihn dem Vater zurück mit der Bemerkung, er habe dem Jungen ins Gewissen geredet und es werde ihm an Ausdauer nicht fehlen. (Aus: Martin Buber, Die Erzählungen der Chassidim, Manesse Verlag, Zürich 1949)

Vielleicht denken Sie jetzt: Das ist alles gut und schön, aber ich habe nicht die innere Geduld und Gelassenheit, ich stehe zwischen den verschiedenen Anforderungen, und jetzt muß ich schon wieder etwas an mir ändern, statt daß die Kinder es mir mal leichter machen. – Lesen Sie nochmals durch, was diese Übungen den Kindern bringen können, – das gleiche gilt auch für Sie.
Die Zusage gilt jedem. Wenn wir darauf vertrauen und uns öffnen, kann die Kraft durch uns wirken. Und dies verändert uns, unsere Einstellung, unser Wirken im Alltag. So steht vor den Übungen für die Kinder die Ermutigung, sich selbst auf den Weg zu machen und nach dem Zugang zur Stille zu forschen, der für Sie ganz persönlich der richtige ist. Ihre eigenen Erfahrungen machen Sie dann auch sensibel für die Prozesse der einzelnen Übungen, helfen Ihnen, die Erfahrungen der Kinder anzunehmen und zu begleiten. Und zunehmend werden Sie die Erfahrung machen, daß Sie gar nicht soviel machen müssen und daß die Kinder Ihnen zurückgeben, was sie erhalten haben: Achtsamkeit, Offenheit, akzeptierende Annahme, Vertrauen und lebensbejahende Freude.
Also erstmal dieses Buch zur Seite legen und für sich selbst etwas tun?
Das ist eine Möglichkeit. Die andere besteht darin, daß ich mich ganz bewußt mit Kindern auf den Weg mache. Das heißt, daß ich mich mit der gleichen Neugierde und Offenheit in die Übung begebe, mitgehe und nicht das Ergebnis schon vorher wissen will. Auch dieses Mit-auf-dem-Weg-Sein spüren die Kinder.
Eines ist noch zu bedenken: So wie die Kinder uns als Begleiter brauchen, die da sind, wenn etwas mitgeteilt werden muß, die sie fragen können und die ihnen helfen, ihre Erfahrungen einzuordnen, so braucht auch jeder von uns, der sich auf den Weg zu sich selbst macht, Begleiter.
Deshalb: Suchen Sie sich andere, die auch neugierig geworden sind, die erste Schritte wagen. Suchen Sie den Austausch, die Ermutigung und die Korrektur.
In einer Gruppe Gleichgesinnter, vielleicht mit gemeinsamem beruflichen Hintergrund, lassen sich auch viele Übungen ausprobieren und für die spezielle Situation überdenken und variieren. Und wenn Sie für sich die Entscheidung getroffen haben, einem bestimmten Meditationsweg zu folgen, dann sollten Sie für sich einen Menschen als Begleiter suchen, der diesen Weg kennt und die nötige Ausstrahlung, Liebe und Heiterkeit hat, der Sie sich anvertrauen können.

Literaturhinweise zur Weiterarbeit

Zur Meditation:

Hugo M. Enomiya-Lasalle, ZEN-Unterweisung, Kösel-Verlag, München ^{3}1988

Emmanuel Jungclaussen, Das Jesus-Gebet, Friedrich Pustet Verlag, Regensburg ^{5}1989

Willi Massa, Hrsg., Kontemplative Meditation – Die Wolke des Nichtwissens, Topos-TB, Bd. 30, Matthias-Grünewald-Verlag ^{4}1978

Gerda und Rüdiger Maschwitz, Geistliches Leben wagen.Eine Hinführung zur Körperarbeit und gegenstandsbezogenen Meditation, Burckhardthaus-Laetare Verlag, Offenbach 1989

Zur Stillearbeit mit Kindern:

Hubertus Halbfas, Religionsunterricht in der Grundschule, Lehrerhandbuch 1-4, Patmos Verlag, Düsseldorf 1983-1986

Willi Massa/Eleonore Gottfried-Massa, Stille und Erziehung – Bei sich zuhause sein, Neumühle, 6642 Mettlach 4

Gabriele Faust-Siehl u.a., Mit Kindern Stille entdecken, Moritz Diesterweg Verlag, Frankfurt 1990

Else Müller, Hilfe gegen Schulstreß, rororo TB, Reinbek 1984

Hubert Teml, Entspannt lernen, Veritas-Verlag, Linz ^{2}1990

Weitere, im Text erwähnte Literatur:

Astrid Lindgren, »Die Kinder aus Bullerbü«, Verlag Friedrich Oetinger, Hamburg 1970

Jörg Müller, Alle Jahre wieder saust der Preßlufthammer nieder oder die Veränderung der Landschaft, Verlag Sauerländer AG, Aarau (Schweiz), 1973

Neil Postman, Das Verschwinden der Kindheit, Fischer TB Verlag, Frankfurt 1987

Karl W. Bauer/Heinz Hengst, Wirklichkeit aus zweiter Hand, rororo Sachbuch, Hamburg 1980

Antoine de Saint-Exupéry, Der kleine Prinz, Karl Rauch Verlag, Düsseldorf 1968

Die Stilleübungen

2 Vorbemerkungen zum Aufbau des Übungsteils

Wir möchten Sie ermutigen, aus Ihrer Situation heraus nach möglichen Ideen und kleinen Schritten zu suchen. Dazu haben wir in den folgenden Kapiteln eine Auswahl von Übungen zusammengestellt, die nach unserer Erfahrung Anklang bei den Kindern finden. Wichtig war uns, die grundlegenden Eigenarten der einzelnen Arbeitsformen herauszuheben, damit Sie Kriterien haben, vieles schon Bekannte und Vertraute so zu ändern, daß es dem Ziel dieser Arbeit folgt. Aus dem gleichen Grunde haben wir die Übungen in unterschiedlichem Maße ausformuliert. Wo sie deutlich, d.h. wörtlich ausformuliert sind, möchten wir dies als Beispiel verstanden wissen, das Sie Ihrer Situation, Ihrer Sprachgewohnheit entsprechend ändern können. Die Übungen geschehen ja immer in einem steten Wechselspiel zwischen Ihnen und den Kindern. Und im »Hier und Jetzt« sein bedeutet auch, jederzeit Geplantes neu zu entscheiden. Also kein: »So muß es sein, dann läuft es«, sondern Angebote, Anregungen, Ideen, die Sie in Ihre Wirklichkeit integrieren müssen.
Als Hilfe dazu ist auch die vorbereitende Darstellung der fünf Phasen einer Stilleübung gedacht. Sie kann in vielerlei Weise genutzt werden. Zunächst ist sie eine Strukturierungshilfe für die Übungen, nach der Sie auch selbst neue entwickeln können. Zum anderen können Sie sich anhand der Phasen fragen, wo stehe ich mit meinen Kindern, welche Voraussetzungen sind schon da, worin müssen wir noch gemeinsam wachsen?
Wir haben die Phasen zur Gliederung des Übungsteils genutzt, indem wir die einzelnen Übungsformen der Phase zugeordnet haben, die ihren Schwerpunkt bildet. Die einzelnen Übungsformen werden vorgestellt und an exemplarischen Beispielen verdeutlicht.
Die Übungen zum Beginn (3) und zum Abschluß (5.4) bilden den Rahmen, in den weitere Erfahrungen eingebettet werden können. Sie sind auch situations- und inhaltsunabhängiger, d.h. sie können für sich erprobt und später als vertrautes Signal benutzt werden. Leitend für die Zuordnung der Übungen in die zweite bzw. dritte Phase (4.1 – 4.6) war der Inhalt und Ort der Aufmerksamkeit (von außen nach innen) und der Grad der äußeren Anleitung und Führung. Dies beinhaltet keine Wertigkeit, sondern eine Hilfe für die Aufeinanderfolge von Übungen. Die Übergänge sind fließend, und deshalb müssen Sie auch damit rechnen, daß die Erfahrungen der Kinder, je nachdem, mit welcher inneren Bereitschaft diese in die Übung gehen, sehr unterschiedlich sind. Des-

halb sollte immer Raum zum anschließenden Austausch, gleich in welcher Form, sein. Auch dazu finden Sie einige Überlegungen in einem eigenen Kapitel. (4.1 – 4.3)
Die einzelnen Übungen können alle für sich alleine stehen, es muß nicht immer eine »komplette« Stillefolge sein. Im Gegenteil, in den meisten Kindergruppen wird es lange Zeit brauchen, bis sie vom Leisesein zur Stille finden. Erst wenn die Kinder entdeckt haben, daß es in der Stille um sie geht, daß es an ihnen liegt, was sie dabei erleben, wird ihre innere Bereitschaft wachsen. Und um so schneller können sie dann bei sich selbst sein und sich auf neue Erfahrungen einlassen. Der Weg dahin führt jedoch über viele kleine Übungen der Aufmerksamkeit, der (Selbst-)Wahrnehmung und der Körpererfahrung. Dabei ist die Wiederholung vertrauter Übungen, solange sie noch Aufmerksamkeit wecken, wesentlich und sinnvoll, ja sogar ein Kennzeichen der Arbeit.
Wahrscheinlich werden Sie bald merken, daß Sie die eine oder andere Übungsform mehr bevorzugen, je nachdem, welche Vorerfahrungen Sie haben oder wo Sie Interesse und Stärken bei sich entdecken. So werden Sie mit eigenen Yogaerfahrungen leichter Wege finden, Kinder zu einzelnen Übungen hinzuführen. Vielleicht entdekken Sie aber auch erst beim Ausprobieren, daß Ihnen meditatives Tanzen sehr viel gibt; dann wird Ihr Interesse – auch über die Arbeit mit den Kindern hinaus – Sie dort nach eigenen Erfahrungen suchen lassen, die dann wieder zu den Kindern zurückfließen.
Mit anderen Worten – lassen Sie sich durch die Vielfalt animieren und nicht erschrecken, suchen Sie Ihren eigenen Weg.
Für die Auswahl der Übungen können folgende Kriterien hilfreich sein:
- Was würde den Kindern und mir jetzt guttun?
- Wieviel Zeit haben wir?
- Was haben wir schon gemeinsam eingeübt, was ist uns vertraut?
- Gibt es situative oder inhaltliche Vorgaben, denen ich die Übung zuordnen will?
- Welche Übungsform liegt mir am meisten?

2.1 Überall das gleiche? – Die Übungen in den verschiedenen Arbeitsbereichen und in der Familie

Die Übungen dieses Buches sind für Kinder ab ca. 5 Jahren gedacht. Wir haben darin Erfahrungen vom Kindergartenalter bis zum Konfirmandenunterricht zusammengebracht. Dies ist möglich, da die gleichen Übungen je nach Alter und Entwicklungsstand des Kindes unterschiedliche Aspekte und Fähigkeiten ansprechen. Die Differenzierung geschieht in der Art, wie ich die Übung einbringe,in der Zeit, die ich für die einzelnen Schritte vorsehe und in der Gewichtung, die ich innerhalb der Übung vornehme. Diese Differenzierung ist auch bei Kindern der gleichen Altersstufe not-

wendig: Einige Kindergartenkinder liegen mit gutem Kontakt – mit innerer Ruhe – am Boden, andere sind,ganz gleich ob im Liegen oder Stehen, immer in Bewegung, einige 12jährige Jungen können sich gar nicht mehr auf sich selbst konzentrieren und sind in ihrer Aufmerksamkeit weit weg von sich selbst, während die gleichaltrigen Mädchen intensiv bei sich sind. So gibt es trotz der altersbedingten Gemeinsamkeiten keine generelle Aussage: dies geht in dieser Altersgruppe, dies in jener Altersgruppe. Gerade beim meditativen Tanz erleben wir immer neue Überraschungen: Was in der einen Gruppe schön und befriedigend ist, wird von einer anderen gleichaltrigen Gruppe ganz anders aufgenommen. Wenn Sie trotzdem bei manchen Übungen einen Hinweis finden, so sehen Sie es mit dieser Offenheit.
Vieles entspringt und erwächst aus dem Kennenlernen und Vertrauen in den Gruppen, und jede Bezugsperson ist immer wieder aufs neue in einen Prozeß mit den Kindern verwickelt.
So sind die nachfolgenden Ausführungen auch keine Festlegung, sondern Erfahrungswerte.

Kindergarten

Im Kindergarten gibt es in der Montessori-Pädagogik Stilleübungen. Wir befinden uns also in einer vertrauten pädagogischen Umgebung, wenn wir Stilleübungen anbieten. Kinder in diesem Alter brauchen allerdings Abwechslung, – sie müssen Aktion und Stille erleben. Es erscheint mir sinnvoll, längerfristig und regelmäßig in Gruppen oder Kleingruppen mit diesen Übungen zu arbeiten. Ein Kursangebot am Nachmittag ist ein möglicher Einstieg.
Manchmal hören wir von Schwierigkeiten, die zwischen Pfarrern und Erzieherinnen entstehen, wenn diese religionspädagogisch mit Stilleübungen arbeiten. Wir hoffen, mit diesem Buch ein Feld der Zusammenarbeit aufzuzeigen, wo beide Berufsgruppen im Erfahrungsbereich und im Miteinander voneinander lernen können.
Darüber hinaus sind Eltern an dieser Arbeitsform sehr interessiert. Es ist sinnvoll, für Eltern – mindestens zum Kennenlernen – praxisbezogene Elternabende mit eigenen Übungen und Gesprächen anzubieten. Es wäre nicht erstaunlich, wenn sich daraus eine kontinuierliche Elterngruppe entwickeln würde.

Grundschule und Sonderschulen der verschiedensten Art

In den Schulen bieten sich für diese Arbeit außer Religion verschiedene Fächer an, z.B. Sachkunde, Sprach- und Kunstunterricht, Turnen, Musik und der Förderunterricht. Im religionspädagogischen Bereich haben andere und wir oft ein- und mehrtägige Fortbildungen angeboten, auch gibt es berufsbegleitende Angebote. Da das Interesse groß ist, finden sich sicherlich Kollegen und Kolleginnen, mit denen Sie sich austauschen können. Die Schwierigkeit in der Schule besteht sicher in der Verbindung von Lernzielen mit diesen Übungen. Letztlich schließt sich dies nicht aus, Sie sollten nur darauf achten, daß die Übungen nicht verzweckt werden. Gerade die Grundschule ist ein zentraler Ort für diese Übungen und unsere Intentionen, da hier eine große Offenheit herrscht und die unterschiedlichsten Kinder noch gemeinsam eine Klasse besuchen. Auch vom Alter her erleben wir bei den Grundschulkindern die besten Voraussetzungen. Durch die Übungen ergeben sich auch hier gute Ansätze zur Elternarbeit, und auch eine Vernetzung mit anderen Bereichen, z.B. durch die Gestaltung von Schul- und Gemeindegottesdiensten, ist möglich. Vor allem verändern die Übungen das Verhältnis zwischen Lehrer und Schülern und der Schüler untereinander und schaffen ein intensiveres Gruppenklima.

Kindergruppen, Kindergottesdienst und Freizeiten

Diese Angebote sind dadurch besonders gekennzeichnet, daß haupt- und ehrenamtliche Mitarbeiter/innen zusammen oder auch Ehrenamtliche alleine eine Gruppe leiten. Damit ist nicht gleichzeitig etwas über die Qualifikation der MitarbeiterInnen gesagt, da alle genug Möglichkeiten haben, sich fortzubilden, für sich etwas zu tun bzw. Ehrenamtliche entsprechenden Berufsgruppen angehören können. Die Situation verändert sich grundlegend, wenn Jugendliche Gruppen leiten oder mitarbeiten. Während einige Übungen, z.B. die Arbeit mit Mandalas, von ihnen mit den Verantwortlichen ausprobiert und dann eingebracht werden können, ist dies bei anderen Übungen nicht angebracht (z.B. Imaginationen) oder sollte unterlassen werden (z.B. Yogaübungen ohne intensive Vorbildung anzuleiten).
Hier liegt eine große Verantwortung bei den Erfahrenen. Es ist ihre Aufgabe, jungen Menschen diese Übungen zu vermitteln und mit ihnen diese Übungen zu verarbeiten. In dieser Zwischenvermittlung liegt die Chance, mit Jugendlichen in einer eigenen Gruppe Erfahrungen zu sammeln und gemeinsam auf Entdeckungsreise zu gehen. So erwächst aus diesen Übungen Jugendarbeit, und nach unseren Kenntnissen sind Jugendliche an einer solchen Mischung – für sich und andere etwas zu tun – sehr interessiert.
Ansonsten sind freiwillige Angebote auf Freizeiten eine ganz besondere Chance für Kinder, die Stille zu entdecken. Im Kindergottesdienst und in den Kindergruppen entscheidet die Kontinuität der Teilnahme und der Grad der Vertrautheit zwischen Kindern und Mitarbeitern darüber, ob es bei einfachen Versuchen bleibt oder ob sich etwas über einen längeren Zeitraum entwickeln kann.

Spielerischer Umgang in der Familie

Manchmal kommen Kinder mit Übungen nach Hause (Papa, bitte einmal Rückenschaukeln) oder sie bringen ein Mandala mit und die Mutter malt es einfach aus, oder ein Elternteil übt Yoga und die Kinder machen mit. Meistens geschieht über die Kinder eine spielerische Teilnahme und die Familie entdeckt gemeinsame Interessen. Warum dies nicht aufnehmen und fördern?
Dieses Buch ist nicht in erster Linie für Eltern und Kinder geschrieben, aber es ist von Eltern mit Kindern entwickelt worden. Wir haben vieles mit unseren Kindern bewußt und unbewußt durchgespielt, manches hat seine Spuren hinterlassen (so fliegt das FaFeFiFoFu an der Wand hinter einem der Kinderbetten durch den Himmel). Unsere Kinder brachten oft eigene Ideen ein (z.B. das Lied »Sooo lange kann ich Luft anhalten«) und gestalteten Übungen weiter (eigene Mandalaentwürfe) oder änderten sie. Manches war für sie uninteressant, und dann lehnten sie es ab. Machen Sie es zu Hause genauso. Nehmen Sie Anregungen auf, und gehen Sie spielerisch damit um, entdecken und entwickeln Sie Neues und vor allem: haben Sie miteinander Freude. Aber tun Sie eins bitte nicht: Zwingen Sie niemanden zu Übungen. Danke.

2.2 Die einzelnen Teilschritte einer Stilleübung

Jede Stilleübung, auch die kleinste, läßt sich in verschiedene Phasen unterteilen, die nacheinander, aber auch spiralig sich wiederholend durchlaufen werden können. Die innere Einstellung, unser Gerichtetsein, entscheidet darüber, wo wir uns jeweils befinden. Die äußere Anleitung, die Wortwahl, die Impulse geben uns Hilfen, uns in die richtige Richtung auszurichten. Deshalb kann man die Übungen den einzelnen Phasen zuordnen, auch wenn sie jede für sich wiederum die einzelnen Phasen mehr oder weniger komplett durchlaufen.
Wir unterscheiden fünf Phasen:
- Einladung – die innere Bereitschaft wecken.
- Bei mir ankommen – mich selbst entdecken.
- Mich der Stille öffnen.
- Mich mitteilen – Erfahrungen ausdrücken.
- Abschluß – nach außen gehen.

Einladung – die innere Bereitschaft wecken

Der allererste Schritt zu einer Stilleübung besteht darin, daß ich dazu *einlade*. Ich wähle dieses Wort bewußt, um deutlich zu machen, daß für das, wozu ich die Kinder gewinnen will, ihre eigene Entscheidung zur Mitarbeit nötig ist. Ich kann nicht über sie verfügen und ihnen Öffnung verordnen. Dies würde das Gegenteil dessen bewirken, was ich erhoffe.

Sieh die Knospe der Rose
welche Kraft kann sie öffnen?
Du kannst es versuchen
vorsichtig, bestimmt, mit Gewalt
– es wird nicht gelingen.
Sieh, wenn die Zeit da ist, öffnet sie sich,
die Kraft dazu liegt in ihr verborgen.

Womit kann ich einladen, Bereitschaft wecken?
Dies hängt sehr von den Kindern und ihren Vorerfahrungen ab. Oft verbinden Kinder und auch Erwachsene mit Stille eher unangenehme (peinliches Schweigen, leere Wohnung) oder sogar ängstigende Erfahrungen (dunkler Keller, nächtliches Aufwachen, Streit). Für sie beinhaltet Stille keine positive Assoziation, sondern erzeugt Abwehr und Widerstand. Hier gilt es, in langsamen Schritten Vertrauen und Geborgenheit zu vermitteln, damit neue Erfahrungen die alten ablösen können.
Grundsätzlich ist meine eigene Überzeugung, daß ich ihnen etwas Gutes vermitteln will, die Basis. Und dies kann ich um so identischer tun, je mehr ich selbst in Erfahrungen der Stille meine heilsame Quelle gefunden habe. Wenn die Kinder mir vertrauen, kann ich sie ohne große Umwege mit auf den Weg nehmen. Dann kann diese Phase vielleicht einzig in der wörtlichen Einladung zur Übung bestehen.
Vertrauen ist das Schlüsselwort dieser Phase und der Stilleübungen überhaupt. Vielleicht braucht es eine ganze Zeit, bis ein Vertrauensverhältnis zwischen mir und den Kindern, aber auch bei den Kindern untereinander entstanden ist, damit die Übungen ihre Kraft entfalten können. Und wie der Fuchs zum kleinen Prinzen sagt, sind dabei Regelmäßigkeit, Verläßlichkeit und wiedererkennbare Zeichen hilfreich. Deshalb geht es in vielen Anfangsübungen um die Einübung äußerer Regeln als Hilfe zur inneren Bereitschaft.
Immer wieder ist der Rückbezug auf das Erleben der Kinder wichtig. Sie sollen entdecken, daß all dies etwas mit ihnen zu tun hat, daß sie nichts für jemanden tun müssen, sondern zuallererst für sich selbst, als einzelne und als Gemeinschaft.

Es gibt noch einen anderen Aspekt des Vertrauens, der für alle Übungen gilt. Wenn ich als Anleitende/r darauf vertraue, daß jedem von uns der Zugang zu unserem Innersten möglich ist, weil Gott uns immer schon entgegenkommt, dann entlastet dies mich von dem Anspruch, daß es von mir alleine abhängt, welche Erfahrungen die Kinder machen und welche nicht.
Vielleicht ist auch Neugier und Faszination des Unbekannten für einige der Anreiz zum Mitmachen; nur trägt diese Motivation nicht sehr weit und muß durch positive Erfahrungen abgelöst werden. Gleiches gilt für den Leistungsvergleich als Einstiegsmotivation (Wer kann am besten eine Minute schätzen? Wer hört die meisten Geräusche? Wer kann zu seinem Platz gehen, ohne daß man ihn hört?).
Dies mag für manche Kinder der einzige Zugang sein, der sie motiviert, sich auf das Abenteuer Stille einzulassen, weil es das ihnen vertraute Verhaltensrepertoire aufnimmt. Dieser Einstieg steht jedoch der Erfahrung entgegen, daß jedes Kind gleich wichtig und anerkannt ist. Ein Weg mag es da sein, von der Einzelleistung zur Gemeinschaftsleistung überzugehen, um so den Leistungsaspekt zu relativieren. Wo es nicht notwendig ist, würde ich mir diesen Umweg ersparen.

Bei mir ankommen – mich selbst entdecken

Daß es um mich geht, erfahre ich am besten, wenn ich etwas tue, was mir Freude bereitet, was mich Neues entdecken läßt, was mich mir selbst näherbringt. Dies ermöglicht, bei mir anzukommen, das heißt mich selbst wahrzunehmen, zu spüren, was ich fühle, wie ich reagiere, wie ich denke und atme, wie ich bin.
Mit den Kindern bedeutet ein Schritt in diese Richtung z.B. die Weckung aller Sinne, um sich der Vielfalt der Erfahrungsmöglichkeiten bewußtzuwerden. Dabei ist die Natur unsere beste Lehrerin. Von da ist es nicht weit, uns selbst als einen Teil der Natur zu entdecken, unseren Leib »als den Tempel Gottes«, unsere schöpferischen, intuitiven Kräfte als Ausdruck unserer wahren Natur. Der Prozeß des Bei-mir-Ankommens führt von außen nach innen, führt durch zunehmende Konzentration zu einem stetigen Loslassen all dessen, was nur oberflächlich mit mir zu tun hat.
Wie wohl dies tut, kennen wir alle aus der Erfahrung, wenn es uns gelingt »abzuschalten«, d.h. in einer freien Stunde, am Wochenende, in Gesellschaft mit anderen, im Urlaub…, all das Planen, Reagieren, Sorgen, Erwarten und Befürchten loszulassen, das sonst unseren Alltag bestimmt. Am leichtesten gelingt uns dies, indem wir uns auf etwas anderes konzentrieren, was unsere Sinne ganz gefangennimmt, etwa auf das Fernsehprogramm, Sport- und Freizeitaktivitäten, anregende Gesellschaft etc. Doch damit decke ich nur eins mit dem anderen zu und lasse meinem Innersten keinen Raum.

Dies berührt wieder die Frage nach Angst und Vertrauen, – oft ist es die Angst vor der inneren Leere, die abhängig macht von solch zudeckenden Außenimpulsen. Auch manche meditative Erfahrung kann in diesem Sinne zudeckend sein, wenn sie mich in eine schöne Illusion führt, die ich immer wieder suche und die ich nicht loslassen kann. Deshalb ist es vor allem bei den Phantasiegeschichten wichtig, daß ich nicht suggeriere, sondern innere Bilder zulasse.
In geborgener Atmosphäre bei mir zu sein, ermöglicht es mir, all die ablenkenden Außenimpulse loszulassen und voll Vertrauen in die Stille, in mich hineinzuhören. Damit führe ich allmählich zu der Haltung hin, die ich mit *»wacher Offenheit«* bezeichne.

Mich der Stille öffnen

Das scheinbar Einfache ist oft das Schwerste. Es ist einfach, wenn wir es uns schenken lassen, und unerreichbar, wenn wir es haben wollen. Die Erfahrung, daß wir uns der Stille öffnen können und erleben, daß uns in der Stille etwas innerlich berührt, das über unser beschränktes Wissen hinausweist, können wir uns nur schenken lassen. Oft geschieht dies, ohne daß wir darauf vorbereitet sind, vielleicht nach einer Wanderung hoch in den Bergen, beim Anblick der im Meer versinkenden Sonne, beim absichtslosen Schauen der Regentropfen am Fenster, in der Stille einer leeren Kirche nach einem Gottesdienst, beim Anblick eines im Spiel versunkenen Kindes.
Wir können es uns nur schenken lassen, – und deshalb sind alle Anleitungen, die in die Stille führen sollen, nur Hilfen, um uns und die Kinder bereitzumachen für dieses Geschenk. Unsere Verantwortung liegt in der Sorgfalt der Vorbereitung, aber es liegt nicht in unserer Hand, was die Kinder erfahren.
Gleich welcher Impuls in die Stille führt, daß ich mich öffnen kann, setzt voraus, daß ich gelernt habe, der Stille angstfrei zu begegnen und sie auszuhalten. Dies gilt auch für den Anleitenden, damit er Stille zulassen kann und sie nicht gleich wieder überdeckt durch weitere Impulse. So wie es zunächst mit der Wahrnehmung von außen nach innen ging, so öffnen sich die inneren Erfahrungen in dem Maße, in dem die äußere Führung reduziert wird und die Impulse immer einfacher werden. Damit vertraue ich die Kinder immer mehr ihrer eigenen Führung an. Ich lasse zu, daß sie sich öffnen und sich selbst erfahren, daß sie Anteil haben an der großen Kraft, die uns alle verbindet.
Diese Kraft ist in uns allen, und deshalb können wir auch mit allen Kindern in die Stille gehen. Jeder wird seine Erfahrungen mit seinen eigenen Worten und Begrifflichkeiten erfassen. Im Religionsunterricht oder wo es sonst möglich ist, können und müssen wir mit den Worten unseres Glaubens helfen, die Erfahrungen »begrifflich«

zu machen bzw. wird es oft umgekehrt darum gehen, Begriffe unseres Glaubens durch diese Übungen erfahrbar zu machen. Auf dem Weg dahin kann auch manches Unangenehme, bisher Unterdrückte nach außen kommen. Weil aber in der *Stille* gleichzeitig heilsame Kräfte wirksam werden, kann sich auch Schmerzliches verwandeln. Dabei hilft auch das Aufgehobensein in der Gemeinschaft, als sichtbarer und fühlbarer Ausdruck *»Du bist nicht allein«*.

Mich mitteilen – Erfahrungen ausdrücken

Wenn ich etwas entdeckt oder erlebt habe, wenn mich innerlich etwas berührt oder bewegt hat, dann tut es gut, wenn ich es anderen mitteilen kann. Manche Erfahrung wird dann für mich selbst erst faßbar, ich beginne, das Erlebte zu begreifen, wenn ich es in irgendeiner Form ausdrücken kann. Deshalb gehört zu jeder Übung der Raum, in dem ich das Erlebte ausdrücken und mitteilen kann (mit Bildern, formbarem Material, in Texten und Gebärden). Das geringste Angebot nach jeder Übung ist die Frage: »Was habt Ihr erlebt, entdeckt, was ist Euch begegnet« und »Was möchtet Ihr den anderen mitteilen?« Damit dies ein echtes Angebot wird, muß auch hier zunächst ein Gefühl der Gemeinschaft entwickelt werden, das jede/n in der Gruppe akzeptiert. Dazu gehören einfache Spielregeln des Zuhörens und Ausredenlassens sowie Geduld und Achtsamkeit im Umgang mit dem Geschaffenen. Die meisten Kinder drängt es, sich zu äußern, für sie ist die Regelung des Nacheinanders als Ausdruck gegenseitiger Achtung wichtig zu lernen. Aufmerksamkeit erfordern die stillen Kinder, denen es schwerfällt, sich mitzuteilen. Sie brauchen die Ermutigung, daß ihre Erfahrung wichtig ist.
Es ist schön zu beobachten, welche Kreativität in den Kindern geweckt werden kann, welche Fülle an Bildern, Ideen, Erlebnissen sich einen Weg nach außen sucht. In dieser Phase der Stilleübung öffne ich mich den anderen, wende ich mich nach außen und dem Nächsten zu.
Dabei können Begriffe wie Zuwendung, Geborgenheit, Gemeinschaft und Verantwortung zu lebendiger, gemeinsamer Erfahrung werden. Vielleicht ist das *»Du bist mir wichtig«* zunächst nur ein Signal des Erwachsenen, aber mit wachsender Erfahrung kann dies auch im Verhältnis der Kinder untereinander deutlich werden.

Abschluß – nach außen gehen

Was wir in der Stille entdecken, soll uns begleiten und im »lauten Alltag« wirken. Es ist immer in uns, nur sind wir uns dessen nicht bewußt. Der Übergang von leise nach laut, von innen nach außen, verdient die gleiche Beachtung wie die Hinführung. Die Stille soll ausschwingen können und nicht gleich wieder in Lärm und Hektik ersticken. Dies gilt nicht nur für Stilleübungen, auch alles, was wir sonst tun, gewinnt durch einen bewußten Abschluß. Deshalb können Schlußübungen, Abschlußriten, Achtsamkeit im Umgang mit Geschaffenem auch in allen anderen Situationen erprobt und erfahren werden. Aber auch jede kleine hinführende Übung hat ein Ende und damit die Möglichkeit, den Übergang bewußt wahrzunehmen. So lege ich vor allem bei den Körperübungen Wert darauf, daß jede Übung mit Zeit zum Nachspüren abschließt und die Ruhe noch in die nachfolgende Tätigkeit hineinfließt. Überhaupt sind Körperübungen bei entsprechendem Aufbau und Vorbereitung »komplette« Stilleübungen, die die Kinder bei ihrer Aktivität abholen und ihren Sinn in sich haben.

Nochmals: der Abschluß der Stilleübung ist gleichzeitig die Vorbereitung auf das gemeinsame Lernen, Spielen, Essen, Toben danach. Damit das eine in das andere fließt, brauchen wir nochmals die Bestätigung, *»was wir erlebt haben, ist uns wichtig«*, die Erinnerung, was gut war und wofür wir danken können, und den Blick nach vorne *»deshalb wollen wir auf dies und jenes achten, dies und jenes tun«*. Was geschaffen wurde, verdient Beachtung und keine Bewertung, d.h. alle Bilder werden sorgfältig aufgehängt, und wenn ein Kind seins unbedingt wegwerfen will, dann nicht einfach so, sondern als bewußte Handlung. Der Dank umschließt auch,was nicht so gut war. Es ist ein Schritt, dies nicht als Versagen und Ärgernis zu empfinden, sondern als ein Ausdruck meiner momentanen Möglichkeiten mit der Chance, daß sich dies immer wieder verändern kann. Freude und Glück wollen weitergegeben werden, damit sie sich vermehren und wachsen können. So kommen die anderen wieder deutlicher in den Blick, werden die Kontakte, das Miteinander wieder wichtig. Stilleübungen sollen nicht im Rückzug enden, sondern neue Offenheit den Menschen, der Umwelt und mir selbst gegenüber ermöglichen.

3 Die innere Bereitschaft wecken

Was ist der Weg –
er liegt vor deinen Augen.
Wei-kuan

Wie fange ich an?
Da gibt es sicherlich viele verschiedene Wege. Das Stichwort für den Beginn einer Stilleübung war Vertrauen, und so ist es gut, sich zu überlegen, ob es nicht schon Vertrautes im gemeinsamen Miteinander gibt, bei dem ich ansetzen könnte. Vielleicht haben Sie mit den Kindern schon manches gemacht, das Ihre Aufmerksamkeit geweckt hat. Ihre Kinder sind neugierig und lassen sich gerne darauf ein, etwas Neues auszuprobieren. Dann schauen Sie vielleicht Ihre thematischen Vorstellungen für die nächste Zeit durch und entscheiden, wo ein Tanz, eine Körperübung, eine andere Übungsform das Thema unterstützen und die Erfahrungen der Kinder vertiefen könnte. Wenn Sie es ausprobieren, merken Sie, was die Kinder besonders anspricht und können es intensivieren. So wächst eine Stillearbeit aus dem Vertrauten heraus. Ähnliches gilt, wenn Sie bereits regelmäßige Angebote haben, die eine Grundlage für Stilleübungen sein könnten(z.B. Kleingruppenangebote am Vormittag im Kindergarten in einem anderen Raum, feste Erzähl- und Gesprächszeiten in der Grundschule, Vorleserunden, der besinnliche Tagesbeginn oder -abschluß).
Oder Sie beginnen zunächst einmal damit, daß Sie mit offenen Sinnen Ihr Zusammensein mit den Kindern unter drei Fragestellungen wahrnehmen:

- Welche Atmosphäre vermittelt der Raum, in dem ich mich mit den Kindern aufhalte?
- Was fesselt die Aufmerksamkeit der Kinder am meisten – Bewegung, eigenes Tun, Zuhören oder etwas anschauen?
- Welche Absprachen, Zeichen, Rituale gibt es bereits, die den Kindern helfen, sich auf eine bestimmte Tätigkeit, ein bestimmtes Verhalten einzustellen?

Von allen drei Fragen aus lassen sich erste Übungen entwickeln, die gleichzeitig einen Rahmen entstehen lassen, innerhalb dessen sich die gemeinsame Arbeit entwickeln kann.

3.1 Der Raum

Bei der Frage nach dem geeigneten Raum gilt es, zwei Überlegungen auszubalancieren: Zum einen ist der Raum (Gruppen-, Klassenraum), in dem sich die Kinder am häufigsten aufhalten,auch der, der ihnen am vertrautesten ist. Dies ist sicherlich ein Pluspunkt. Er sollte auch generell eine Atmosphäre ausstrahlen, in der sich die Kinder wohlfühlen. Für viele Übungen ist er aber vielleicht auch zu klein, hat keinen geeigneten Boden oder ist zu voll mit allerlei ablenkenden Angeboten. Sehen Sie sich Ihren gemeinsamen Raum doch noch einmal ganz neu an und überlegen Sie, welche Möglichkeiten er bietet.

Übungsvorschläge:
Gehen Sie in den leeren Raum, – was ist Ihr erster Eindruck? Wandern Sie umher, schauen Sie sich alles an und spüren Sie Ihre innere Resonanz. Bleiben Sie stehen, – hören Sie die Geräusche, riechen Sie die Gerüche. Setzen Sie sich an verschiedenen Stellen hin, – fühlen Sie die Materialien um sich herum, spüren Sie, wo Sie sich am wohlsten fühlen. Was gefällt Ihnen, – was würden Sie gerne ändern, – was können Sie ändern? Welche Ecke lädt am meisten ein, sich zurückzuziehen? Ist dort ein Kreis möglich – mit wie vielen Kindern?
Die gleiche Übung können Sie nach und nach mit Kleingruppen (Projektgruppen, Fördergruppen, mit den ersten Kindern morgens, mit den wenigen am Nachmittag…) durchführen und so durch deren Vorschläge den Raum noch mehr zu Ihrem Raum werden lassen.

Die gemeinsame Sitzecke sollte so groß sein, daß jedes Kind wirklich seinen Platz finden kann. Für manche Gelegenheit kann kuschelige Enge ganz schön sein, sie verleitet aber auch zu beabsichtigten und unbeabsichtigten Rempeleien und Streitigkeiten. Die Kinder sollten Platz für ein eigenes Kissen oder eine zusammengeschlagene Decke haben. Ein solcher Platz ist wie eine Insel, wenn er da ist, brauche ich nicht um meinen Raum zu kämpfen.
Probleme gibt es, wie gesagt, oft in Klassenräumen. Sie sind zu klein, um ohne großen Aufwand einen solchen Stuhlkreis oder einen Decken- oder Sitzkissenkreis zu bilden. Manche Übungen lassen sich sicherlich auch von Stühlen aus gestalten, doch hat der Kreis etwas Eigenes, durch das die Gemeinschaft gefördert und die Übung atmosphärisch unterstützt wird.

Probieren Sie es aus:
Zunächst von dem Stuhl aus, – mit wem kann ich Blickkontakt aufnehmen? Mit wem fühle ich mich verbunden? Welches Gefühl vermittelt mir mein Platz, der Tisch vor mir? Spüren und benennen Sie die Vor- und Nachteile, die sicherlich auch individuell unterschiedlich empfunden werden.
Machen Sie dasselbe im Stuhlkreis, auch hier gibt es Vor- und Nachteile. Und zuletzt setzen Sie sich auf den Boden – auf Kissen oder zusammengefaltete Decken –, wie geht es Ihnen dort? Spüren Sie, was für Sie gut ist, was die Kinder anspricht und was vom Raum her möglich ist.

Vielleicht haben Sie so in Ihrem vertrauten Raum einen Platz gefunden, an dem Sie mit den Kindern zusammensitzen können, wo die Kinder wissen, wenn wir hier zusammen sind, geht es um Hören und Entdecken, geht es um uns.
Manchmal ist es aber doch aus den verschiedensten Gründen angezeigt, einen anderen Raum zu suchen. Etwa, weil Sie erst einmal nur mit einer Kleingruppe üben wollen, oder weil Sie einen Teppichboden brauchen oder der Lärm von außen zu groß ist, oder weil der Wechsel in einen besonderen Raum auch Neugierde und Motivation fördern kann. Dann müssen Sie sich den anderen Raum (Turnraum, Filmraum, fremdes Klassenzimmer, von vielen genutzter Raum im Gemeindehaus etc.) ebenso vertraut machen.
Schön wäre natürlich ein heller, weitgehend leerer (aber nicht kahler), mit Teppich ausgelegter, nicht zu großer und nicht zu kleiner Raum, in dem Sie ungestört sind. Doch den gibt es meistens nicht. Deshalb suchen Sie den für Ihre Verhältnisse besten Raum und arrangieren sich mit seinen Mängeln. Das Äußere wird auch um so weniger wichtig, je mehr Sie sich einen eigenen Raum im Raum schaffen. Dazu sollte alles, was sonst im Raum steht, zur Seite geräumt werden, um den Innenraum freizumachen. Dann suchen Sie sich Ihren Platz in diesem Raum und grenzen ihn durch den Sitzkreis ein. Dies ist Ihr Raum! Er ist ganz leer und offen.
Ein solch leerer Kreis ruft geradezu danach, daß etwas in der Mitte die Aufmerksamkeit bindet. Deshalb ist die Gestaltung der Mitte so wichtig, gerade, wenn das Drumherum nicht ganz so einladend ist. Die Mitte ist der natürliche Gegenpol zur Kreislinie.

Anregungen:
Sie können die Mitte vorgeben, z.B. mit einer Blumenvase, einem Tuch, einem Stein, einer Kerze. Da es ja der gemeinsame Mittelpunkt sein soll, ist es gut, die Kinder daran zu beteiligen, damit ein Stück von ihnen im Kreis ist. Unter den gegenstandsbezogenen Übungen finden Sie einige, die sich eignen, einen solchen gemeinsamen Mittelpunkt zu schaffen.

3.2 Die Bereitschaft der Kinder

Kein Kind ist wie das andere, keine Kindergruppe hat ihresgleichen. Und auch das gleiche Kind, die gleiche Gruppe kann uns immer wieder überraschen. Doch es gibt auch Vorlieben, die sich über längere Zeit halten, Fähigkeiten, die mehr oder weniger im Vordergrund stehen. Wenn Sie die Kinder beobachten, sehen Sie bald, was ihre Aufmerksamkeit am ehesten bindet. Wenn Sie noch nicht Ihren eigenen Schwerpunkt gefunden haben, dann schauen Sie, wie Sie die Möglichkeiten der Kinder aufnehmen können.
Hören die Kinder gerne Geschichten? Lassen sie sich gerne etwas vorlesen? Dann ist es vielleicht nur ein kleiner Schritt zu einer Reise im FaFeFiFoFu.

- Schauen sich die Kinder gerne Bilder an? Gehen Sie mit ihnen einmal in einem Bild spazieren. Malen sie auch gerne? Lassen Sie sich von der Wirkung der Mandalas überraschen.
- Mögen die Kinder gemeinsame Spiele? Kimspiele, Bewegungsphantasiereisen, aber auch Tänze könnten ihnen gefallen.
- Brauchen die Kinder Bewegung, um ganz bei sich zu sein? Bewegungsphantasien, Tänze, Yoga- und Eutonieübungen könnten der Ansatz sein, um vom Körperempfinden zur Stille zu kommen.
- Oder finden die Kinder sich am leichtesten im Tun? Dann legen Sie das Schwergewicht auf die kreative Umsetzung und den Ausdruck in der Stille, und führen Sie mit kurzen Momenten des Innehaltens und Nachspürens dort hin.

Mit diesen Überlegungen holen Sie die Kinder wiederum bei Vertrautem ab und begeben sich mit ihnen Schritt für Schritt auf Entdeckungsreise. Am Anfang wird es dabei vielleicht nur wenig still sein. Freuen Sie sich, wenn es gelingt, auch nur wenige Minuten offene Stille in der Gruppe zu erleben, und wenn die Kinder dies auch wahrnehmen. Offene Stille entsteht, wenn Sie in der Geschichte Pausen machen, wenn Sie Körperübungen nachklingen lassen, wenn Sie durch Ihre Ruhe Geduld vermitteln, wenn die Kinder bei einem Tun verweilen.

3.3 Absprachen, Zeichen, Rituale

Es ist sicher manchmal hilfreich, mit den Kindern zunächst das Leisesein zu üben, um überhaupt eine Basis für Weiteres zu schaffen. Dazu können Sie mit den Kindern gemeinsam nach Regeln und Absprachen suchen, die dies erleichtern. Im Unterschied zu disziplinarischen Maßnahmen, die »den Dampf unter dem Deckel« halten und nur bei Kontrolle von außen wirken, sollen die Kinder durch die gemeinsame Regelfindung eigenes Interesse an deren Einhaltung entwickeln. Eine positive Besetzung dieser Absprachen, Zeichen und Rituale ist wichtig, sollen sie doch im weiteren Verlauf auf kürzestem Wege die innere Bereitschaft neu lebendig machen. Es ist gut, mit der Zeit gleichbleibende Formen für den Beginn zu finden, die den Kindern helfen, sich auf die folgende Übung einzustellen. Dies müssen keine komplizierten Geschichten sein.

Der erste Schritt heißt: »Wir werden alle leise«. Dies ist schon eine Übung für sich, die zu vielen Gelegenheiten geübt werden kann.

Möglichkeiten:

- Selbst schweigen, bis alle ruhig sind (gelassene, offene Haltung).
- Ein Symbol dafür finden, das immer gut sichtbar aufgehängt wird.
- In ruhigem Rhythmus ein Triangel, eine Glocke, Klangschale anschlagen, bis es so leise ist, daß der Klang den Raum erfüllt.
- Leise Summen, bis alle mitsummen.
- Wer bereit ist, zeigt dies durch eine Geste – z.B. die Hände als offene Schalen auf die Oberschenkel legen.
- Einen Merkspruch erfinden, der erst laut und dann immer leiser gesprochen wird: z.B.

  Kommt, spitzt eure Ohren!
  Wir wollen leise sein.
  Wenn wir uns Atmen hören
  zieht Stille bei uns ein.

Der zweite Schritt betrifft das Herrichten des Platzes, den Wechsel zum (Stuhl)Kreis:

Sich bereitmachen heißt, alles Unwesentliche aus dem Blickfeld zu räumen, um für Neues offen zu sein. Deshalb sollen die Tische ganz leer sein, ehe es sich die Kinder für eine Phantasiereise gemütlich machen oder ihre ganze Aufmerksamkeit einer Blume, einem Stein, einer Feder auf ihrem Tisch zuwenden. Das Leerräumen des Platzes soll schon ruhig und doch zügig, vor allem aber leise geschehen. Ein wenig Wettbewerb am Anfang muß nicht schaden, die Übung ist dann für alle die Belohnung.

Ähnliches gilt für den Wechsel aus anderen Spielsituationen oder von der ›Schulbank‹ in den Kreis. Die Kinder werden mit der Zeit spüren, daß sie in der Art, wie sie sich auf den Wechsel einlassen, ihre Bereitschaft ausdrücken und mit ihrer Stimmung entscheiden, ob ein gemeinsamer Versuch unternommen werden kann oder nicht. Um einen ruhigen Wechsel zu erleichtern, können einige Spiele und Regeln helfen:

- Der Stuhlkreis wird immer in der gleichen Reihenfolge aufgebaut, die Sitzordnung ist (bis zu gemeinsamer Neuordnung) fest.
- Der Erwachsene nennt einen ersten Namen, das Kind setzt sich in den Kreis und ruft das nächste Kind.
- Ebenso, mit der Veränderung, daß alle mit geschlossenen Augen lauschen, wie leise es die einzelnen können.
- Bei Übungen im Turnraum o.ä. kann bewußt eine Phase freier Bewegung vorangehen, die Kinder signalisieren ihre Bereitschaft, indem sie sich nach und nach mit ihren Decken im Kreis einfinden.
- Die Kinder haben »ihr« bestimmtes Kissen, »ihre« Decke. Der Kreis wird vorbereitet und jedem wird dadurch sein Platz zugewiesen.
- Eine bestimmte ruhige Musik begleitet die Umbauphase und ist gleichzeitig die Erkennungsmelodie für diese Übungen.

Damit sind wir bereits beim dritten Schritt:
Der dritte Schritt bestimmt den eigentlichen Beginn, und es hilft den Kindern, wenn dies immer wieder in der gleichen vertrauten Form geschieht. Dies ist für mich die positive Funktion eines Rituals, das seinen Sinn verliert, wenn die Kinder es nicht mehr als das ihre ansehen.

- Dies kann, wie gesagt, darin bestehen, daß alle warten, bis es so ruhig ist, daß nur noch die Musik zu hören ist.
- Dies können immer ähnliche einleitende Worte sein, z.B. »Wir wollen heute eine Traumreise mit dem … machen. Seid Ihr alle bereit?«
- Aber auch schon das Herrichten des Kreises als solches, der vertraute Mittelpunkt, kann diese Aufgabe übernehmen.
- Ein Händekreis am Anfang verbindet alle zu einer Gemeinschaft.
- Ein gemeinsames Lied stimmt die Kinder ein.
- Der bewußte Moment Ruhe im Kreis, wenn alle ihren Platz gefunden haben, richtet die Aufmerksamkeit auf die Frage:»Was kommt denn heute?«.

Alle drei Schritte verbinden die Schaffung eines vertrauten Rahmens mit dem Einüben ins Leisesein. Sie sind damit auch ein Prüfstein, wie weit die Kinder in der Lage sind, sich auf eine Übung einzulassen. Haben Sie den Mut, Ihr Vorhaben gleich wieder abzubrechen, wenn Ihr Angebot nicht mehr mit Ihrer Einladung, sondern nur noch durch Ihren Druck durchzusetzen ist. Teilen Sie Ihr Bedauern mit allen Kindern, die es auch gerne versucht hätten, und erklären Sie Ihre Bereitschaft, es wieder zu versuchen, wenn alle es wollen. Vielleicht muß noch etwas vorher miteinander geklärt werden, vielleicht ist die äußere Situation nicht stimmig. (Ich hatte z.B. einmal eine Unterrichtsreihe an einem Freitag vor Pfingsten mit einer Imagination »Bazar« abschließen wollen. Die Ferienstimmung gewann ganz schnell die Oberhand.)
Immer wieder taucht dabei die Frage auf, was tue ich, wenn die Mehrzahl der Kinder sich auf eine solche Übung gerne einläßt, ein, zwei aber partout nicht wollen und alle stören und ablenken. Sicher läßt sich darauf keine pauschale Antwort finden, aber einige Überlegungen helfen vielleicht. Versuchen Sie immer wieder, für die Gesamtgruppe den kleinsten gemeinsamen Nenner zu finden, der machbar ist, und gehen Sie so langsam weiter, wie es die Kinder können. Generell soll der Angebotscharakter so weit wie möglich durchgehalten werden, d.h. daß die Kinder, die wirklich nicht mitmachen wollen oder können, eine ruhige Beschäftigung als Alternative angeboten bekommen. Möglichst im gleichen Raum, vielleicht hören sie doch mit und werden für ein nächstes Mal neugierig. Manchmal müssen Sie vielleicht entscheiden, daß Ihnen die Erfahrung für die Mehrheit der Gruppe so wichtig ist, daß Sie die Kinder, die nicht mitmachen wollen, so lange in eine andere Gruppe/Klasse bringen. Oder Sie überlegen generell, wie Sie zunächst mit einer Kleingruppe beginnen können.

Die beste Einladung sind gute Erfahrungen der Kinder, die sich den anderen mitteilen.

4 Bei mir ankommen – mich der Stille öffnen

Alle Stilleübungen zielen darauf hin, uns im Innehalten zur Begegnung mit uns selbst und mit dem tragenden Grund in die Tiefe zu führen und uns von dort weiterzuleiten zur Begegnung mit den anderen und der Welt um uns herum. Der Freude, Offenheit und Neugier eines Kindes, sich selbst kennenzulernen, entspricht sein Interesse an den Vorgängen in der äußeren Natur und seine Aufmerksamkeit für die Gefühle und Gedanken der anderen Kinder. Dazu wollen die kindlichen Gefühle – mit vielfältigen Mitteln – gestaltet, die Bewegungsimpulse verkörpert werden. Die Stilleübungen leiten an, eine reiche Ausdrucksfähigkeit zu entwickeln. Wir laden Sie ein, die Anregungen des Übungsteils in Ihrem Arbeitsfeld mit KollegInnen, in Ihrer Familie oder je nach Ihrem Interesse auszuprobieren und umzusetzen.

4.1 Mit der Natur vertraut werden

In der Beschreibung der verschiedenen Aspekte der Kindheit heute war unser Verhältnis zur Natur ein wichtiges Thema. Vielen Menschen, auch den Kindern, fehlt eine direkte Beziehung zur Natur. Sicherlich gibt es kein ›Zurück zur Natur‹ im romantischen oder idyllischen Sinne. Aber wesentlich ist ein Vertrautwerden und ein Vertrautsein mit unserer natürlichen Umgebung, mit unseren natürlichen Lebenszusammenhängen und den Eigenheiten und der Schönheit der Natur. Je mehr wir diese ignorieren und verdrängen, um so mehr werden wir Menschen nicht nur zu Kulturmenschen, sondern zu Kunstprodukten.
Die Übungen in diesem Abschnitt sind Anregungen, um Kinder mit der Natur vertraut zu machen. Dabei bin ich von den Sinnen des Menschen ausgegangen, gerade im Kindergartenbereich gibt es dazu viel Material. Es kommt also auch bei diesen Übungen auf die Art und Weise der Vermittlung an. Die Natur lädt uns ein zur Stille, zur Achtsamkeit und zur Verantwortung. Der Umgang mit der Natur darf sinnlich und auch zärtlich sein, es würde unserer Schöpfung nur guttun.

Lassen Sie sich bei den Übungen von zwei Leitgedanken führen: – Weniger ist mehr. – Nehmen Sie sich Zeit: »Die Zeit, die du für deine Rose verloren hast, sie macht deine Rose so wichtig« (aus: A. de Saint-Exupéry, Der kleine Prinz).
Wenn Sie diesen Gedanken konsequent folgen, finden Sie in den folgenden Übungen Anregungen, die von ersten zufälligen, spielerischen Versuchen eine zunehmende Intensität erfahren können und zu vielen Möglichkeiten gegenstandsbezogener meditativer Übungen führen.
Ich möchte Ihnen dies an einem Beispiel erläutern. Nehmen wir die Fühlerfahrung »Erde«. Eine erste Möglichkeit wäre, vier (oder mehr) Schüsseln mit unterschiedlicher Erde zu füllen, in die jedes Kind (blind) hineingreifen darf. Die Frage: »Was ist das?« zielt auf Wissen, die Frage: »Wie fühlt sich das an und was fühlst du dabei?« geht schon in eine andere Richtung. In diesem Sinne könnte eine zweite Möglichkeit weiterführen. Vielleicht im eigenen Kindergarten-, Schul-, Gemeindegelände oder bei einem kleinen Ausflug kann ich mit wachen Händen und nackten Füßen unterschiedlichste Erderfahrungen machen (Erde in der Sonne, im Schatten, aufgelockerte Blumenerde, Erde unter Bäumen und Sträuchern, festgetretene Erde auf den Wegen, trockener und nasser Sand, kiesige, geschotterte, lehmige Stellen...). Ich kann die Kinder anregen, sich eine Zeitlang still auf eine schöne Stelle im Wald, in einer Wiese, am Flußufer hinzulegen und den Kontakt mit dem ganzen Körper zu erleben. Und ich kann – draußen, aber auch mit entsprechender Vorbereitung im Raum (Erde in Beuteln, die groß genug sind, mit zwei Händen hineinzugreifen) – dazu anleiten, die Walderde, den Ton, den Sand, den Kies... mit meinen Händen zu fühlen, zu formen, zu bewegen und auf seinen Widerhall, seine Berührung in mir zu lauschen.

Suchen Sie für alle Übungen einen stillen Ort, der zum Verweilen einlädt. Versuchen Sie, Störungen zu vermeiden. Auch wenn Sie mit Übungen im Raum beginnen oder wenn Sie im Raum weiterarbeiten, die Natur läßt sich am besten draußen erfahren. In Großstädten ist dies sicher schwierig, aber versuchen Sie, Parks und Grünflächen einzubeziehen. Auch private Gärten, Schrebergärten oder Gärten in Kindergärten sind eine wesentliche Hilfe.

Hören

Ich möchte mit Übungen zum Hören anfangen. Zum einen sind unsere Ohren oft sehr einseitig auf das Laute ausgerichtet und müssen die Stille erst wieder wahrnehmen, zum anderen sind sie für neue wohltuende Eindrücke dankbar.

- Die Kinder setzen sich hin und hören. Zwei Gongtöne markieren die Zeit. Sie merken sich alles, was sie hören,und tauschen sich anschließend aus, a) mit offenen, b) mit geschlossenen Augen.

- Die Kinder hören und merken sich nur Geräusche, die natürlichen Ursprungs sind. Dies ist gar nicht einfach und ergibt oft Irritationen, z.B. der Rasenmäher, der mäht doch Gras.
- Die Kinder legen ein Ohr auf den Boden, auf die Erde, an die Wand und hören, a) Sie merken sich wieder alles. b) Ein Teil der Kinder schleicht, rennt, hüpft durch den Raum, trommelt auf die Erde. Wie weit ist es noch zu hören?
- Wir können das Ohr an einen Baum legen und den Baum hören. Varianten: das Gras wachsen, Kornfelder rauschen hören, Tiere auf Feldern oder im Wald hören, Bäume im Rauschen unterscheiden. Im Zimmer: den Regen ans Fenster trommeln, das Fallen der Schneeflocken, den Frühjahrssturm hören.
- Wir können einen Bach entlanggehen und dem Wasser zuhören, die unterschiedlichen Arten des Fließens hören, die Stromschnellen, Strudel, Staustufen, vielleicht auch Fische springen hören.
- Gerade am Wasser kann man sich mit oder für die Kinder Hörgeschichten ausdenken. Aus allem, was ich höre, erwächst eine Geschichte.
  (Natürlich können zu den anderen Erfahrungen auch Geschichten erfunden werden.)
- Machen Sie einen Morgenspaziergang in den erwachenden Tag. Hören Sie, wie das Leben neu beginnt (schön für Familien).
- Uralt ist das Spiel, Vogelstimmen zu erkennen. Ein Anfang kann mit Tonträgern geschehen. Kinder können auch – nach dem Hören – versuchen, die Stimmen nachzuahmen. Wiederholen Sie das Hören immer einmal wieder und achten Sie auf die Unterschiede.
- Technisch interessierte Kinder können im Wald Aufnahmen machen und diese zu einem Hör- und Ratespiel zusammenstellen.
- Auf einem Spaziergang, auf einer Wanderung mag es eine Echostelle geben. Spielen Sie mit dem Klang. Nicht einfach brüllen, mit dem Echo kann man viel mehr entwickeln. Es können schöne Klänge und Klangbilder entstehen.

Sehen

Unsere Kultur ist eine Kultur des Sehens. Unsere Augen leiten uns im Wahrnehmen und Entdecken. Doch es gibt zu viel zu sehen. Gerade die kleinen Dinge in der Natur nehmen wir gar nicht mehr wahr. Es geht uns um eine Kultur des Sehens, die schaut, verweilt und betrachtet, – ohne daß wir gleich haben wollen, was wir sehen. Nicht nur beim Einkaufen wollen Kinder die geschickt aufgestellten Süßigkeiten, auch in der Natur wird die erblickte Blume gepflückt, der Frosch gefangen, die Mücke erschlagen. Wir möchten mit Kindern lernen, die Natur anzuschauen, in ihr und dankbar zu sein.

- Machen Sie mit einer kleinen Gruppe einen Spaziergang durch die Natur. Nachher malt oder schreibt jeder und jede eine wichtige Entdeckung auf. Wer hat es auch entdeckt?
- Fotografieren Sie mit Kindern die Natur. Interessant sind auch schwarz-weiß Fotos. Entwickeln Sie eine Bildergeschichte oder hängen Sie Einzelbilder auf.

- *Kimspiele* sind gute Übungen zum konzentrierten Sehen. Wählen Sie viele unterschiedliche Dinge aus der Natur aus und legen Sie sie auf ein Tablett. Die Kinder sehen einige Sekunden die Gegenstände an, dann wird alles wieder abgedeckt. Aufzählen, Aufschreiben und Malen sind nun Möglichkeiten der Weiterarbeit.
- Kimspiele können Sie für viele Bereiche in der Stillearbeit variieren. Noch zwei Ideen für draußen:

Gehen Sie zu einer schönen Stelle. a) Fordern Sie die Kinder auf, sich gründlich umzuschauen und dann die Augen zu schließen. Was habe ich noch in Erinnerung? Jedes Kind sagt eine Sache. b) Versuchen Sie gemeinsam, den Weg zu beschreiben, den Sie gegangen sind.

Jedes Kind sucht sich heimlich einen Gegenstand. Auf ein Zeichen legen alle ihren Gegenstand für ein paar Sekunden vor sich hin. Dann nehmen alle die Sachen weg. Was weiß jede/r noch? (Die Gruppe sollte nicht zu groß sein.)

- Jedes Kind sucht einen originellen natürlichen Gegenstand (möglichst keine Pflanzen aus- und abreißen). a) Dieser Gegenstand wird versteckt und mit Worten beschrieben, die anderen Kinder erraten ihn. Nachher wird der Gegenstand gezeigt. b)Aus den Gegenständen wird gemeinsam und ohne Worte ein »Ikebana-Gesteck« gemacht.
- Der Wald lädt ein zum Leisesein. Tierspuren und Flugbilder können bestimmt, Pflanzen entdeckt, große und kleine Tiere beobachtet werden.
- Ferngläser und selbstgebaute »Sehrohre« (Klopapierrollen) helfen sehr, die Aufmerksamkeit zu konzentrieren, und sie schaffen mit ihren Ausschnitten ganz neue Seherlebnisse.
- Leise Nachtwanderungen – auch von Familien – sind sehr intensiv und schön.
- Im Wald erzähle ich gerne Geschichten und Märchen, die ein Stück vom Geheimnis bewahren und zur Natur eine tiefe Beziehung haben.

Schmecken

Wie kann ich die Natur schmecken? Wir können viel mehr schmecken, als wir ahnen oder bisher probiert haben:

- Die Luft, das Wasser, die Kräuter und Früchte sind zum Schmecken da. Aus den verschiedenen Dingen kann man manchmal die Erde, auf der sie gewachsen sind, herausschmecken.

- Es gelingt auch, das Wenigschmecken zu bemerken. Man muß nur eine Möhre, eine Tomate aus einem biologischen Garten und solche aus Gewächshäusern und starkgedüngten Böden im Geschmack vergleichen. (Wundern Sie sich nicht, wenn Kinder den ihnen vertrauten Geschmack als den besseren empfinden, z.B. Apfelsinensaft.)

Weitere Anregungen, Stille und Schmecken zu verbinden:

- Der Schmeckspaziergang – die Kinder gehen durch die Natur und sammeln vorsichtig ein, was sie für eßbar halten. Gemeinsam mit einem Kundigen wird das Gesammelte bestimmt und dann gekostet. Was schmeckt vielen, nur manchen, wenigen?
- Machen Sie eine ungewöhnliche Kochserie, à la Natur: Wildkräutersalat, Holunderblütenpfannkuchen, Brennessel-Omelett.
- Der stille Geschmackstest: Sucht aus der Natur ganz unterschiedliche Dinge, die eßbar sind. Daraus werden ganz kleine Probierhäppchen. Alle Kinder haben die Augen verbunden und kosten. Nun kann jeder sagen, schreiben, malen, was er und sie gegessen haben. Es ist erstaunlich, was herauskommt, gerade wenn es ähnliche Geschmacksrichtungen sind, z.B. bei Beeren oder Kernobst. Dies könnte fast eine ganze Stillestunde für den Sachunterricht sein.
- Den Mundraum und die Geschmacksempfindungen erkunden: Diese kleine Übung verbindet Körperarbeit, Sachunterricht und Biologie. Die Kinder ertasten mit der Zunge den Mundinnenraum. Danach essen sie ein kleines Stück – Brot oder Obst. Lassen Sie die Kinder diesen Vorgang mehrmals wiederholen und beschreiben: vom Kauen, Zerdrücken, der Speichelbildung, dem Schmecken bis zum Herunterschlucken. Verändert sich der Geschmack bei diesen Vorgängen?
- Brot schmecken – Körner schmecken: Wer kennt noch die Körner zum Brot? Mancherorts gibt es noch Kornfelder. Wahrscheinlich müssen Sie aber die Körner im Reformhaus oder im Bioladen oder aus der Küche holen. Toll wäre es, wenn es neben den Körnern auch noch mittelfein frisch gemahlenes Mehl gäbe oder/und entsprechende Flocken. Durch meine Beschreibung sind Sie sicher schon zu einer Geschmacksprobe angeregt. Wer erkennt Weizen, Hafer, Roggen? Vielleicht kann man noch Gerste hinzunehmen. Was verändert sich, wenn das Korn gut eingespeichelt ist? Zu den Körnern gehört auch das Brot. Erkennen die Kinder Brotsorten wieder? Besorgen Sie Sauerteigbrot, Fermentbrote, Hefebrot, meist unterscheiden sich diese Brote auch in der Kornzusammensetzung. Das Korn und das Brot schenken die Chance, von der Frucht über den Teig bis zum fertigen Produkt alles zu schmecken.
- Schmecken besitzt auch eine religiöse Bedeutung. Die christliche Gemeinde ist beim Abendmahl eingeladen, die Freundlichkeit und Güte Gottes innerlich zu schmecken. Hier geht es um eine sinnliche Erfahrung, die vielen gar nicht bewußt ist. Gott will nicht nur verstanden, geliebt, gelobt und bedankt werden, Gott läßt

sich schmecken. Und dies geschieht, indem Menschen das Ergebnis der Verwandlung von Früchten, menschlicher Arbeit und natürlichen Prozessen wie der Fermentation, nämlich Brot und Wein, zu sich nehmen. (Bereiten Sie sich so mit den Kindern auf ein Abendmahl vor.)
- Jedes Essen kann zu einer Erfahrung der Stille und des Schmeckens werden, wenn die Atmosphäre stimmig und liebevoll ist. Essen Sie schön gedeckt, aber durchaus einfach mit den Kindern bei Kerzenlicht zu Abend. Schmecken wird zur Lust.

Riechen

Zu der Zeit, in der ich dies schreibe, plagt mich der sogenannte Heuschnupfen. Ich bin überempfindlich im Riechen und muß öfter nießen. Und die Natur zu riechen, fällt mir gar nicht leicht. Und doch möchte ich die Gerüche der Natur nicht missen.
- Wenn im Frühling alles grün wird, freuen wir uns an den frischen Farben. Aber auch die Gerüche entfalten sich dann besonders intensiv. Holen Sie einen Strauß aus Ästen verschiedener Sträucher, die im Frühling blühen. Lassen Sie die Zweige einzeln rund gehen, lassen Sie Zeit, sich den Geruch genau einzuprägen. Wer kann am Geruch die Pflanze wiedererkennen?
- Es gibt Orte und Jahreszeiten, da feiert die Natur richtige Duftorgien. Gehen Sie in Parkanlagen, Gärten, Wäldern und Wiesen mit wacher Nase spazieren. Laden Sie die Kinder zu einem Riechspaziergang ein.
- Zwei Kinder, die sich mögen, gehen zusammen. Ein Kind schließt die Augen. Es wird draußen von dem anderen vertrauensvoll durch die Gegend geführt. Das »blinde« Kind merkt sich viele Gerüche, das andere Kind führt zu Stellen, die riechen. Bitte niemand hereinlegen.
- Die Jahreszeiten sind ein Anlaß zum Riechen. Nach dem Regen, vor und nach Schneefall, nach einem Sturm, einem Gewitter riecht es anders. Da diese Erfahrungen wetterabhängig sind, ist es gut, im Alltag immer mal wieder die Luft zu riechen. Lassen Sie dazu Bilder malen: Heuwetter, Sturm- oder Regenwetter.
- Bodensorten riechen. Jeder Boden riecht anders. Auf einem Spaziergang können Kinder den Erdboden riechen. Manchmal riecht er nur, wenn er feucht ist (kleine Gießkanne mitnehmen). Lassen Sie die Kinder versuchen, den Geruch zu beschreiben.
- Jedes Tier riecht anders, und viele Tiere erkennen sich am Geruch. Es gibt Tiere mit angenehmem Geruch, manche riechen für uns weniger gut. Ein Besuch auf einem Bauernhof, Reiterhof, im Wildpark etc. kann neu in die Welt der Tier-Gerüche führen. (Anschließend können Sie anpirschen gegen den Wind spielen.)
- Duftsäckchen herstellen und erkennen. Ein sehr umfangreiches Projekt ist das Herstellen von Duftsäckchen aus Kräutern, Blüten, Früchten, Blättern und Ge-

würzen. Machen Sie daraus keine Aktion, sondern einen ruhigen, intensiven Erfahrungsraum. Vom Sammeln, Trocknen, Bestimmen, zum Eintüten, vielleicht sogar Nähen können auch kleine Kinder viel tun. Wichtig ist nicht allein das Ergebnis, sondern die Erfahrungen auf dem Weg.

Fühlen

Die Natur fühlen macht Spaß. Es gibt dazu unzählige Spiele und Übungen. Wie immer ist Art und Weise für die tiefere Erfahrung wichtig.

- Fühlstunde mit geschlossenen Augen: Dinge werden ausgelegt oder in einem Fühlsack herumgereicht und erfühlt.
- Die Kinder fühlen barfuß unterschiedlichen Boden. Dies kann zunächst im Raum erprobt werden, schöner ist aber ein gemeinsamer Barfußspaziergang draußen... (Wundpflaster nicht vergessen). Suchen Sie als Kontrast zu den natürlichen Bodenbeschaffenheiten auch den Weg über Platten, Asphalt, Streuwege usw. ...
- Nicht nur Hände und Füße fühlen: Regen Sie die Kinder an, auch mit der Haut des Gesichtes, der Arme und Beine zu fühlen.
- Gehen Sie mit den Kindern hinaus, und bleiben Sie immer wieder an verschiedenen Stellen stehen. Leiten Sie die Kinder an, sich mit geschlossenen Augen ganz langsam zu drehen, spüren Sie bei windigem Wetter die Luft und den Wind, in der Sonne Wärme und Kühle im Schatten. Leiten Sie dies gut an, es bedarf der Konzentration, z.B. die Haut bei dieser Übung zu spüren.
- Gehen Sie in einen Wald. Lassen Sie jedes Kind sich einen Platz aussuchen, der ihm gefällt. Regen Sie die Kinder an, die Augen zu schließen und sich vorzustellen, sie wären ein Baum genau an dieser Stelle. Was spürt der Baum?
- Führen Sie die Kinder mit geschlossenen Augen zu einem Baum (oder paarweise). Lassen Sie Zeit und geben Sie Anregungen, sich den Baum durch fühlen gut einzuprägen. Gehen Sie wieder zum Ausgangspunkt zurück. Wer findet seinen Baum mit offenen Augen?
- Sammeln Sie einen Haufen verschiedener Steine. Jedes Kind erhält einen Stein und hat ausgiebig Zeit, ihn zu ertasten. Wenn alle Steine wieder in der Mitte liegen, wer erkennt seinen wieder? (Beschreiben lassen, was gefühlt wurde.)
- Wie fühlen sich meine Hände an, wie die Hände in unserer Gruppe und Klasse? Erkenne ich Hände durch Fühlen?

Ideen und Hinweise
Soweit einige Anregungen zu Übungen in und mit der Natur. In manchen Städten konnte man 1990 die »Kükelhaus-Ausstellung« besuchen. Dort gab es noch viel mehr Ideen. Machen Sie aber nicht die Erfahrungen für die Kinder, indem Sie

perfekte Stunden inszenieren, sondern lassen Sie es zu, daß Kinder ihre Erfahrungen machen. Sie werden schon beim Lesen gemerkt haben, daß es bei manchen Übungen naheliegt, mehrere oder alle Sinne einzubeziehen. Fangen Sie aber bewußt mit den einzelnen Sinnen an, um sie deutlicher zu erfahren. Sie brauchen für mehrere Sinne auch mehr Zeit.

Nutzen Sie die Zusammenarbeit mit den Eltern. Eltern haben manchmal Gärten, Zeit, Nähmaschinen, eigene Ideen usw. Gerade in diesem Kapitel können Eltern gleichberechtigt beteiligt werden: *Stillearbeit ist Elternarbeit.* Für die Arbeit mit Kleingruppen und für streßfreie Gruppenarbeit ist die Mitarbeit eine Erleichterung.

Eine besondere Gelegenheit, um Kinder mit der Natur vertraut werden zu lassen, sind *Freizeiten.* Hilfreich ist es, wenn im Thema der Freizeit schon die Richtung anklingt. Z.B. hieß eine meiner Freizeiten mit Zelten: Wie Indianer leben. Auch für ein Wochenende oder Schul- oder Kindergartenprojekt sind solche Themen hilfreich. Das Vorhaben wird einfacher, da sich die einzelnen Ideen und Übungen leichter zuordnen und miteinander verbinden lassen.

Literatur zur Weiterarbeit

Joseph Bharat Cornell, Mit Kindern die Natur erleben, Ahorn Verlag, Soyen 1979
Hugo Kükelhaus, Mit den Sinnen leben, Verlag TransForm, Oldenburg [2]1992

4.2 Mein Körper als Schlüssel zur Selbstwahrnehmung

Ging es im vorangegangenen Kapitel um die Natur, die mir begegnet, so geht es jetzt um die Natur, die ich bin.

In diesem Abschnitt laden wir Sie ein, verschiedene Ansätze der Körperarbeit mit Kindern kennenzulernen. Es gibt außer den vorgestellten Arbeitsweisen sicherlich noch andere Formen, wie z.B. Feldenkrais oder Kum Nye, die in einfacher Form den Kindern Spaß machen. Es kommt dabei nicht so sehr auf die Übungsform an, sondern auf die Qualität der Körperbildung. Damit meinen wir nicht die Professionalität oder die Qualifikationsscheine, die jemand in der Tasche hat. Wichtiger ist die Sorgfalt, das Verantwortungsbewußtsein gegenüber den Kindern und die Echtheit der eigenen Erfahrung. Dazu gehört auch das Bemühen, sich mit dem geistigen Hintergrund der verschiedenen Übungswege vertraut zu machen, damit etwas davon durch die Übungen durchschimmern kann. Wer weiß schon, daß Yoga keine fernöstliche Gymnastik ist, sondern ein geistlicher Weg? Eleonore und Gerda haben in den Abschnitten über Eutonie (4.2.3) und Yoga (4.2.4) versucht, den Geist, die Aufmerksamkeit, die Achtsamkeit und Bewußtheit, die diese Übungen fördern, einzufangen. Diese vier Tugenden verändern auch die kleinsten Übungen. In diesem Sinne haben wir im ersten Abschnitt einfache Ideen für viele Gelegenheiten zusammengestellt.

4.2.1 Spielend meinen Körper erleben

Den Körper erleben meint mehr als den Körper, es geht darum, sich selbst in Ruhe und in jeder Bewegung als Ganzheit von Körper, Seele und Geist zu erfahren. Graf Dürckheim nennt dies Leib-erfahrungen. Sie finden hier Anfangs- und Einstiegsmöglichkeiten, die aus den verschiedensten Übungsbereichen stammen.

Tiere nachempfinden

Die Identifikation mit einem Tier ist eine gute Möglichkeit, Bewegung und Empfindung zu verbinden. Ich habe mir vier Tiere herausgesucht, die mithelfen, Grundbewegungen zu erfahren: die Katze, die Schlange, den Kranich und den Schimpansen. (Wenn Sie Yogaerfahrungen haben, werden Ihnen zu den Beispielen bestimmte Übungen einfallen. Dann können Sie die Vorschläge aufnehmen und die Geschichten erweitern, um weitere Übungen einzubeziehen. Ein Beispiel zur Katze finden Sie im Abschnitt »Yoga mit Kindern«.)

Die Katze

Die Kinder sind eine Katze. Die Katze liegt am Boden und schläft. Sie wird wach. Was bewegt sie zuerst? Die Katze räkelt sich, ein Bein nach dem anderen wird gedehnt und gestreckt. Dann setzt die Katze behutsam ihre Pfoten auf. Sie macht einen Buckel und drückt alle Beine gegen Boden. Sie zieht den Buckel ein und schiebt die Pfoten nach vorne bzw. nach hinten, dabei macht die Katze sich ganz lang. Sie dehnt sich in der Länge, erst nach vorne – dann nach hinten – dann nach allen Seiten. Nun steht die Katze auf allen vier Füßen und schaut sich die ganze Welt an. Sie steht locker und ist nach allen Seiten sprungbereit. Probiert es aus!

Die Schlange

Die Schlange liegt auf dem Boden. Sie hat sich ganz zusammengerollt und spürt auf ihrer Haut die Wärme der Sonne. Langsam hebt sie den Kopf und schaut sich um.

Der Schwanz bewegt sich auch ein wenig. Die Schlange macht sich lang. Sie liegt wie ein Strich in der Landschaft. Sie spürt, wo sie den Boden berührt. Nun dreht sich die Schlange einmal um die eigene Achse, sie bleibt dabei langgestreckt. Sie hat etwas gehört, sie hebt den Kopf an. Da sie noch mehr sehen möchte, hebt sie auch den Rumpf – die Arme benutzt ihr nicht. Denkt dran – eine Schlange hat keine Arme. Also ein wenig oder mehr den Kopf und den Rumpf heben. Haltet dabei nicht die Luft an, atmet weiter. Die Schlange sieht niemanden, sie legt sich wieder hin und rollt sich langsam wieder zusammen.

Der Vogel – Kranich

Der Kranich steht am Ufer eines kleinen Sees mit den Füßen im Wasser. Euer Kopf ist sein Kopf, eure Arme sind der Schnabel. Vor eurem Kopf nehmt ihr die Arme mit den Handflächen nach innen zusammen. Der Kranich wartet auf Fische, die vorbeischwimmen. Er tritt langsam – so daß das Wasser sich kaum bewegt – auf ein Bein. Verlagert euer Gleichgewicht ganz allmählich, spürt eure gesamte Fußfläche. Hebt das andere Bein an – der Fuß ist in der Höhe des Knies. Ihr könnt ihn gegen das Knie anlehnen. Konzentriert euch auf den Fuß, drückt das eine Knie nicht durch – seid locker, verlegt eure Konzentration mal auf den Bauchraum. Vielleicht könnt ihr besser stehen, wenn ihr euren Bauch und Po spürt. Vorsicht – bleibt nicht zu lange auf einem Bein, wenn es schwierig wird, und das kann nach ganz kurzer Zeit schon sein, wechselt behutsam und ganz aufmerksam auf das andere Bein. Denkt daran, das Wasser soll sich kaum bewegen.
Nun steht unser Vogel auf einem oder zwei Beinen und schaut bewegungslos ins Wasser. Da kommt ein Fischlein. Probt einmal langsam, was der Kranich gleich schnell macht – geht mit dem Schnabel zum Wasser hin. Achtung, der Schnabel ist am Kopf angewachsen, ihr könnt also nicht einfach die Arme herunternehmen. Bewegt euch aus dem Becken, klappt den ganzen Oberkörper nach und nach zum Wasser hin. Noch einmal langsam. Der Fisch hat euch noch nicht bemerkt und jetzt – irgendwann – wenn es soweit ist, geht ihr ganz blitzschnell nach vorne und fangt den Fisch. Dann richtet ihr euch wieder auf und steht ganz gerade. Versucht den ganzen Fang noch einmal, – wer es noch nicht gewagt hat, probiert es jetzt auf einem Bein.

Der Schimpanse

Langsam geht der Schimpanse durch den Wald. Er rollt die Füße gut ab. Mit den Armen berührt er ab und zu den Boden. Der Kopf ist trotzdem aufgerichtet, geht dies bei euch? Er schlenkert die Arme locker beim Gehen, probiert die Beweglichkeit eurer Arme, aber bleibt in der Schimpansengrundhaltung. Geht nun einmal auf der

Außenseite eurer Füße, was verändert sich – geht mal vorwärts – mal rückwärts. Geht aber langsam und spürt eure Bewegung.
Nun kommt noch eine kleine Veränderung. Stellt euch in die Grundhaltung und steht mit den Fersen nach außen gerichtet. Setzt nun erst einmal vorwärts Schritt für Schritt so auf, danach macht ihr dieselbe Bewegung – geht aber rückwärts. Dies ist der Rückwärtsaffenschritt. Jetzt haltet ihr an und versucht, euch einmal ohne Armbenutzung langsam auf den Boden zu setzen.
Jawohl, nun sitzt ihr. Ein guter Schimpanse erreicht mit den Händen alle Zonen seines Körpers, versucht dies mal selbst. Fangt bei den Füßen an und klopft sie sanft ab. Ihr geht den ganzen Körper entlang bis zum Kopf. Laßt euch Zeit, erzählt mir nachher, welches Körperteil ihr nicht erreicht habt.
Zum Schluß steht der Schimpanse ohne Armbenutzung auf und räkelt sich gut durch.

Eigene Übungen entwickeln

Vielleicht haben Sie nach diesen Übungen Interesse, selbst solche Übungen zu entwickeln. Ich hatte Tiere ausgewählt, um durch die Beobachtung der Tiere eigene Körpererfahrungen anzuregen. Vielen fällt es schwer, sich gleich auf sich zu konzentrieren, deshalb ist die scheinbare Nachahmung motivierend und erleichternd. Mir fallen noch andere Tiere ein, zu denen Sie Übungen entwickeln können:

Der Frosch: Bewegung und Handeln aus der Hocke, im Fangen ist der Frosch sehr achtsam, der Kopf spielt eine große Rolle.
Der Löwe: Aspekte siehe auch Katze, dazu fauchen, brüllen, einherschreiten, majestätische Haltung.
Das Pferd: Bewegung: Gangarten probieren, ausschlagen, bocken, auf zwei Füßen stehen.
Ebenso gibt es Pflanzen und Bäume, zu denen Sie entsprechend Übungen gestalten können:
Die Tanne: verwurzelt in der Erde, groß wachsend, aufragend, gestreckt, fest und massiv.
Die Weide: verwurzelt in der Weite, oben weit, eventuell herabhängend, schwankend, leicht und nachgiebig.
Die Sonnenblume: emporwachsend, der Sonne entgegengestreckt, der Sonne in der Drehung folgend.
Der Efeu: am Boden kriechend, sich verankern, emporklettern.
Die Distel: freistehend, aufgerichtet, klarer Kopf, wehrhaft, harmonisch.

Übungen zum Vertrautwerden mit dem Körper

Nacheinander schildern wir Übungen, die Sie gerne erweitern können. Es sind Einzel- aber auch Partnerübungen. Bitte denken Sie daran, daß die Kinder sich Partner aussuchen, die sie mögen und denen sie vertrauen können. Oft genug haben Jungen und Mädchen schon in der Grundschule Schwierigkeiten, etwas zu tun, bei dem sie sich berühren sollen. Während ich bei den Tänzen Jungen und Mädchen schon einmal deutlich ermutige, sich anzufassen, würde ich bei den Partnerübungen den größtmöglichen Freiraum gewähren. Geht die Zahl der Anwesenden nicht glatt auf, frage ich, ob ich mitmachen soll. Manchmal hat das benachteiligte (weil nicht gewählte) Kind dann einen Ausgleich.

Abklopfen

Einzeln, zum Beispiel nach längerem Sitzen oder zu Beginn einer Übung: Stellt euch aufrecht hin und klopft euren ganzen Körper bewußt und achtsam von den Füßen bis zum Kopf ab. Nehmt dazu die offene Hand oder die locker geschlossene Faust.

- Die Rückenpartie kann gegenseitig geklopft werden, indem sich alle eng im Kreis zusammenstellen und jeder seinen Vordermann klopft. Dann umdrehen und den Hintermann klopfen.
- Für eine Partnerübung ist es sinnvoll, daß sich die eine Person hinsetzt oder in Bauchlage hinlegt und die andere sie mit einem Tennisball abklopft oder abrollt.
- Auch einzelne Körperteile können durch Abklopfen aufgeweckt und damit bewußt werden.

Massieren

Es ist wunderschön, sich selbst zu massieren. Eine Partnerübung würde ich nur zulassen, wenn ich sicher wäre, daß wirklich kein Unfug gemacht wird. Langsam (Schritt für Schritt anleiten) den ganzen Kopf mit 2-4 Fingern massieren, kreisen, ausstreichen, klopfen. – Anschließend macht es (Jungen und Mädchen) Spaß, sich selbst behutsam einzucremen. – Genauso können die Füße massiert werden. Gerade wenn alle müde sind, ist es sehr belebend, an den Füßen zu arbeiten. Der Zehenbereich liebt die Massage besonders. Auch hier würde ich in der 2. Phase ein gutes Hautöl mitbenutzen, dabei die Füße auf ein kleines Handtuch oder ein Taschentuch legen. Ohne Öle und Cremes können die anderen Körperbereiche durchaus mit der Kleidung massiert werden. Bei Partnerübungen darauf achten, daß der untere Rükkenbereich (Niere) nicht zu heftig geklopft wird.
Hinführende Spiele zu diesen Erfahrungen sind das gegenseitige Schreiben und Malen auf dem Rücken oder die Rückenmassage mit Geschichten.

Zu letzterem ein Beispiel: Ein Kind liegt auf dem Bauch (oder sitzt und legt den Kopf auf die Arme), das andere Kind kniet daneben (sitzt dahinter). Sie erzählen, wie sich das Wetter im Laufe des Jahres verändert und begleiten dies mit den Händen auf dem Rücken ihres Partners: sachter Regen fällt (mit allen Fingern sachte auf dem Rücken trommeln), der Regen wird heftiger, platscht hernieder (flache Hände), Sturm kommt auf (kräftiges drüberstreichen), wird weniger und dann scheint die Sonne, (Hände flach auflegen, bis deutlich Wärme spürbar wird), leichter Wind weht, bringt neuen Regen, es macht Spaß, durch die Pfützen zu hüpfen, da kommt ein kräftiger Hagelschauer (abklopfen), wird weniger, Wind trocknet das Land. Sommersonne wärmt, lastet schwer (flache Hände schwer an verschiedenen Stellen auflegen) auf uns, ab ins Schwimmbad! (Schwimmbewegungen), endlich Regen, Gewitter (Blitze aufmalen, Donner trommeln), und wieder angenehmer Sonnenschein, Herbstnebel (Hände berühren nur fast), Blätter fallen, Regen und Sturm, erste Schneeflocken, schwer lastet eine dicke Schneeschicht, es taut, Wasser rinnt herunter (Finger zeichnen Bäche), Wind bringt Frühjahrsregen, Sonne breitet ihre Wärme aus (ausstreichen). Ausklingen lassen, räkeln, wechseln.
Sie können auch um die ganze Welt reisen, einen Spielplatz besuchen oder Abenteuer im Dschungel erleben. Durch die Führung der Geschichte haben Sie es in der Hand, wie heftig oder wie sacht es zugeht. Schließen Sie immer mit einer ruhigen, ausgleichenden/ausstreichenden Tätigkeit.

Stäbe

Stäbe sind für viele Übungen gut. Egal, ob Bambus oder glattes Holz (zersägte Besenstiele) – beides kann verwandt werden. Die Stäbe sollen ca. 30 cm lang sein und bei der Verwendung von zwei Hölzern gleichzeitig auch gleich dick.

- Mit einem Stab kann jede/r sich behutsam selbst abklopfen, Schultern und Füßen tut dies sehr gut. Mit dem Stock erreichen sie auch den Rücken.
- Mit dem Stab kann jede/r im Liegen seine Außenhaut ertasten. Lassen Sie dazu Zeit.
- Nehmen Sie einen Stab unter einen Fuß und rollen Sie den ganzen Fuß ab, machen Sie diese Übung mit beiden Füßen nacheinander. – Legen Sie 2 Stäbe nebeneinander auf den Boden, stellen Sie nacheinander die Füße darauf, die Füße legen sich weich um die Stäbe. Gehen Sie vorsichtig herunter – wie stehen Sie jetzt?

Luftballons

Gerade für etwas rabiatere Gruppen ist die Arbeit mit Luftballons spannend und förderlich. Da ich die Luftballons auch zum Darauf liegen benötige, kaufe ich stabilere. Gut geeignet sind die marmorierten, sie kosten etwas mehr, überleben aber manches. Es gibt sie z.B. in den Jonglierbedarfsläden.

Ein Tip: Es ist sinnvoll, die Ballons so zu verknoten, daß nur die Hälfte des Nippels durchgezogen ist. Wenn Sie sie so festziehen, lassen sich die Ballons nach Gebrauch wieder öffnen.

Nun zu den Ideen:

- Jeder und jede bewegt sich mit einem eigenen Luftballon im Raum. Der Luftballon soll in der Luft bleiben.
- Zwei Kinder spielen sich einen Luftballon zu: mit den Händen, sitzend mit den Füßen, mit dem Kopf.
- Sich selbst mit dem Luftballon abklopfen und auf den unterschiedlichen Ton des Luftballons hören.
- Den Luftballon zwischen den Händen halten und versuchen, die andere Hand zu spüren. (Siehe dazu auch den nächsten Abschnitt.)
- Sich hinlegen und den Kopf auf den nicht prall gefüllten Luftballon legen und ganz langsam nach rechts und links bewegen; die Schwere des Kopfes ganz dem Luftballon anvertrauen.
- Im Liegen sich mit den Schultern vorsichtig auf den nicht prall gefüllten Luftballon legen, der Kopf hängt etwas nach hinten.
- Den Ballon weiter nach unten schieben: Wirbelsäule, Rundrücken, Hohlkreuz, Becken, Oberschenkel, Kniekehle und Fußgelenk. Es kann ein Kind neben einem anderen sitzen und sich dessen Eindrücke merken oder notieren.
- In der Bauchlage wird die vorige Übung sinngemäß durchgeführt.
- Auf beide Füße stellen und sich gut verwurzeln, dann unter einen Fuß einen Ballon legen und den Fuß bis fast an den Knallpunkt belasten.

Übungen, die das Fühlen und Wahrnehmen fördern

Diese Übungen fördern nicht nur die Wahrnehmung und das Fühlen, sondern die Konzentration und die Wachheit der Sinne.

- Hampelmann: Ein Kind ist der Hampelmann. Das andere berührt nacheinander verschiedene Körperteile, die dadurch alle Kraft verlieren. So sackt der Hampelmann zusammen.
- Pinoccio: Die Umkehrung des Hampelmanns. Durch Berührung gewinnen die Körperteile Kraft, bis sich wieder alles bewegen läßt.
- Raum: Entdecken, wieviel Raum ich brauche. – Alle Kinder verteilen sich im Raum. Auf ein Zeichen hin bleiben sie stehen. Ein Kind wird durch seinen Namen erlöst, wandert durch die Reihen und sucht sich den Platz, an dem es sich am wohlsten fühlt. Dann ruft es das nächste –usw. Welches Raummuster entsteht?

- Die Kinder stehen in zwei Reihen, die wie ein V zusammenlaufen. a) Die Kinder gehen nacheinander langsam zwischen den Reihen durch, bis es ihnen für ihr Gefühl zu eng wird. b) Das gleiche mit geschlossenen Augen.
- Ein Kind steht in der Mitte, die andern im Kreis drumherum. Der Kreis rückt immer enger zusammen, bis das Kind halt sagt. a) Mit offenen, b) mit geschlossenen Augen, c) mit dem Rücken nach innen.
- Wärme: Legen Sie einander die Hände auf den Rücken und auf die Schulter, besonders auf die Schulterblätter und spüren Sie nur die Wärme der Hände. Die Hände tun gar nichts.
- Im entspannten Liegen: Ein Kind legt erst die Hand, dann einen Finger auf verschiedene Körperteile des liegenden Kindes. Dieses versucht, die Berührung zu spüren und zu benennen. Steigerung (nach einer Energieübung): Die Hand berührt nicht, sondern verweilt einen Zentimeter über dem Liegenden.
- Entspannt auf dem Rücken liegen und 4-6 Kastanien (Holzkugeln, Steine) auf den Bauch legen, die Kastanien spüren, die Kastanien mit einer gedachten Linie verbinden und die Fläche dazwischen spüren.

Nutzen Sie immer wieder die Möglichkeit, durch hinführende Fragen die Körperwahrnehmung zu schulen, indem Sie einzelne Körperpartien fühlen lassen: Wo liegt mein Kopf auf; kann ich meine Schulter spüren; empfinde ich meine Nase; liegt meine ganze Wirbelsäule am Boden; wo bewegt mein Atem mich jetzt; bewegen sich mein Bauch und mein Becken; spüre ich meine Knie; fühle ich meine Fersen; spüre ich meine Haut im Gesicht, an den Händen, an den Beinen; welche Empfindungen habe ich gerade in meinen Armen und Händen; wie geht es mir; möchte ich gähnen? Die Kinder können auf all diese Anregungen durch Zuruf antworten; lassen Sie für das Erspüren Zeit.

Dies sind Anregungen. Wählen Sie je nach Situation einige aus, die zusammenpassen.

Übungen, um die eigene Kraft und Energie zu entdecken

In und durch uns fließt ständig Energie. Es ist möglich, diese Energie und Kraft bewußt wahrzunehmen und zu konzentrieren. Den Kindern machen diese Übungen viel Spaß, es gibt viel dabei zu entdecken.

- Konzentriert euch auf eine Handinnenfläche. Streckt dazu den Arm ein wenig aus und haltet die Hand der Sonne entgegen, so als ob die Sonne in die Hand scheint. Spürt, ob die Hand warm wird. – Macht die Übung auch mit der anderen Hand.
- Zwischenübung für die, die wenig spüren: Reibt die Handinnenflächen langsam, aber fest aneinander. Haltet die Hände dann auseinander. Spürt nun die Handin-

nenflächen nach. Konzentriert euch erst auf die eine, dann auf die andere Hand, versucht wahrzunehmen, ob die Energie steigt.

- Haltet die Handinnenfläche so aneinander, daß sie sich nicht berühren. Spürt die Wärme, die zwischen den Händen fließt. Vergrößert den Abstand langsam, nehmt die Hände so weit auseinander, wie es geht, ohne den Energiekontakt zu verlieren. Spielt mit diesen Erfahrungen.
- Ihr könnt eine Partnerübung daraus machen. Stellt euch gegenüber, Handfläche gegen Handfläche (ohne sich zu berühren) und spürt euch aufeinander ein. Bleibt auf der Stelle stehen, schließt die Augen. Macht vorher aus, wer führt. Folgt mit dem Energiekontakt der Hand eures Partners, euer Partnerin. Wechselt die Führung.
- Nehmt einzelne Körperteile zwischen die Hände und spürt von einer Hand zur anderen. Legt die Hände z.B. um ein Knie oder auf beide Ohren oder an den Hals-Nacken-Bereich.
- Haltet eine Hand über ein unbekleidetes Körperteil, z.B. die Stirn, die Augen, den Nacken, einen Fuß, ein Knie usw. Laßt eure Energie abstrahlen und versucht in eine wechselseitige Beziehung, z.B. zur Stirn, zu treten.
- Nehmt noch einmal beide Hände dicht zusammen. Laßt die Energie durch beide Hände in eine Richtung laufen, vielleicht gelingt euch ein Kreislauf von der einen Seite über Ellbogen, Oberarm, Schultergürtel, Oberarm, Ellbogen, Unterarm, Hand zu Hand. (Variation: siehe Übungen mit dem Luftballon.)
- Mit zwei besonderen Übungen, die wach machen und auch den Energiefluß in den Händen fördern, will ich dieses Kapitel schließen. Dabei die Füße in Hüftbreite parallel nebeneinander auf den Boden stellen. Die Arme hängen ganz locker, die Hände auch. Ohne jegliche Kraft, als ob ein Luftkissen unter ihnen aufgeblasen würde, heben Sie die Arme bis zur Schulterhöhe, die Hände hängen. Die Hände richten sich langsam auf, so daß Sie mit den Armen eine Waagrechte bilden. Dann ziehen Sie die Arme zum Körper, die Ellbogen sinken dabei nach unten, die Hände bleiben in Schulterhöhe und hängen ganz gelöst. Nun sinken die Hände nach unten, als ob sie durch Wasser gingen, bis die Arme und Hände wieder ganz locker hängen. Die Hände liegen bei der Abwärtsbewegung entspannt auf der Luft. Machen Sie oder die Kinder die Übung 2-3 mal hintereinander. Sie können diese Übung auch zur Musik machen: »Samba pa ti« von Santana und »Brothers in arms« von Dire Straits sind bestens geeignet. So haben Sie auch ein gutes Tempo.

Diese Übung ist dem »Wecke das Chi« aus der T'ai Chi Ch'uan Form nachempfunden. Auch die nachfolgende beruht auf einer T'ai Chi Übung, den 5 Elementen nach Al Huang. Ich habe dazu einen Text geschrieben, der eine kleine Geschichte ergibt. Die Übung ist immer wiederholbar und fördert die innere Kraft.

Ich pflanze einen Baum	Stehen, mit parallelen Füßen – Hände zur Schale, zum Boden neigen –
und bitte den Himmel, daß er wächst.	aufrichten, Hände und Arme weit zum Himmel öffnen –
Durch das Feuer der Sonne und die Frische des Wassers soll er wachsen.	Arme im Kreis sinken lassen, vor dem Bauch wegstoßen, Ausfallschritt rechts – Schritt zurück, gleichzeitig Hände über den Kopf und mit den Fingern wie eine Dusche über Kopf, Schultern, Oberkörper hinabstreichen –
Dann wird er groß und stark und hat viel Raum,	Langsam die Arme weit ausbreiten und sich dabei einmal im Kreis drehen –
und wenn ich von seinen Früchten esse, werde ich auch groß und stark,	erst den rechten erhobenen Arm mit einer Pflückbewegung über die Stirn zum Mund und zum Bauch führen, dann das
groß und stark wie ein Baum.	gleiche mit linkem Arm.

Am Schluß stehe ich wieder gerade, wie am Anfang, die Hände als Schale vor dem Bauch und kann einen neuen Baum pflanzen.
Auch dazu eignet sich die gleiche Musik wie oben angegeben.

Nach: Chungliang Al Huang, Tai Yi, Gräfe und Unzer, München 1988

4.2.2 Gebärden – Gebetsgebärden

In der Körperarbeit nimmt die Gebärde eine besondere Stellung ein. Vielleicht überlegen Sie schon seit dem Lesen der Überschrift, was eigentlich eine Gebärde ist? Einfach formuliert, ist es eine Bewegung und/oder eine Haltung, die ohne Sprache eine innere Erfahrung ausdrückt. Probieren Sie Gebärden aus, und schauen Sie, ob meine Empfindung der Bedeutsamkeit ihrem Eindruck, ihrer Wahrnehmung und Deutung entspricht. Machen Sie die Gebärde bewußt, langsam und gegenwärtig. Beginnen wir mit einfachen Gebärden.

Stehen

Zumeist stehen Sie ohne Bewußtheit. Sie wissen, daß Sie stehen, aber wie, merken Sie nicht. Nehmen Sie dies nun als Anregung, das Selbstverständliche neu zu entdecken. Stellen Sie sich auf Ihre Füße und suchen Sie den Kontakt mit dem Boden.

Spüren Sie den ganzen Fuß, Zehen, Ballen, Seiten, Fersen, erst links, dann rechts. Richten Sie sich von den Füßen her über die (nicht durchgedrückten) Knie, das Becken und die Wirbelsäule bis zum Kopf hin auf. Die Schultern sind nicht hochgezogen, die Arme hängen.
Sie sind in der Senkrechten. Sie verbinden Erde und Himmel.
Verändern Sie die Senkrechte, indem Sie die Hände über dem Kopf zusammenführen, bis sich die Handflächen berühren. Die Finger zeigen nach oben, der Kontakt der Füße zum Boden bleibt. Schließen Sie die Gebärde mit einem großen Armkreis zurück in die Anfangshaltung.

Die Waagrechte

Die Arme hängen und sind gestreckt, ohne nach unten gedehnt zu sein. Spüren Sie von den Fingerspitzen zu den Füßen hin, heben Sie dann bewußt und langsam die Arme zur Seite bis zur Waagrechten. Sie bilden ein Kreuz. In dieser Haltung spüren Sie der Verbindung von Himmel und Erde und zum Nächsten nach.
Drehen Sie die Handflächen nach unten, nach vorne und nach oben. Spüren Sie die Veränderung.

Das Verbeugen

Probieren Sie unterschiedliche Formen der Verbeugung aus.

- Aus dem Stehen einfach nach vorne beugen, die Arme hängen, der Kopf geht nach unten. – Richten Sie sich langsam Wirbel für Wirbel wieder auf.
- Nehmen Sie die Arme im Stehen nach oben über den Kopf. Die Hände berühren sich nicht. Verbeugen Sie sich langsam. Die Arme folgen dem Rumpf. Lassen Sie die Arme hängen, der Kopf schwingt frei wie eine Glocke. Dann richten Sie langsam die Wirbelsäule von unten her wieder auf.
- Nehmen Sie die Arme nochmals über den Kopf. Die Handflächen berühren sich diesmal, die Hände öffnen sich zur Waagrechten, Handflächen nach oben. Halten Sie inne. – Die Hände gehen wieder zusammen, und Sie verbeugen sich mit zusammenliegenden Händen, wie in der vorigen Übung beschrieben.

1. Variante: Stellen Sie sich vor, daß Sie sich über ein riesengroßes Faß verbeugen, die Bewegungen geschehen dann in einer weiten ausladenden Beuge.
2. Variante: Probieren Sie alle Verbeugungsformen aus dem Knien. Beziehen Sie auch die verschiedenen Handhaltungen mit ein. (Lesen Sie dazu die beiden folgenden Abschnitte.) Welche Veränderungen spüren Sie?

Das Knien

Das Knien an sich ist schon eine Gebärde. Es gibt auch da verschiedene Möglichkeiten.

- Knien Sie sich auf den Boden. Setzen Sie sich dabei auf Ihre Fersen. (Vielleicht schmerzt dies, für Kinder ist dies aber oft die beste Haltung ruhiger Aufmerksamkeit.) Halten Sie einen Moment inne, und richten Sie sich aus dem Becken auf. Der Oberkörper ist aufrecht und ruht in sich selbst.

Varianten:
- Setzen Sie sich zwischen die Füße, falls Ihnen dies möglich ist. Was verändert sich in der Körperhaltung?
- Benutzen Sie ein Meditationskissen und stellen Sie es aufrecht zwischen die Beine. Knien Sie und setzen Sie sich auf das Kissen. (Reitersitz)
- Benutzen Sie ein Meditationsbänkchen und probieren Sie den Kniesitz.

Aus der Kniehaltung ergeben sich weitere Gebärden; das Verbeugen haben wir schon einbezogen.
Lesen Sie den Abschnitt über Handhaltungen und beziehen Sie diese mit ein.
Jede Bewegung und jede Haltung löst eigene Empfindungen aus. Spüren Sie den Empfindungen nach.

Handhaltungen und Gebetshaltungen

Nähern wir uns der Handhaltung, aus ihr leiten wir Gebetshaltungen ab. In einem der Erfahrungsberichte habe ich beschrieben, wie ich mit einer Schulklasse alle unterschiedlichen Gebetshaltungen, die die Kinder kannten, zusammengetragen habe und nachspüren ließ. Es war für uns alle sehr intensiv. Wenn sich eine Gruppe konzentriert und freudig auf diesen Prozeß einläßt, gelingt es auch, Vorurteile, die sich in einer Haltung – besser in dem »lächerlichgemachten« Nachmachen – ausdrücken, zu verändern. Sobald die Kinder sich einspüren können und eigene Wahrnehmungen an die Stelle der Vorurteile treten, werden die Vorurteile zum Teil wenigstens aufgelöst.

Handhaltungen:
Beginnen Sie, sich erst in Handhaltungen einzuspüren, ohne diese religiös zu deuten. Sie bestimmen sonst vor der Gebärde, was geschehen soll. Die Gebärde deutet sich in der Empfindung.
Suchen Sie eine Grundstellung: knien, sitzen, stehen. (Die Grundstellung verändert auch die Empfindung mit, variieren Sie auch hier.)
Möglichkeiten: Offene Hände; offene ausgestreckte Hände und Arme; Hände als Schale; Hände zur Seite nach oben offen, nach unten offen, beide Hände unter-

schiedlich – eine nach unten und eine nach oben – (Tanzhaltung); Hände offen und gestreckt, geschlossene Handflächen, Hände als Schale ineinander, Hände gefaltet.

Gebetshaltungen:
Wir gestalten mit unseren Händen Grundhaltungen des Gebetes. Dabei sind die Hände nur ein Teil des Ganzen, unser ganzer Leib nimmt die Gebärde ein. Vielleicht spüren Sie schon nach einigen Übungen bzw. Wiederholungen, wie die Gebärde zur Bewegung und Empfindung Ihres ganzen Leibes wird.

Nehmen Sie das Folgende als Anregung und experimentieren Sie:
- Die Hände falten im Stehen oder Knien.
- Die Hände heben sich – und sind über dem Kopf als Kelch – oder weit offen – oder sie sind gestreckt nach schräg vorne – oder weit über dem Kopf (sie könnten einen großen Ball halten) – oder die Hände berühren sich – oder die Hände bewegen sich langsam nach rechts und links.
- Sie knien und die Hände sind über den Kopf gehoben, verbeugen Sie sich langsam bis Sie ganz den Boden berühren. Probieren Sie Zwischenhaltungen aus.
- Sie knien und die Handflächen berühren sich vor der Brust. Verbeugen Sie sich.
- Öffnen Sie die Hände zur Schale, suchen Sie eine entsprechende Gebetshaltung.
- Legen Sie sich mit den Händen nach vorne auf den Bauch, die Arme sind leicht gestreckt. Auch dies ist eine Gebetshaltung. Empfinden Sie ihren eigenen Wert.

Gehen

Beginnen Sie mit dem Stehen. Spüren Sie zu den Füßen hin und verlagern Sie das Gewicht von einem Fuß zum anderen. Wechseln Sie mit dem Gleichgewicht und versuchen Sie, darauf zu achten, daß jeweils ein Fuß möglichst ganz leer (ohne Gewicht) ist. Wenn dies gelungen ist, gehen Sie in einem Kreis. Achten Sie dabei auf die Gewichtsverlagerung von einem Fuß zum anderen. Die Hände können hängen, oder legen Sie sie am Anfang (noch während des Stehens) übereinander auf den Brustraum. Spüren Sie der Verbindung von Atem und Schritt nach.

Variante: Beginnen Sie schlicht und einfach bewußt zu gehen. Richten Sie Ihre Aufmerksamkeit auf Ihren Gang. Gehen Sie eine ganze Weile. Was geschieht und verändert sich?

Segenshaltung

Eine Segenshaltung ist eine Gebärdenfolge, die mit Worten verbunden sein kann. In dieser Übung stelle ich die Worte zurück, damit die Gebärde im Vordergrund steht.

Meist ist es umgekehrt, wir hören die Segensworte mit den Ohren, jetzt aber nehmen wir das Geschehen mit dem Körper auf.
Beginnen wir mit einer Vorübung: Halten Sie die Handflächen parallel nebeneinander und konzentrieren Sie sich auf die Handinnenseiten. Spüren Sie die Energie, die zwischen den Händen fließt.
Stellen Sie sich aufrecht, mit gutem Kontakt zum Boden, der Kopfraum ist ›frei‹, Sie denken nicht. Die Hände hängen wieder mit den Armen nach unten, es erfolgt eine leichte Drehung der Handflächen. Der Handrücken zeigt nach vorne und etwas nach oben, die Handinnenfläche ist leicht schräg zum Boden gerichtet. Heben Sie die Arme von den Händen aus langsam bis zur Segenshaltung.
Dabei sind mehrere Endhaltungen möglich. Mir ist folgende Haltung wertvoll: Heben Sie die Arme, bis die Hände in Augenhöhe sind, die Handflächen zeigen nach vorne. Die konkrete Richtung ergibt sich aus dem Gegenüber, das den Segen empfängt. Stellen Sie sich ein Gegenüber vor. Bleiben Sie während der Bewegung mit Ihrer Aufmerksamkeit in den Händen und spüren Sie den Energiefluß. Senken Sie die Arme von den Händen aus langsam nach unten und kehren Sie zur Ausgangsstellung zurück. Wiederholen Sie die Folge ohne die Vorübung ein paarmal. –
Sie können nun die Segensworte inwendig oder leise sprechen, beachten Sie, daß nicht Sie segnen, sondern der Segen im Namen Gottes zugesprochen wird.
Wenn Kinder diese Gebärde machen sollen, würde ich zunächst ohne Worte die Gebärde vollziehen. Sie kann in die Gestaltung eines Segensliedes einfließen. (Komm, Herr, segne uns; Jesus, unser Bruder: S. 129)

Eine kleine Gebärdenfolge

Mehrere Haltungen können zu einer Gebärdenfolge verbunden werden. Ich möchte eine Folge darstellen, Sie finden eine weitere unter dem Stichwort ›Waagerechte‹.

1. Stehen Sie aufmerksam und bewußt. Die Füße haben Kontakt zum Boden. ›Ich stehe‹.
2. Die Arme hängen locker und entspannt. Heben Sie die Arme nach vorne bis zur Schulterhöhe. Die Handflächen sind nach oben gerichtet und ausgestreckt ›Ich öffne mich‹.
3. Die Handflächen bilden eine Schale. ›Ich empfange‹.
4. Die Arme gehen zur Seite, die Handflächen bleiben in der Wölbung. ›Ich gebe‹.
5. Die Hände und Arme strecken sich und gehen über dem Kopf zusammen. ›Ich sammle mich‹.
6. Die Hände und Arme sinken vor das Gesicht. ›Ich verweile‹.
7. Die Arme und Hände sinken, und wir stehen in der Ausgangsposition. ›Ich ruhe‹.

Die Übung kann wiederholt werden.

Zur Unterscheidung einer Bewegung und einer Gebärde

Um eine Gebärde von einer beliebigen Bewegung unterscheiden zu können, helfen folgende Merkmale:

- Beim Vollzug der Bewegung oder in der Haltung bin ich ganz identisch mit der Gebärde (ich empfinde sie intensiv, aber ich bedenke sie nicht).
- Die Gebärde behält oder steigert ihre Intensität in der Wiederholung (wenn ich mit wacher Aufmerksamkeit übe).
- Körper, Geist, Seele verschmelzen in der Übung der Gebärde zur Einheit.
- Die Gebärde öffnet für die Transzendenz.

Die Gebärde könnte ich auch als ein Symbol in Bewegung oder in einer Haltung bezeichnen. Sie vertieft, deutet inwendig und erreicht uns ohne Worte.

Zum Vollzug einer Gebärde

Wann kann ich eine Gebärde in meine Arbeit einbeziehen und üben?
Die Gebärde kann nicht beliebig eingebracht und einfach verwendet werden. Sie hat eine geistliche Dimension, die nicht herausgenommen werden sollte. Dadurch, daß die Gebärde ein Symbol, ja auch ein bewegtes Gebet ist, sollten Sie darauf achten, wo die Gebärde ihren Platz hat. Dies bedeutet nun nicht, daß die Gebärde mit Kindern sehr ernst und trocken ist. Uns hat sie oft viel Freude gemacht, aber sie verlangt, um Freude zu machen, Ernsthaftigkeit und Aufmerksamkeit. Sonst wird sie leicht zur Hampelei. Gebärdenarbeit mit Kindern kann ich mir vor und im Kinder- und Schulgottesdienst, im Konfirmanden- und Religionsunterricht, in Freizeiten und bei entsprechenden Themen in Kindergruppen gut vorstellen.

Beispiele:
- Es ist möglich, eine Gebärde zum ›Vater unser‹ zu entwickeln. (Die meisten Vorlagen dazu sind mir zu kompliziert, ich entwickle lieber eine einfache Folge mit den Kindern.)
- Die Segenshaltung wird im Kindergottesdienst einbezogen.
- Aus der Gebärde wird ein Tanz.
- Andere liturgische Elemente nehmen die Gebärde auf, z.B. beim Abendmahl gestalten Kinder den Friedensgruß, die Austeilung oder das Dankgebet.

Zum Vollzug gehört aber nicht nur der Einsatz und der Gebrauch der Gebärde, wichtiger ist die innere Bereitschaft, die sich dann in der äußeren Haltung zeigt. Wesentlich sind dabei für die Übung drei Aspekte:
1. Verinnerlichung: Die Gebärde muß so verinnerlicht sein, daß sie ohne Mitdenken geschieht.

2. Aufmerksamkeit: Trotzdem geschieht die Gebärde in Sammlung und Aufmerksamkeit. Das Kind ist nicht irgendwo, sondern in der Haltung und Bewegung. Dies läßt sich nicht erzwingen, sondern mit Geduld geschieht es.
3. Wiederholung: Die angemessene Wiederholung fördert, vertieft und macht Freude. Wiederholung ist keine schematische Einübung, sondern die immer neue Fortsetzung der Bewegung.

2. Mal im Hören, mal in Chören,
Mal im Schweigen, mal im Reigen.
Wir beten auf…

3. Mal im Reime, mal ganz alleine,
Mal im Handeln, uns zu wandeln.
Wir beten auf …

(Der letzte Refrain kann mehrmals wiederholt werden)

Text: Rüdiger Maschwitz
Musik: Mark Gierling 1992

Literaturhinweise zur Weiterarbeit

Anselm Grün/Michael Reepen, Gebetsgebärden, Vier-Türme-Verlag, Münsterschwarzach 1988

Michaëlle, Beten mit Körper, Seele und Geist, Matthias- Grünewald-Verlag, Mainz 1979

4.2.3 Eutonie mit Kindern – Ein Weg der Selbsterfahrung und Selbstbejahung

(Eleonore Gottfried-Massa)

Wer sich in die Übungen der Eutonie begibt und ihre Anweisungen befolgt, beginnt eine wahre Entdeckungsreise zu sich. So wie bei einer Reise das Ziel am Anfang noch unklar und verschwommen ist, so ist das Erkennen des Körpers zu Anfang unklar und verschwommen. Von Übung zu Übung werden seine Konturen deutlicher und vertrauter, bis er irgendwann wie eine wohlvertraute Wohnung präsent ist, in der ich gerne bin. Ich nenne diesen Vorgang gerne »Bei sich zu Hause sein«, »Ganz wach sein«, »Im Hier und Jetzt gegenwärtig sein«.
Die Eutonie ist eine der wenigen Methoden, die im Westen entstanden sind. Ihre Begründerin ist Gerda Alexander, eine Rhythmiklehrerin. Sie entwickelte diesen Weg im Beobachten ihrer Schüler, die wenig Körpergefühl und Sinn für seine Gesetzmäßigkeiten zeigten, ihn gebrauchten, statt zu erkennen, was er braucht. Ein Körper, der nur gebraucht wird, wird krank. Als Gerda Alexander vor ca. 40 Jahren den Begriff Eutonie prägte, hatte sie verschiedene Prinzipien gefunden, dieses »EU«, das heißt ein Wohlbefinden in Gang zu bringen, das den Körper, aber nicht nur diesen, sondern den Menschen in seiner Ganzheit anspricht. Sie versteht unter Eutonie die Wiedergewinnung der optimalen lebendigen Spannkraft von Seele und Leib, den rechten Tonus, den EU-TONUS im Gegensatz zum gestörten Tonus (Dystonie) oder dem zu großen (Hypertonie) oder zu schwachen Tonus (Hypotonie).
Inzwischen hat sich diese Körpertherapie wie ein Samenkorn entwickelt. Für viele Übende klingt mit dem Wort Eutonie sehr viel mit. Sie ist ein Weg geworden, aus der Verlorenheit des heutigen Menschen in die Mitte seiner Kräfte zurückzufinden, in die Mitte seiner Körperlichkeit, die zugleich seine geistige Dimension eröffnet.
Auch viele Pädagogen arbeiten mit eutonischen Prinzipien bei Kindern, da diese Prinzipien in ihrer Einfachheit an unser ursprüngliches Erleben anschließen und daher Kindern leicht zugänglich sind. Kinder ab ca. 5 Jahren können in die Übungen eingeführt werden.
Im folgenden möchte ich einige Prinzipien darstellen sowie Beispiele ihrer Anwendung bei Kindern. Es bleibt eine unvollständige Darstellung, vermittelt aber einen ersten Einstieg in diese Arbeit. Wer Eutonie unterrichten will, braucht eigene Erfahrung und Schulung.

1. Prinzip: Kontakt finden

Jede Übung beginnt damit, Kontakt im Liegen zu erkennen und auf verschiedene Weise zu vertiefen. Hier schließt die Eutonie an unser Grundbedürfnis an, mit dem jeder Mensch zur Welt kommt: Berührung zu spüren, im Kontakt zu sein.

Wenn ein Kind geboren wird, wird ihm instinktiv viel Kontakt geschenkt. Es wird gewaschen, eingecremt, an die Brust gelegt, in zarte Kleidung gehüllt. Schreit es, nimmt man es auf den Arm, streichelt es, wiegt es. Der Kontakt tröstet, er gibt Halt, er gibt Orientierung. Es entsteht Vertrauen. Die Eutonie spricht das Thema Kontakt und Vertrauen in allen Übungen an. Der kontaktarme und gefühlsarme Mensch von heute ruft nach solcher Hilfe. Marie-Luise Stangl beschreibt in »Lebenskraft« dieses Gefühl folgendermaßen: »Wenn die Fühlfähigkeit neu aufgebaut wird, werden gleichzeitig alle unsere Sinne lebendiger. Die Erlebnisfähigkeit vertieft sich, das gesamte seelisch-geistige Leben wird bereichert. ... Ein Mensch, der bisher überwiegend in seinem Verstand gelebt und die Welt praktisch nur von dort betrachtet hat, fühlt sich bereits nach drei Tagen Eutonieübungen wie ein neuer Mensch. Er wird sich bewußt, daß er bisher sein Erleben und sein Bewußtsein unnötig verengt hielt.«
Zur Verdeutlichung möchte ich als Beispiel eine Übung schildern.

Ablauf einer Übung

Der Übende liegt auf einer warmen, aber festen Unterlage in einer selbstgewählten Lage (Rücken-, Bauch- oder Seitenlage) und geht sehr langsam mit der Aufmerksamkeit an seiner Gestalt entlang. Er beginnt genau zu spüren, wo Kontakt besteht, und wird angeleitet, diesen Kontakt zu genießen. Er läßt sich dabei sehr viel Zeit, nimmt sich die Freiheit, die Lage so lange zu korrigieren, bis er optimal liegt und er in dieser Lage verweilen kann. Sich anzuschmiegen wie ein Kind, sich auszuruhen und doch wach zu spüren, will geübt sein.
In dieser Einstellung geschieht sofort eine Wandlung im Tonus: Aus der Verspannung getraut sich der Körper in eine wohlige Spannung bis Entspannung. Es geht ein Aufatmen durch alle Zellen. Der Übende spürt seinen Körper nicht nur im Kontakt, sondern auch in seinem Muskelapparat, in seinem Organsystem, eigentlich überall dort, wo er sich einer Wahrnehmung öffnet. Aber auch Störungen werden deutlich, zum Beispiel eine Kleiderfalte, ein zu enger Gürtel, die Lage der Glieder, Verspannungen, Kälte, Schmerzen. Diese Wahrnehmungen bringen unseren Körper dazu, zu reagieren und zu regulieren, bis die Situation so gut wird, wie sie im Moment werden kann.
Kinder sind uns da um vieles voraus. Sie reagieren spontaner, sind mit einer Situation nicht gleich zufrieden, sondern suchen instinktiv die bekömmlichste Stellung, in der sie ruhen und verweilen können. Je älter sie sind, um so mehr Anregungen und Hilfen sind nötig, doch als etwas Fremdes erleben sie diese Anweisungen nie, da diese Kontaktsuche anknüpft an ihr Körpergedächtnis aus frühester Kindheit.

Beispiel einer Übung mit Kindern

Die Kinder liegen auf einer angenehmen Unterlage wie Teppich, Wolldecke, Matte, die so groß ist, daß der ganze Körper darauf Platz hat. Der Raum ist frei von Störungen wie Lärm, Unruhe, Kälte. Er strahlt Geborgenheit aus. Die Kinder liegen in der Bauchlage. Ich spreche: Spüre, wie du dich hingelegt hast, wie der Boden dich trägt. Wie liegt dein Kopf, geht es ihm gut oder liegt er besser ein wenig anders? Wenn du magst, kannst du die Augen schließen, um dich ungestört zu spüren. Wie liegen deine Arme, dein Brustkorb, dein Bauch? Je mehr du dich spürst, je mehr du den Boden spürst, um so mehr kannst du dich anschmiegen, ankuscheln. Laß dich vom Boden tragen und spüre durch den Boden hindurch die Erde, die uns alle trägt. Wie liegen deine Beine, deine Füße? Spüre dich von oben bis unten und genieße alle Berührungen. Spüre, wo es richtig guttut zu liegen, spüre aber auch, wo dich etwas stört oder schmerzt.

Ich lasse den Kindern Zeit, viel Zeit, die Anregungen nachzuvollziehen, lasse sie dazu sprechen, sich mitteilen, Freude oder Störungen äußern. Das Ganze ist ein Zwiegespräch mit ihrem Körper, der ihnen auf diese Weise mehr und mehr bewußt und vertraut wird.

Meistens löst eine solche Übung große Ruhe aus, ein Bei-sich-Sein, frei von Leistung und Außenreizen. Manche Kinder lösen sich bis ins Einschlafen. Es gibt aber auch Zeiten größter Unruhe und Belastung, die durch solches ruhige Liegen verstärkt werden. Dann hilft und unterstützt die zusätzliche Berührung mit der Hand durch den Anleiter. Die ruhige Berührung schenkt noch mehr Nähe, doch ohne zu manipulieren. Der Kontakt wird verstärkt. Wir »leihen« sozusagen unsere Hand als Hilfe zur Beruhigung, als Hilfe, Nervosität und Belastung abzugeben.

Nach fünf, zehn, fünfzehn,zuweilen bis 45 Minuten, je nach Situation und Alter der Kinder, ist eine solche Kontaktübung beendet. Mit Dehnen, Räkeln und Gähnen lösen sie sich aus dem Liegen und stehen auf.

Ähnlich können alle anderen Lagen erarbeitet werden (Rückenlage, s. Bild S. 93), bis nach einigen Wochen der Körper rundum in seinem Kontakt zum Boden erfühlt wurde.

Mit diesen Kontakterfahrungen wächst von mal zu mal mehr Körpergefühl. Eine Zeichnung, eine Tonfigur machen dies deutlich. Im Anschluß an eine Übungseinheit empfehlen sich Aktivitäten, die dem neu gewonnenen Körpergefühl Rechnung tragen, wie laufen, turnen, schwimmen, tanzen, etwas gestalten. In dieser Verfassung ist aber auch zuhören, meditieren, visualisieren, kreativ werden besonders leicht.

Der Eutonie ist Kontakt und seine Wirkung so wichtig, daß sie ihn durch verschiedene Hilfsmittel besonders verstärkt. Sie gibt Gegenstände in die Hand, zum Beispiel Holzkugeln, Kastanien, Bambusstäbe, Tennisbälle oder legt sie unter Akupunkturpunkte, um den normalen Kontakt aufs äußerste zu verstärken. Wer mit diesen Elementen arbeiten will, braucht sehr viel Eigenerfahrung. Er wird aber bald merken, wie Kinder weitere Übungen entdecken, da gerade der Umgang mit Gegenständen, vor allem Gegenständen aus der Natur, Kinder sehr anspricht und ihre Einfälle hervorlockt.

2. Prinzip: Das Dehnen

Die vorangegangenen Übungen zeigen, wie lebendig und beweglich unser Körper ist. So drängt es ihn nach den Kontaktübungen, sich zu strecken, Weite entstehen zu lassen, bis hin zum großen Dehnen. Auch hier spricht die Eutonie ein ursprüngliches Bedürfnis von uns allen an, besonders aber das der Kinder. Durch die Vorübungen ist der Körper vom inneren Empfinden und Wissen her vertrauter geworden. Mit diesem neuen Gespür ist das Dehnen vorbereitet, das nicht von außen befohlen wird, sondern von innen wächst und dadurch eine tiefe Wirkung hat.

Ablauf einer Übung

Die Übung geht von einem Körperteil aus, das sozusagen die Führung übernimmt, zum Beispiel von der rechten Ferse. Das Bewußtsein wandert zur Ferse und gibt ihr den Impuls, über sich hinaus zu fühlen. Das braucht Zeit, doch dann wächst dieses Weiterfühlen, so daß die Ferse am Boden entlang dehnt. Daraus entsteht langsam aber kontinuierlich eine feine Ent-Wicklung, die sich vom Fühlen zum Dehnen steigert und dabei mehr und mehr das ganze Bein in die Dehnung mitnimmt, bis auch die rechte Seite in die Dehnung mitgeht.
Im Unterschied zum einfachen Strecken geschieht hier eine sehr langsame Veränderung des Tonus, so wie es der Muskulatur gemäß ist und sie wie von selbst mitgehen kann. Dieses aufmerksame Fühlen und Führen ohne Zwang, ohne starres Ziel wirkt sich aus wie Aufräumen, wie eine Erfrischung, eine wohltuende Bewegung. Durch plötzliches Loslassen der Dehnung findet das Bein seinen ihm jetzt gemäßen Tonus. Es ruht und wird wohl durchströmt. Hinzu kommt ein klares inneres Bild über das gedehnte Bein. Es ist erstaunlich genau und präsent, wogegen das linke, nicht gedehnte Bein klumpig, schwer, unscharf und wenig zugehörig erlebt wird.

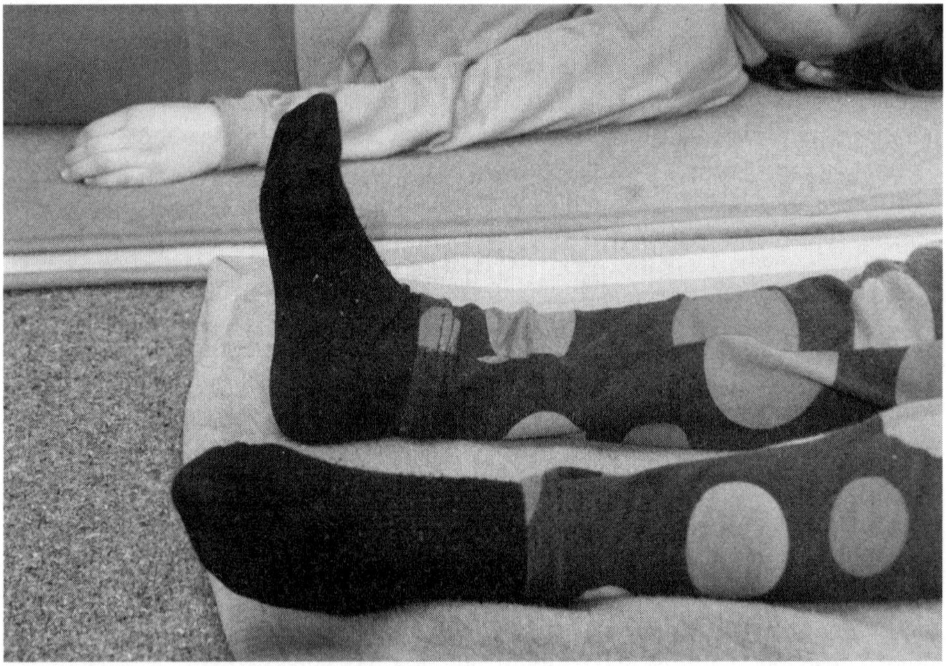

Beispiel einer Übung mit Kindern

Die Kinder liegen auf dem Rücken, und wir erfühlen den Kontakt in dieser Lage. Danach setzen sie sich auf und beginnen, ihr rechtes Bein anzufassen, mit beiden Händen den Umfang zu umfassen, wenn möglich mit geschlossenen Augen. Wir lassen uns dazu Zeit, bis das ganze Bein und der Fuß auf diese Weise innerlich gegenwärtig sind. Nun legen sich die Kinder wieder hin.
Ich spreche: Legt euch ganz in die Berührung hinein, angeschmiegt und ganz ruhig. Spürt jetzt, wie euer Gesäß liegt, wie sich das Becken insgesamt fühlen läßt. Es ist ein Raum, groß und warm, mit lebenswichtigen Organen. An diesen Raum schließen sich die Beine an. Wir besuchen heute zunächst das rechte Bein. Wir spüren an der Außenhaut entlang bis zur Fußsohle. Wo hat das rechte Bein Kontakt zur Kleidung, zum Boden? Wie fühlt es sich an in seiner unterschiedlichen Formung? Wir spüren zur Ferse, fühlen ihren runden Raum und beginnen, über sie hinaus zu fühlen, nehmen sie im Fühlen mit. Die Ferse strebt weiter am Boden entlang zur nächsten Wand. Wir spüren die Lust im Bein, sich mitzudehnen, sich in diese Richtung mitzubewegen, groß zu werden. Wir spüren, ohne daß wir sehr viel dazu tun, wie eine Dehnung langsam entsteht. Mehr und mehr nimmt sie zu und nimmt das Bein, sogar das Becken, mit in eine zarte Bewegung. Unsere Aufmerksamkeit ist immer wieder ganz in dieser Ferse, die nach vorne strebt. Wenn wir das Gefühl haben, noch mehr zu dehnen wäre Zwang, lassen wir plötzlich los.
Diese Arbeit wird zwei bis drei Mal wiederholt. Es wächst ein deutlicher Unterschied zwischen dem rechten und dem linken Bein. Nach jedem Loslassen vergleichen wir. Sobald die Kinder ihre Beobachtungen mitgeteilt haben, wird auf die gleiche Weise mit dem linken Bein gearbeitet.
Auf diese Weise werden alle Gliedmaßen gedehnt, der rechte Arm, der linke Arm, die Hände mit den einzelnen Fingern. Nach wiederholtem Arbeiten entsteht ein beglückendes Gefühl von Weite und Freiheit und ein immer präziseres Körperbild.
Es ist verständlich, daß Kinder dieses Dehnen besonders lieben, da es ihrem Wunsch nach Größe entspricht und ihren eigenen Wachstumsimpuls aktiviert. Hinzu kommt ein erstes genaueres Empfinden des Körper-Innenraums, seines Volumens und ein Spüren der Gelenke, – das sind weitere Stufen in der Eutonie.

Weitere Übungsbeispiele

Führung durch den Arm und die Finger

Die Kinder liegen auf dem Rücken, und wir sprechen wieder zunächst den Kontakt an. Die Kinder werden angeleitet, den rechten Arm zu »besuchen«, an ihm entlang

zu spüren bis zur Hand und von der Handfläche die einzelnen Finger, Daumen, Zeigefinger, Mittel- und Ringfinger, den kleinsten zu erfühlen. Nun beginnen die Fingerspitzen, über sich hinaus zu fühlen, am Boden entlang, so wie eine Schnecke die Fühler ausstreckt, und es entsteht wie in der vorangegangenen Übung von innen her ein sehr feines, aber kontinuierliches Mitgehen und Dehnen. Sobald der Arm angenehm gedehnt ist, beginnen die Fingerspitzen ihren Weg sozusagen an der Wand entlang aufwärts. Der Arm geht gestreckt mit. Es entsteht eine sehr gerade Bewegung, bis die Fingerspitzen zur Decke weisen. Danach gehen sie ihren Weg langsam wieder zurück, bis sie schließlich ganz am Boden angekommen sind. Der Arm, die Hand und alle Finger begeben sich ins Ausruhen, die Spannung wird ganz aufgegeben. Wir beobachten, wie der Arm und die Hand sich jetzt anfühlen; Kribbeln oder Schwere lassen wir abfließen in den Boden. Nach einer längeren Ruhepause wird dieser Vorgang zwei- bis dreimal wiederholt, die Finger führen den Arm nicht nur gerade nach oben, sondern in großzügige freie Bewegungen. Wir vergleichen mit dem linken Arm. Es wird ein großer Unterschied zu erkennen sein, der nicht nur im rechten Arm und in der Hand, sondern in der ganzen rechten Seite, oft bis in die rechte Kopfhälfte entstanden ist.
Nachdem die Kinder alle Entdeckungen mitgeteilt haben, wird auch mit dem linken Arm gearbeitet.

Führung durch die Wirbelsäule im Stehen und Beugen

Dieses Mal stehen wir. Die Füße nehmen bewußt den Bodenkontakt wahr, der Scheitel fühlt sich zur Zimmerdecke. In dieser Polarität beginnt der Körper ein aufrechtes Stehen, so wie es ihm in diesem Moment möglich ist. Wir beginnen mit der Vorstellung, daß die Halswirbelsäule ein Zeiger wird, der genau zur Decke zeigt und langsam die Decke entlang wandert, die Wand abwärts, bis zum Boden. Je intensiver diese Vorstellung wird, um so leichter und um so genauer beugt sich der Kopf mit dem Rücken zusammen nach vorne und hängt zum Schluß ganz unten. Wir verweilen, lassen Schwere abfließen, atmen leicht seufzend aus, geben nach. Kreuzbein und Steißbein werden nun in der Vorstellung aktiv und spüren zum Boden, geben dort einen Halt wie ein verwurzelter Baum. Aus dieser Kraft heraus beginnt nun die Wirbelsäule von unten her sich langsam aufzubauen, bis zuletzt die ganze Gestalt aufrecht steht. Nach einer Weile des aufrechten Stehens kann dieses Beugen wiederholt werden.
Diese Übung wird sehr langsam ausgeführt, begleitet von tiefem Ausatmen. Zum Abschluß legen wir uns hin und beobachten im Liegen, wie jetzt der Körper von Energie durchströmt ist, wie der Atem fließt, wie sich der Kontakt anfühlt.
Alle Übungen vom Kontakt-Bewußtsein zum Dehnen und Bewegen setzen sehr viele Gifte frei, Ablagerungen, die entweder durch die Haut ausgeschieden werden

oder ins Blut gehen. So sollte man sich nicht wundern, wenn man trotz eines guten Tonus sich müde fühlt und erschöpft. Es empfiehlt sich, viel Wasser zu trinken, nach der Übung den Raum zu lüften oder nach Möglichkeit ins Freie zu gehen.

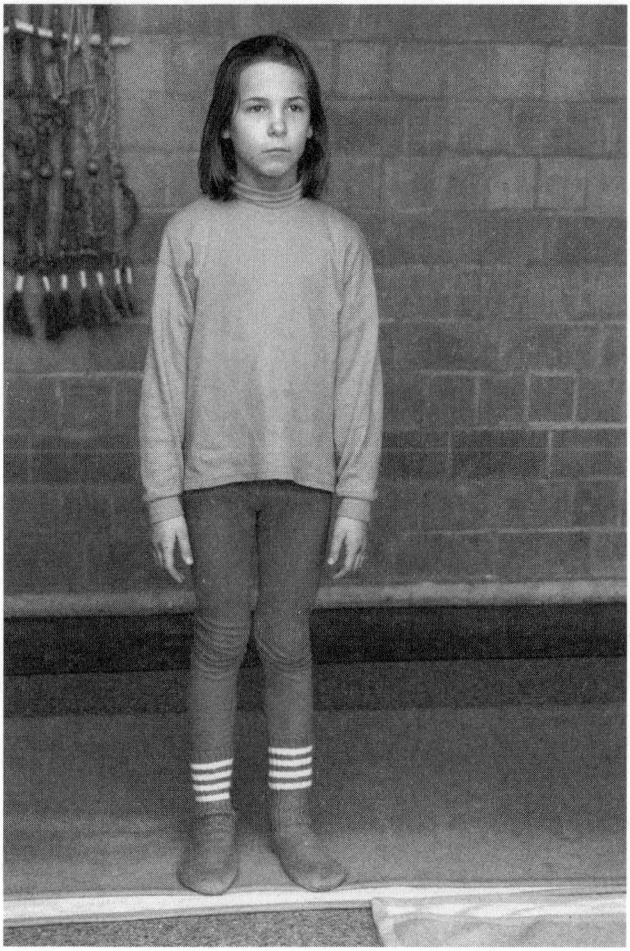

3. Prinzip: Das Körperbild entwickeln

Alle vorangegangenen Übungen tragen dazu bei, daß unser sogenanntes inneres Körperbild, das heißt das, was wir von unserem Körper spüren und wissen, mit dem äußeren Körperbild übereinstimmt. Der Begriff »Körperbild«, von dem Neurologen H. Head geprägt, meint das Empfinden des Körpers, das unabhängig von Verletzungen, Amputationen unverletzlich besteht. Ein Amputierter erlebt zum Beispiel sein nicht vorhandenes Glied wie real existierend. Sogar Contergan-Kinder können an ihren nie vorhandenen Fingern abzählen. Dieses Körperbild ist jedoch gestört, wenn

unsere Beziehung zum Körper gestört ist. Kontaktgestörte Menschen empfinden ihre Hände wenig oder gar nicht, Labile spüren kaum ihre Füße auf dem Boden.
Wenn durch die verschiedenen eutonischen Übungen die Beziehung zum Körper klarer und direkter wird, wird auch das innere Körperbild bewußter. Dies wird durch einen einfachen Test deutlich: Mit geschlossenen Augen wird eine menschliche Gestalt aus Ton geformt. Was sichtbar wird, ist das innere Körperbild. Medizinische Kenntnisse haben erfahrungsgemäß keinen Einfluß, sondern das innere Wissen, Fühlen, Bei-sich-Sein wird in der Tonfigur sichtbar. Die erste Ton-Figur ist meist erschreckend unproportioniert und bruchstückhaft. Es ist gut zu wissen, daß sie nur eine Momentaufnahme ist und daß nach jeder weiteren Übung die Proportionen besser stimmen. Langsam wird aus der leblosen klumpigen Masse ein bewegter und ausdrucksstarker Körper sichtbar: Mein Körper in seiner Einzigartigkeit mit meinem derzeitigen Wesensausdruck.
Verschiedene Körperbild-Übungen unterstützen diesen Vorgang. Es wächst, ohne daß wir davon reden, zugleich eine Bejahung und Freude am Körper und an dem Wesen, das in ihm »wohnt«. Man könnte die Arbeit der Eutonie zusammenfassen in der Formulierung Teresas von Avila: »Mensch, sei gut zu Deinem Körper, damit Deine Seele Freude hat, darin zu wohnen«.

Beispiel einer Übung

Wir liegen und schließen die Augen und beginnen vom Kopf aus, unsere ganze Außenhaut zu erspüren. Sie umgibt uns wie ein Kleid, ist Schutz und Abgrenzung. Sie hilft uns aber auch, unsere Umwelt zu fühlen, in Kontakt zu kommen. Sehr langsam gehen wir unsere Außenhaut entlang, alle Körperteile werden außen spiralförmig umkreist und dabei sehr bewußt. Zuletzt entsteht nicht nur ein Gefühl für die Außen-»Hülle« sondern auch ein Raumgefühl, ein Innenraum für jedes einzelne Körperteil.
Diese Arbeit ist nur in der Wiederholung und auf mehrere Übungsstunden verteilt sinnvoll und kann durch verschiedene Spiele unterstützt und vertieft werden. Wir denken uns zum Beispiel verschiedene Farben für die einzelnen Körperteile aus. Wir reiben uns mit Lehm ein. Wir massieren uns und lassen uns massieren. Kinder sind sehr schnell kreativ, weitere Übungsmöglichkeiten zu finden, die das Körperbild mehr und mehr vervollständigen.

Die Wirkung der Eutonie

Ein solcher Umgang mit dem Körper, wie die Eutonie ihn lehrt, hat tiefgreifende Wirkungen. Wenn sich körperliche Blockaden lösen, geraten auch innerseelische Blockaden in Bewegung. Sie können angeschaut und aus der Sicherheit des

Kontakts heraus durchgearbeitet werden. Diese Arbeit vollzieht der Übende selbst. Es redet ihm niemand hinein. Er bekommt durch den Eutonie-Pädagogen lediglich Anregungen, die wie Wegweiser den richtigen Weg weisen. Wenn im Verlaufe der Arbeit der Körper mehr und mehr gestimmt ist, ist bald der ganze Mensch gestimmt, das heißt, seine innere Stimmung wächst. Aus der Verschlossenheit und Traurigkeit öffnet er sich, weil die Freude ihn von innen her aufschließt. Der Körper wird zum Tor, geistige und psychische Arbeit zu leisten. Es können in einer Übung Situationen aus der Kindheit auftauchen, die sehr belastend waren und im kurzen, intensiven Durchleben erledigt werden. Diese Arbeit ist unterschiedlich bewußt. Wichtig ist das Resultat, daß innere Freiheit entstanden ist. Kinder formulieren dann manchmal so: »Ich fühle mich ganz frisch, wie nach einem Bad.« »Mir ist so, als hätte ich lange geschlafen.« »Ich fühle mich, als käme ich gerade aus dem Urlaub.« »In mir ist es hell und warm und ganz sauber.« »Ich finde mich richtig schön.« Die Äußerung eines 5jährigen Mädchens: »Ich bin froh, daß ich mich habe«, faßt zusammen, was die Eutonie letztendlich anstrebt: Eine Selbst-Bejahung und Freude am Da-Sein.
Erwachsene sprechen oft von einer inneren Ordnung, von Echtheit, von Sich-sehr-wohl-Fühlen, Bei-sich-Sein, Sich-zu-Hause-Fühlen und Freisein für neue Taten.
Es ist klar, daß für solche Übungen ein größerer Zeitraum erforderlich ist. Meine Erfahrung ist, daß regelmäßiges Üben, etwa zweimal pro Woche, nach etwa drei bis sechs Monaten bei Kindern eine sichtbare Veränderung hervorruft. Die Kinder fallen auf durch eine ruhige Wachheit, große Kreativität und Ausgeglichenheit im Umgang mit anderen. Die innere Nähe zu sich selbst ermöglicht eine neue Nähe zur Gruppe. Insgesamt ist eine deutliche Verbesserung der Beziehung zur Umwelt, zu Forderungen und Aufgaben zu beobachten. Es ist wünschenswert, die Impulse der Eutonie in die Pädagogik aufzunehmen, sowohl im schulischen als auch im außerschulischen Leben.

Literaturhinweise zur Weiterarbeit

Anton und Marie-Luise Stangl, Lebenskraft durch Eutonie und Zen, Econ TB, Düsseldorf ^{3}1990

Mariann Kjellrup, Bewußt mit dem Körper leben, Ehrenwirth Beratungsbuch, München ^{6}1986 und Goldmann TB, München 1987

Beate Brandt, Jeden Tag leibhaftig leben, Matthias-Grünewald-Verlag, Mainz ^{2}1989

Jenny Windels, Eutonie mit Kindern, Kösel-Verlag, München 1984

4.2.4 Yoga mit Kindern

Yoga, in der Form der uns aus Büchern und Kursen vertrauten Körperübungen des Hatha-Yoga, bietet auch für Kinder reiche Möglichkeiten ganzheitlicher Übung. Wer selbst Yoga übt, weiß, daß die körperlichen Übungen nur ein Teil des achtgliedrigen Pfades sind, der über die Einübung achtsamer Umgangsformen, sittliche Regeln, Körper- und Atembewußtsein, Schulung der Konzentration und der Meditation zur höchsten Einheit führen will. Dieser Hintergrund atmet in den Übungen und soll nicht dadurch unterdrückt werden, daß sie wie »Morgengymnastik« absolviert werden. In der Art und Einbindung der Übungen kann erfahrbar werden, daß es um eine verbundene Schulung von Körper, Seele und Geist geht. Yoga kommt uns und den Kindern da sehr entgegen. Die Übungen selbst wecken Freude an körperlicher Bewegung, kräftigen und lockern den Körper, fördern richtig geübt die Hilfsbereitschaft und die Achtsamkeit der Kinder untereinander, schulen die Aufmerksamkeit für die Umwelt durch die Bildhaftigkeit der Übungen und erhöhen Konzentration und Selbstwertgefühl. Die bildhafte Bezeichnung vieler Übungen macht es leicht, sie mit Beobachtungen der Natur zu verbinden und sie in Geschichten einzukleiden. Auch Phantasiereisen und gegenstandsbezogene Übungen fügen sich wie von selbst an.

Auch hier ist es so, daß jede/r den Maßstab finden wird, was im Rahmen ihrer/seiner Möglichkeiten geht. Doch ganz gleich, ob es – immer sinnvolle – Körperübungen zum Aufwachen, Auflockern, Entspannen zwischendurch sind oder kontinuierliche Einheiten, die ihren festen Platz im Tages- oder Wochenablauf haben, oder thematische Übungsfolgen oder eigene Gruppenangebote, – immer wird es Ihnen und den Kindern Freude machen.

Worauf ich achte:
- Die einzelnen Übungen sind eingebettet in einen Wechsel zwischen spielerischen Elementen, konzentrierter Übung, Entspannung und meditativen Anstößen.
- Zur Durchführung der Übungen gehört Achtsamkeit, die ich durch Fragen und Anregungen zur Beobachtung unterstütze.
- Vor allem ältere Kinder sehen in den Yogaübungen zuallererst den Leistungsvergleich (sieh mal, wie toll ich das mache – das schaffe ich nie). Ich mache deutlich, daß ich nur einen Leistungsvergleich gut finde – den eigenen Fortschritt nach häufigem Üben.
- Dazu gehört auch die Förderung gegenseitiger Hilfe und Korrektur.
- Das eigene Mitüben motiviert und hat Vorbildfunktion. Es soll nicht Unerreichbares zeigen, sondern schrittweise zur richtigen Haltung hinführen.
- Ständige Wiederholung schafft ein Vertrautwerden mit den Übungen, ermöglicht erst den eigenen Leistungsvergleich, gibt gute Möglichkeiten, die Kinder miteinzubeziehen.

Ein Beispiel, wie Yoga-Übungen im Kindergarten einbezogen werden können: Da dies eine Einladung und keine Einführung in Yoga ist, habe ich auf die Kennzeichnung der einzelnen Haltungen mit ihren Sanskrit-Namen verzichtet.

Katze und Maus

- Im Turnraum hat jedes Kind nach einer ausreichenden freien Bewegungszeit seine Decke geholt und sich damit seinen Platz bereitet. (Vgl. Einladung.)
- Wenn alle auf ihren Decken sitzen, führe ich in das Thema der Übungsstunde ein: Heute wollen wir mit Katzen und Mäusen auf Entdeckungsreise gehen. Zunächst mit den Katzen. Wer hat denn eine Katze zu Hause oder bei Verwandten, die er ab und zu sieht? Zeit, die Kinder von Katzen erzählen zu lassen. Alles sammeln; auch Kinder, die selbst keine Katzen haben, wissen sicher von Beobachtungen zu erzählen. Hinhören, ob es Kinder mit großer Abneigung oder Angst vor Katzen gibt, sie brauchen eventuell eine Abwandlung, mit der sie sich identifizieren können: Katzenbaby, Katzenbär, Löwenbaby.
- Frage zur Überleitung: Habt ihr auch schon einmal eine schlafende Katze gesehen? Legt euch mal so hin wie eine schlafende Katze (ausprobieren lassen).

- Meistens schlafen die Katzen nicht ganz fest, sondern so, daß sie jederzeit loslaufen können. Deshalb liegen sie oft irgendwie auf dem Bauch. Legt euch jetzt auch alle bequem auf den Bauch und ruht ein wenig.
- Gibt es da vielleicht etwas Interessantes? Als erstes wachen die Ohren auf. Ohne sich zu bewegen, hört die Katze alles, was um sie herum geschieht. Spitzt deshalb auch eure Katzenohren und hört einmal, was euch die Ohren alles erzählen. Kurze Stille, dann Austausch durch Zuruf, aber nicht zu laut, sonst wachen alle Mäuse auf. – Dann öffnet die Katze erst mal ein Auge, macht es wieder zu, – viel zu hell –, dann das andere. Dann wieder das erste und noch einmal das andere, bis sie sich an das Licht gewöhnt hat und die Augen aufbleiben. Sie ist aber noch müde und will sich gar nicht bewegen – nur die Augen wandern von einer zur anderen Seite, nach oben und nach unten und wollen ganz viel sehen. – Jetzt wird sie ein wenig neugieriger, hebt den Kopf und dreht ihn zur einen und zur anderen Seite. Noch nicht genug zu sehen? Dann muß ich mich mal ein wenig strecken. Erst mal hoch auf alle Viere (Kniestand), dann die Arme ganz lang nach vorne rutschen lassen und wieder zurück, kleinwerden. Und nochmal lang strecken. – Jetzt müssen auch noch die Beine aufwachen – streckt erst das eine, dann das andere Bein lang nach hinten aus (eventuell mit Kopfwendung). Jetzt noch einen schönen Katzenbuckel und ein wenig nach vorne gedehnt (ein paarmal Wechsel Katzenbuckel/Hohlkreuz – die Welle), dann sind alle Katzen wach und richten sich neugierig auf. Fersensitz.
- Schnuppert mal, könnt ihr schon Mäuse riechen? Nein? Die haben sich auch gut versteckt. Das machen die ja immer – oder habt ihr schon viele gesehen?
- Zeit für Gespräch, positives Mäusebild sammeln: Mäuse sind flink, lustig, neugierig, haben ein schönes weiches Fell, können sich schön einkuscheln und verstecken. – Würdet ihr jetzt gerne mal ein Mäuschen sein und die Katzen ärgern? Ich weiß ein Spiel, bei dem ihr mal Katze und mal Maus seid – eines, das ihr noch nicht kennt.
- Dafür muß die Hälfte der Kinder Mäuse werden. Ich habe hier dicke Wollfäden, das sind die Mäuseschwänze. (Jedes zweite Kind erhält einen Faden.) Wer einen Mäuseschwanz hat, ist eine Maus, wer keinen hat, ist eine Katze.
- Schiebt eure Decken beiseite, und dann kommen alle Mäuse in die Mitte ins Mauseloch. Wenn jetzt gleich die Mäuse loslaufen, können die Katzen versuchen, ihre Schwänze zu fangen. Wer einen Schwanz erobert hat, hat Glück und wird selbst eine Maus und kann die Katzen ärgern. Versucht mal, was leichter ist, eine Katze oder eine Maus zu sein. (Mit dem Faden in der Hand sind die Mäuse ziemlich stark, da macht es Spaß, eine Maus zu sein.)
- Spielen, solange es Spaß macht.
- Jetzt sind Katzen und Mäuse müde und schleichen nach Hause und rollen sich auf ihrem Platz zusammen. Macht es euch ganz bequem. War das Katzennecken und Mäusefangen anstrengend? Spürt einmal, ob ihr euren Herzschlag merkt. Wie hört sich der an? Ist er schnell oder langsam? Zum Jagen habt ihr auch viel Luft

gebraucht, deshalb atmet ihr auch jetzt noch ein bißchen mehr als sonst. Könnt ihr spüren, wo sich euer Körper beim Ein- und Ausatmen bewegt?

Schaut eurem Herzschlag und dem Atem noch ein wenig zu, lauscht auf die Melodie, die sie spielen. Je mehr ihr euch ausruht, desto ruhiger wird die Melodie, und wenn sie ganz ruhig ist, lädt sie euch ein zum Träumen.

- Da fällt mir ein Traum ein, den mir eine Maus erzählt hat. Den will ich euch auch erzählen. Susi, die kleine Maus, wohnte in einer Scheune. Da ging es ihr gut, bis auf einmal eine schwarze Katze kam und sich dort häuslich einrichtete. Seitdem mußte Susi immer darauf achten, wo die Katze war, und konnte nicht mehr wie früher unbeschwert überall herumlaufen. Am meisten war sie darüber traurig, daß sie sich nicht mehr in die Sonne legen konnte. Das hatte sie immer gern getan. Aber jetzt hatte sie Angst, die Katze könnte sie sehen und fangen. Deshalb lag Susi nun oft in ihrer Höhle und träumte. Und einmal träumte sie, sie läge wieder im Sonnenschein. Es war so schön warm, wie die Sonne über ihr Fell streichelte. Ein kleiner Wind strich auch vorbei, der war gerade richtig und angenehm. Sie hörte die Vögel zwitschern und die Fliegen summen und war ganz froh. So lag sie ganz lange, bis die Sonne schon fast hinter dem Scheunendach verschwand. Komisch, dachte sie im Traum, die Sonne geht weg, aber mein Rücken ist so warm, als würde sie da noch immer scheinen. Und weil es so angenehm war, kuschelte sie sich mit ihrem Rücken richtig an die Wärme und fand das schön. Dann war das Warme in ihrem Rücken auf einmal weg. Als sie sich umdrehte, sah sie die Katze gerade noch um die Hausecke biegen. Und es war, als ob sie ihr zuzwinkerte »bis Morgen«. Ob mir wirklich die Katze den Rücken gewärmt hat? Mit dem Gedanken wachte Susi auf. Vielleicht ist die Katze gar nicht so gefräßig, und ich kann mich mit ihr anfreunden! Das wollte sie jetzt versuchen.
- Und wir können das auch versuchen. Wie wäre es, wenn die Kätzchen hier den Mäusen den Rücken wärmten? Alle Mäuse von vorhin, also alle, die noch einen Mäuseschwanz haben, dürfen liegenbleiben und kuscheln sich mit ganz runden Rücken in ihr Nest. Und alle Katzen schleichen ganz leise zu einem Mäuschen und kuscheln sich mit ihrem Rücken an den Mäuserücken. Habt ihr jetzt alle warme Rücken? – Und jetzt zeigen die Mäuse, daß sie auch schleichen können, und gehen ganz leise auf eine freie Decke.
- War es schön im Katzen- und Mäuseland? Wir können ja ein anderes Mal wieder dorthin gehen. Jetzt reckt und streckt euch nochmal vorsichtig wie die Katze, räkelt euch und seht euch um. Lauter nette Kinder. Mit wem mögt ihr spielen? Vielleicht mit jemand, mit dem ihr sonst wie Katz und Maus seid, mit dem ihr euch nicht vertragt? Versucht es nur.

Räumt eure Decken weg, und dann schleicht ihr unhörbar wie eine Katze zurück in euren Gruppenraum.

Zur Weiterarbeit:

Mit dieser Einheit haben die Kinder die Übungsfolge »Das Aufwachen der Katze« kennengelernt. Diese Übungsfolge kann und soll in weiteren Einheiten wiederholt, variiert und vertieft werden. Sie kann dann auch ganz oder in Teilschritten zwischendurch in Erinnerung gerufen werden, z.B. wenn einige sich gar nicht aus der Kuschelecke lösen können, oder alle nach einer langen Geschichte nicht »aufwachen«.

- Ganz zu Beginn der Körperübungen haben wir bereits in einfacher Form geschildert, wie die Imitation von Tieren und Pflanzen zu einem ersten Körpererleben führen kann. Die dort angegebenen Beispiele können Sie erweitern und in ähnlicher Form wie das Erwachen der Katze mit Spielen und Phantasieübungen verbinden.
- Z.B. könnten Sie ein Buch (Zange) aufschlagen, und darin die Geschichte von der faulen Schlange und dem hungrigen Adler finden. Der Kaktus, der sich mit Mühe umdreht (Drehsitz), erzählt, wie in der Wüste einmal Regen fiel.
- Oder die Erlebnisse der großen Weide am Fluß, die den Kranich beobachtet, wie er einen Fisch (und vielleicht noch einen Frosch) fangen will. Beim Rauschen des Wassers beginnt sie zu träumen.
- Ein weiteres Beispiel finden Sie im Abschnitt 6.1 Übungen für den Kindergarten. Es ist ein skizzierter Entwurf für drei aufeinander aufbauende Einheiten. Als Rahmen wurden einige Lieder aus der »Vogelhochzeit« von Rolf Zuckowsky verwendet.

Der Sonnengruß – eine Übungsreihe

Von allen Yogaübungen liebe ich den Sonnengruß am meisten. Er ist für mich ein richtiges Geschenk, das ich nicht missen möchte. Der kurze Ablauf ist leicht einprägbar und beinhaltet eine ausgewogene Bewegungsfolge, deren Vielfalt manche ins Schwärmen bringt (vgl. A. v. Lysebeth, Yoga für Menschen, S. 274). Probieren Sie es selbst aus, vielleicht werden die ersten Male noch mühsam und anstrengend sein, aber Sie werden bald feststellen, wie sich nach kurzer Zeit regelmäßigen Übens erste Übungserfolge und innere Freude einstellen.

Es gibt für den Sonnengruß verschiedene Beschreibungen, die vor allem im Mittelteil voneinander abweichen. Ich lege der Übung, so wie ich sie auch mit Kindern übe, einen Ablauf zugrunde, den ich so vor Jahren kennengelernt habe. Um sie leichter zu behalten, habe ich die einzelnen Bewegungen mit einem kleinen Text, mit einer kleinen Geschichte, verbunden. Dadurch veränderte sich der Schluß der Übung noch einmal, weil den Kindern die große Armbewegung zur aufgehenden Sonne besondere Freude macht. (Normalerweise endet die Übung mit einer gestreckten Rückbeuge, parallel zum Anfang.)

Zunächst einmal der Begleittext und eine kurze Beschreibung der Bewegungen:

1. Guten Morgen, alle zusammen!	Aufrecht stehen, die Hände zum Gruß vor der Brust zusammengelegt. – Beim erstenmal sich gegenseitig anschauen und begrüßen.
2. Guten Morgen, Himmel!	Arme sinkenlassen, im großen Kreis über den Kopf heben, (Daumen einhaken), sanft nach hinten beugen, Kopf zwischen die Arme, Blick nach oben.
3. Guten Morgen, Erde!	Vorbeuge mit gestrecktem Rücken, erst spät lösen, Hände wollen den Boden berühren.
4. Wo ist der Mond?	Rechter Fuß mit einem großen Schritt nach hinten, linkes Knie beugen, Kopf in den Nacken (Mund öffnen), der Rücken biegt sich wie die Mondsichel.
5. Hinter dem Dach (Haus)	Linker Fuß neben den rechten, die Fußsohlen ganz aufsetzen, Po hoch, den Bauchnabel anschauen.
6. Wo die Katze …	Knie zum Boden, Füße strecken, auf die Fersen setzen (Hände bleiben, wo sie sind), Ellenbogen zum Boden.
7. … mit der Kobra spielt.	Mit dem Kinn am Boden zwischen den Armen durchtauchen, den Oberkörper aufrichten und hochschauen.
8. Wenn hinter dem Dach…	Füße aufstellen, Po hoch, wie 5.
9. … der Mond untergeht …	Rechten Fuß nach vorne zwischen die Hände, sonst wie 4.
10. … Kann am Horizont …	Linken Fuß heranholen, Beine so weit es geht strekken, Kopf schaut zu den Knien.
11. … die Sonne riesengroß aufgehen.	Aufrichten durch den Widerstand des Bodens, Hände in großem Bogen über den Kopf heben und im großen Bogen zur Seite absenken.
12. Danke/Guten Morgen!	Hände wieder vor der Brust zum Gruß zusammenlegen, gut aufgerichtet stehen.

Natürlich reicht es, immer wieder voller Freude den Sonnengruß zu üben. Vielleicht achten Sie nur darauf, daß Sie sich weder überfordern noch aus Nachlässigkeit zu viele Ungenauigkeiten einschleichen lassen.
Sie können jedoch wieder die Bilder der einzelnen Bewegungen nutzen und daran anknüpfen, einzelne Einheiten oder ganze Übungsreihen entwickeln oder den Gruß als Ganzen zum Beispiel im Rahmen des Gesprächs über ›andere Länder – andere Sitten‹ einführen.

Anregungen zur Weiterarbeit

zu 1. Über das Grüßen: Wo kommt diese Grußhaltung her? Wie kann man sich sonst noch begrüßen? Bilder aus Indien, die Kinder – Erwachsene so zeigen.

zu 2. Der Himmel: Sky and heaven – welchen Himmel meinen wir? Den Himmel beobachten / Wolken, Wind und Wetter. Bedeutung der Luft für uns, Atmosphäre, Ozonloch etc. (für ältere). Lieder: Weißt Du, wo der Himmel ist? Der Himmel geht über alle auf. Der Anfang des Vaterunser.

zu 3. Die Erde: Erde, unser Planet. Erde, Boden, der uns trägt. Quelle der Nahrung, Lebensgrundlage. Wir sind Erde, Teil der Natur. Alles ist mit allem verbunden: »Wenn irgendein Teil des Körpers leidet«, 1 Kor 12.

zu 4. Der Mond: Sonne, Mond und Sterne/ die Gestirne. Entstehen von Tag und Nacht. Schöpfungsgeschichte. Der Mond im Märchen.

zu 5. Das Dach/Haus: Häuser, Hütten, Paläste – wieviel Haus brauchen wir? Wie leben andere Menschen? Lied: Komm, bau ein Haus, das uns beschützt.

zu 6. Die Katze: Eine Katze beobachten, wie sie sich bewegt, spielt. Bilder ansehen, malen. Andere Haustiere beschreiben, nachahmen.

zu 7.Die Schlange:Verschiedene Arten/Bilder/Zoobesuch – Die Kobra, wo lebt sie, welche Bedeutung hat sie in Indien. Warum richtet sie sich auf?

zu 6 und 7. Katze und Schlange: Im Märchen, in Bilderbüchern. Können Katze und Kobra zusammen spielen? Jesaja, Kapitel 65, über die Verheißung einer neuen Welt.

zu 8 und 9. Wie 5 und 4: Wiederholung.

zu 10. Der Horizont: Was ist der Horizont? Warum geht die Sonne auf und unter? Einen Sonnenaufgang beobachten.

zu 11. Die Sonne: Fortsetzung von 10. Wo ist die Sonne in der Nacht? Wieviel Uhr ist es jetzt in Indien, Japan, Amerika, Spanien? Lied: Wenn die Sonne früh am Morgen. Sonne als Symbol – Was wären wir ohne Sonne? Lied: Gottes Liebe ist wie die Sonne.

zu 12. Über das Danken: Lied: Danke für diesen guten Morgen. Eigene Verse überlegen.

Literaturhinweise zur Weiterarbeit

Übungen für Kinder:

Rachel Carr, Bewegungsspiele und Yoga mit Kindern, Kösel-Verlag, München ²1987

Paramahans Swami Maheshwarananda, Yoga mit Kindern, Hugendubel Verlag, München 1990

Elisabetta Furlan, Komm wir spielen Yoga, Bauer Verlag, Freiburg 1991

Einstieg für Erwachsene:

André van Lysebeth, Yoga für Menschen von heute, Mosaik Verlag, München 1988

Yoga und christlicher Glaube:

Michaëlle, Beten mit Körper, Seele und Geist, Matthias-Grünewald-Verlag, Mainz 1979

4.2.5 Lebendiger Atem

Nichts ist uns näher und gehört uns doch nicht – unser Atem

Wenn wir den Körper als die uns nächste und begreifbarste Form der Natur entdecken, werden wir wie bei allem, was wir tun, vom Atem begleitet. Der Atem verbindet Innen und Außen und ist mit jedem Atemzug neu lebensspendend. Daß dies aus physiologischer Sicht so ist – wir brauchen den Austausch von verbrauchtem Kohlendioxid gegen neuen Sauerstoff –, ist sicherlich unbestritten. Daneben wird der Atem in allen spirituellen Übungswegen besonders beachtet, da wir uns durch ihn mit der feinstofflichen schöpferischen Energie verbinden können. Vor allem der Yogaweg kennt eine Vielzahl spezieller Atem-Übungen (Pranayamas).
Weil der Atem so wichtig und so empfindlich ist, zögere ich immer, mit Kindern gezielte Atemübungen zu machen. Gleichzeitig ist ein gesunder freier Atem notwendig, um energievoll und konzentriert zu sein. Deshalb möchte ich im folgenden vor allem die wichtigsten funktionalen Aspekte der Atmung ansprechen, auf die wir grundsätzlich immer achten können und für die ich einige Übungsbeispiele anführe. Vermeiden Sie vor allem die Verbindung mechanischer oder gymnastischer Bewegungen mit Atemübungen. Wenn Körperübungen aufmerksam und ohne übertriebenen Kraftauf-

wand geübt werden, folgt und unterstützt der Atem sie von alleine. (So wird sowohl der Sonnengruß aus dem Yoga als auch die 5-Elemente-Übung aus dem T'ai-Chi-Ch'uan normalerweise von einem bestimmten Aus- und Einatemrhythmus begleitet; bei Kindern verzichte ich darauf, und nach einiger Übung stimmt es auch so.)

Was entdeckt werden kann:
– Der Weg des Atems
– Die Bedeutung der Nasenatmung
– Die Stärkung des Ausatems
– Die natürliche Zwerchfellatmung
– Haltung und Atmung

Der Weg des Atems

Hier geht es vorrangig nicht um den anatomisch exakten Verlauf der Atemwege, sondern um das, was ich von meinem Atem spüren kann. Es ist sicherlich gut, wenn ich als Erwachsener eine Vorstellung vom anatomischen und physiologischen Ablauf des Atmens habe, um auf Fragen auch antworten zu können. Je kleiner die Kinder sind, desto einfacher, je größer, desto ausführlicher kann ich sie zu Entdekkungen anregen. Es fängt mit einfachen Fragen an.

Nase oder Mund?

Alle Kinder liegen nach einem lebhaften Spiel auf dem Boden zum Ausruhen. In dieser Situation können Sie die Kinder durch Fragen zu Beobachtungen anregen: Legt die Hände einmal auf euren Bauch und spürt, was sich da tut. Legt die Hände auf eure Brust, was spürt ihr da? Warum bewegt sich der Bauch, die Brust?
Sicherlich werden einige Kinder schon wissen, daß dies der Atem tut. Lassen Sie Zeit zum Fühlen und Beobachten, vielleicht entdecken die Kinder auch, daß die Bewegungen immer kleiner werden, wenn sie sich etwas ausgeruht haben.
Ein zweiter Impuls lenkt die Aufmerksamkeit auf Nase und Mund: – Wie kommt die Luft in den Körper? Haltet einmal die Hände mit etwas Abstand über das Gesicht. Was spürt ihr? Wo laßt ihr die Luft rein und raus? Wahrscheinlich kommen beide Antworten, Mund und Nase. Dann können die Kinder sich selbst (nie bei anderen!) abwechselnd Mund und Nase zuhalten. Wo geht die Atmung gut, wo mühsam? Wie fühlt sich die Luft an, wenn sie durch den Mund bzw. die Nase einströmt? (Hier können Übungen zur Nasenatmung anschließen.)
Manchmal ist die Luft, die die Nase verläßt, so fein, daß man sie kaum spürt. Dann kann sie mit einer Flaumfeder, einer Spirale aus dünnem Papier oder durch das Ausatmen in ein Schüsselchen voll Wasser sichtbar gemacht werden.
Wenn ich weiß, daß der Atem durch Nase und Mund ein- und ausströmt und meinen

Körper bewegt, und wenn ich noch die Stimme als gestaltete Luft dazunehme, dann kann ich spielerisch ausprobierend auf Entdeckungsreise gehen.
Was passiert, wenn ich huste? Wenn ich gähne? Wenn ich lache? Wenn ich schreie? Wenn ich singe? Wenn ich ganz still liege? Wenn ich ganz schnell gelaufen bin? Wenn ich einen Moment die Luft anhalte? (Vorsicht! Dies erst bei den Größeren ausprobieren. Fragen, wer z.B. schon tauchen kann. Dann darauf achten und üben, daß die Luft nicht in den Backen und im Kopf gestaut wird, sondern nach einer normalen ruhigen Einatmung im Bauch. Beim Luftanhalten kann ganz wenig, fast unmerkbar schon ausgeatmet werden, dies verhindert ein Pressen und Stauen in der Lunge.) All dies hilft entdecken, daß sich unser Atem unserem Tun anpaßt und der Körper sich die Luft holt, die er braucht.
Mit den größeren Kindern kann ich auch eine Wahrnehmungs- und Phantasiereise nach innen machen. Ich leite sie in entspannter Lage an, dem Strom des Atems mit ihrer Aufmerksamkeit zu folgen: Die Luft an den Naseneingängen, den Weg in der Nase, das Gefühl im Rachen, vielleicht noch die Luftröhre, dann den sich verteilenden Atemstrom. Da es um das Fühlen geht, ist das Zwerchfell keine Grenze, die Kinder können den Atem in den Bauch, ja in die Beine strömen lassen.
Für noch größere können wir mit dem FaFeFiFoFu dem Atemstrom und später noch dem großen Blutkreislauf folgend durch unseren Körper reisen und so das Wissen über physiologische Abläufe, Körperempfindungen und innere Bilder zu einem Erlebnis zusammenführen.
Die Beschäftigung mit dem Atem im ganzen kann die Kinder zu größerer Achtsamkeit gegenüber sich selbst führen. Zudem hat die Beobachtung des Atems eine beruhigende und sammelnde Wirkung, die ihnen guttut.

Über die Nasenatmung

Ständige Erkältungen, Allergien, wuchernde Polypen oder einfach Gewohnheit – es gibt viele Gründe, warum viele Kinder mehr durch den Mund, statt durch die Nase atmen. Doch die Nase hat nicht nur deshalb ihre Berechtigung, weil man so auch während des Essens atmen kann. Die Nase ist als Tor des Atems gedacht, und es gibt viele Gründe, sie zu pflegen. Die einströmende Atemluft wird durch die Nase erwärmt, angefeuchtet und gereinigt. (Über 90% der Schmutz- und Schadstoffe aus der Luft werden durch die Nase ausgefiltert!)
Wenn ich durch den Mund atme, trocknet die Luft die Mundhöhle aus, gelangt die Luft kaum erwärmt in die Lunge, und die Luftröhre wird dadurch ständig gereizt. Besonders gut kann man den Unterschied in der kalten Winterluft testen. Dies ist aber noch nicht alles. Die kühle, einströmende Luft regt die Funktion der Hypophyse an und sorgt so für eine allgemeine Aktivierung des Körpers. Wer durch den Mund atmet, wird schneller müde und unkonzentriert.

Am wirkungsvollsten ist der Atemstrom, der durch die obersten Nasengänge streicht, und dies erreiche ich am leichtesten mit gesenktem Kopf. (Weshalb Körperübungen mit gesenktem oder hängendem Kopf ebenfalls sehr erfrischend sind, wenn die Nase einigermaßen frei ist.) Bleibt noch zu erwähnen, daß die Nasenenge (die natürliche, nicht die verstopfte) Einfluß auf die Arbeit des Zwerchfells hat und eine leichte Verengung es fördert und kräftigt (siehe Yoga Wechselatem). Ein kräftiges Zwerchfell führt zu einer ruhigen, tiefen Atmung, wodurch der Sauerstoff/Kohlendioxydaustausch verbessert wird, was wiederum mehr Sauerstoff ins Blut bringt, wodurch die grauen Zellen im Gehirn in Schwung kommen und das Leben insgesamt mehr Freude macht. Es lohnt sich also, der Nase ein wenig Beachtung zu schenken.
Die letzte Funktion der Nase sei auch nicht vergessen: Natürlich ist die Nase auch zum Riechen da, und je besser es riecht, desto mehr Freude macht das Atmen durch die Nase.
Wie kann ich Kinder etwas davon entdecken lassen, ohne ihnen alles zu erzählen?

Schnuppern

- Fangen wir mit dem letzten an. Schnuppern Sie einmal die Luft in Ihrem Kindergartenraum, in Ihrer Klasse etc. Riecht es da angenehm? Fragen Sie die Kinder. Sammeln Sie Gerüche, die angenehm sind. Manches können Sie oder die Kinder mitbringen und gemeinsam erschnuppern: einen schönen Strauß Blumen, eine Schale Apfelsinen, ein Bund frisches Heu (Achtung Allergiker!), eine Schale mit Duftöl, ein angenehmes Räucherstäbchen, eine Honigkerze und anderes mehr. Vielleicht kann das eine oder andere in dem Raum stehenbleiben, es ist dann zusätzlich ein Schmuck und verändert auf Dauer das Raumklima. Das gleiche gilt für Grünpflanzen, auch sie erfreuen Auge und Nase. Und natürlich ist ab und zu kurz und kräftig zu lüften auch nicht verkehrt. In einem angenehm riechenden Raum fühlen sich alle wohler und sind für alles aufnahmebereiter.
- Riechen kann man nur mit freier Nase; ein Grund, das richtige Putzen zu üben. Viele halten sich beim Schneuzen die Nase zu und drücken so das Sekret in die oberen Nasengänge, es drückt auf die Ohren und in die Stirnhöhlen. Es sieht zwar nicht so fein aus, wenn man das Taschentuch etwas von der Nase weghält, verhindert aber den schädlichen Rückstau. Wird ein Nasenloch leicht zugehalten und das andere mit kurzen, kräftigen Stößen durchgepustet, so wird die Nase gut sauber.
- Danach können Sie testen, welchen Unterschied es macht, ob Sie durch die Nase, durch den weit offenen Mund oder durch die fast geschlossenen Lippen einatmen. Letzteres ist ein guter Behelf, wenn die Nase mal wirklich zu ist.
- Daß alle Übungen mit gesenktem Kopf die anregende Wirkung unterstützen, hatte ich schon erwähnt. Dazu gehört auch der Sonnengruß (vgl. 4.2.4 Yoga mit Kin-

dern). Zwischendurch reicht es schon, im Sitzen den Kopf bei der Einatmung zu senken und bei der Ausatmung zu heben. Dies ist jedoch ungewohnt. Probieren Sie es einmal aus, Sie werden merken, daß Sie eher den Kopf bei der Einatmung heben und bei der Ausatmung senken. Es bedarf der Umgewöhnung. Manchem hilft die Vorstellung, die Nase sei durch ein Seil oder einen Energiestrahl mit dem Bauchnabel verbunden. Wenn ich einatme, schlürfe ich das Seil, den Strahl ein, er wird kürzer und die Nase blickt zum Boden, – bei der Ausatmung wird das Seil wieder lang und der Kopf hebt sich.

- Ich kann die Übung auch in eine Geschichte zum Mitmachen einkleiden. Jemand (ein Zwerg, ein Cowboy, ein Marsmensch) ist ganz müde. Er will aber wachbleiben, weil er auf etwas wartet (seinen Freund, die Sonne, das Raumschiff). Er streckt und dehnt sich erst kräftig, dann genüßlich und setzt sich ganz gerade und aufmerksam hin. Dabei nickt er ein. Wenn er einatmet (h,h,h,h) sinkt der Kopf, bei der Ausatmung stößt er den Atem kräftig aus den fast geschlossenen Lippen, wacht davon auf und der Kopf kommt hoch (fünf bis zehnmal), dann sieht er das, worauf er wartet, reißt die Arme hoch, winkt, springt auf und umarmt seinen Freund (Nachbarn).
- Für ältere Kinder eignet sich der Yoga Wechselatem, der gleichzeitig eine gute Konzentrationsübung ist. Dafür legen Sie sacht Daumen und Ringfinger rechts und links auf die Nasenflügel und stützen die Hand mit dem Zeigefinger an der Stirn ab. Durch leichten Druck des Daumens wird das eine Nasenloch geschlossen, durch das andere eingeatmet, dann schließt der Ringfinger dieses Nasenloch und der Atem strömt durch das andere aus. Die nächste Einatmung geht durch das noch offene Daumen-Nasenloch, dann wechselt der Druck, und die andere Seite ist für die Ausatmung frei. Dies kann fünf bis 20 Atemzüge lang so gehen, danach sucht sich der Atem wieder selbst seinen Weg. Wenn dies gut gelingt, kann der Atem durch Mitzählen rhythmisiert werden: Vier ein – vier Pause – acht aus – vier Pause.

Die Förderung des Ausatems

Der Takt des Wechselatems zeigt bereits, daß ein deutlich längerer Ausatem angestrebt wird. Je langsamer ich ausatme, desto gründlicher leere ich die Lunge und um so mehr frische Luft kann ich einatmen.

Die natürlichste Möglichkeit, den Ausatem zu fördern, besteht im Lachen, Gähnen und Singen. Dies können wir mit Kindern nicht genug tun.

Ein kleines Lied brachten unsere Kinder von einer Freizeit mit, das diesem Übungsanliegen besonders entgegenkommt und gleichzeitig geeignet ist, sich die Namen einzuprägen:

Text und Melodie: Luise Pawlowsky; Rechte bei der Autorin

- Eine/r fängt an und singt das soooooooo so lange, wie sie/er es mühelos halten kann, dann setzen alle ein.
- Es gibt auch allerlei Spiele, mit denen man den langen gesteuerten Ausatem üben kann. So zum Beispiel Watte pusten, einen Tennisball über eine Schale Wasser treiben, eine Reihe Kerzen ausblasen, eine Erbse durch ein Labyrinth pusten u.a. Die Kinder können sich gegenseitig mit Tips helfen, wodurch es besonders gut geht. Eine Übung für Fortgeschrittene ist, dies alles einmal mit der Nase zu probieren.
- In dem Kapitel 4.2.6 finden Sie eine Reihe Anregungen zum Tönen. Auch dies sind schöne Möglichkeiten, mit dem langen Atem zu spielen.

Kraft aus dem Zwerchfell

Alle Übungen und Spiele mit dem langen Atem gelingen besser, wenn der Atem aus dem »Bauch« und nicht aus der Brust kommt. Wir nennen das dann Bauchatmung, wobei es korrekterweise Zwerchfellatmung heißen müßte, nur können wir das Zwerchfell nicht von außen sehen. Erinnern Sie sich noch einmal an die Übungen zum Atemweg, – wo konnten Sie überall die Atembewegung spüren? Wie war das in Ruhe und wie nach einer Anstrengung? Und wenn Sie jetzt tief Luft holen, – welcher Körperteil breitet sich am meisten aus?

Vielleicht haben Sie Gelegenheit, ein Pferd oder einen Hund nach einem kräftigen Lauf zu beobachten, sehen Sie die deutliche Bewegung der Flanken?
Wenn wir tief Luft holen, haben wir zwei Möglichkeiten, – entweder wir dehnen unseren Brustkorb so weit wir können (und ziehen dabei noch den Bauch ein) oder wir lassen den Bauch dick und rund werden (und können dann immer noch den Brustkorb etwas weiten). Leider gilt ersteres noch immer als die effektivere Form, auch das Vorbild breiter Schultern und schlanker Taille fördert dieses Verhalten. Doch im Sinne einer natürlichen, gesunden Atmung ist es falsch und schwächt die Atmung, anstatt sie zu stärken. Zum einen bedarf es eines sehr viel höheren Energieaufwandes, um durch Spreizen der Rippen das gleiche Lungenvolumen zu erreichen wie durch das Absenken des Zwerchfells. Zum anderen blockieren wir, indem wir den Bauch einziehen, das Zwerchfell und unterbinden so die natürliche Atmung. Denn das Zwerchfell ist unser Hauptatemmuskel, und je kräftiger er ist, desto leichter und anpassungsfähiger fließt unser Atem.
Wie arbeitet das Zwerchfell? Warum wird der Bauch dick, wenn die Luft doch in die Lunge strömt, die geschützt im Brustkorb liegt? Selbst Erwachsene stolpern hier über den Unterschied zwischen Wahrnehmung und Wissen. Der Schlüssel liegt im Zwerchfell. Wie ein ausgebreiteter Fallschirm ist es zwischen Brust- und Bauchraum ausgespannt, und wenn es sich beim Einatmen zusammenzieht, drückt es die inneren Organe nach unten, was durch die leichte Dehnung der Flanken und des Bauchraums äußerlich sichtbar wird. Beim Ausatmen entspannt sich das Zwerchfell und wölbt sich wie eine Kuppel in den Rippenraum, die Bauchmuskeln ziehen sich zusammen bis auf die Grundspannung, die nötig ist, um den Bauch in Form zu halten. Diese Grundspannung trainieren wir, wenn wir Bauchmuskeltraining machen. Der Einatemimpuls setzt am Zwerchfell an, und alle weiteren Muskeln folgen, je nachdem, wieviel Raum d.h. Luft wir brauchen. Wenn wir die Arbeit des Zwerchfells blockieren, indem wir bewußt einatmen oder indem wir den Bauch so anspannen, daß sich das Zwerchfell nicht senken kann, dann greifen wir in die natürliche Atmung ein und programmieren unsere Fehlatmung, die uns unnötige Kraft kostet. Dies alles Kindern zu erklären, wäre viel zu verwirrend. Kinder entdecken durch Beobachtung, daß der Atem den Bauch bewegt. Wie ein Luftballon kann er sich dick aufblasen und wieder dünn machen. Zumindest in Ruhe haben die Kinder fast alle noch eine gute Bauchatmung, die wir durch einfaches, ständig wiederholtes Bewußtmachen verstärken. Unter Anspannung werden einige bereits die Brustatmung bevorzugen, weshalb es bei allen Übungen mit langem Atem wichtig ist, auf das Einatmen in den Bauch zu achten.
Größeren Kindern kann man das Bild des Zwerchfells an einem Fallschirm verdeutlichen. Im Auf- und Abschwingen verändert sich der Raum darunter (hier können einige die »Eingeweide« sein) und darüber.
Außer dem ständigen Hinspüren und Bewußtmachen übe ich mit Kindern die

Bauchatmung nicht. Ein Forcieren der Bauchatmung hat nämlich schnell den Nachteil, daß die falschen Muskeln geübt werden. Der Impuls und die Hauptkraft gehen dann nicht mehr vom Zwerchfell aus, sondern das willkürliche Dehnen und Einziehen der Bauchmuskeln steht im Vordergrund und läßt das Zwerchfell folgen. Damit fördern wir eine falsche Bauchatmung, bei der sich vor allem der Vorderbauch nach vorne wölbt und einzieht. Gerade dieser Bereich sollte sich aber erst als letztes dehnen, da der senkrechte Bauchmuskel für unsere Aufrichtung wichtig ist und durch willkürliches Überdehnen »ausleiert«.
Wenn wir zu unserer Atmung hinspüren, sollten wir deshalb besonders auf die Bewegung in den Seiten (besonders deutlich in der Seitenlage, Arm über den Kopf) und im Rücken (in der Bauchlage) achten. Bei Partnerübungen hilft das Auflegen der Hände, damit beide es deutlicher spüren. Auch lockt die Wärme der Hände den Atem in diese Bereiche.

Aufrechte Wirbelsäule – freier Atem

Eigentlich ist unser ganzer Körper von Kopf bis Fuß an der Atmung beteiligt, da sich die Haltung auf das freie Spiel der Atmung auswirkt. Warum singt ein Chor im Stehen besser? Warum soll man in der Meditation aufrecht sitzen? – Damit über die aufgerichtete Wirbelsäule der Brust- und Bauchraum freigegeben werden kann und der Atem mühelos fließt. Jede Krümmung des Rückens verändert z.B. die Stellung des Brustkorbs, und da das Zwerchfell am unteren Rippenrand ansetzt, wird es dadurch in seiner Beweglichkeit eingeschränkt. Die Haltung mit gut aufgerichtetem (nicht militärisch überspanntem) Oberkörper sorgt gleichzeitig für eine ausgewogene Spannung im Körper, so daß wir weder schlaff durchhängen noch uns angestrengt zusammenreißen müssen. Dies ist die Voraussetzung für konzentriertes, waches und doch gelassenes Dasein.
Schon viele kleine Kinder haben heute Haltungsschäden, auch daher ist es wichtig, an der äußeren, körperlichen und darüber hinaus auch an der innerlichen, seelischen Aufrichtung zu arbeiten. Dafür müssen wir uns unserer Körperhaltung und speziell der Wirbelsäule bewußt sein. Dies gelingt gut über Übungen der Eutonie, mit denen ich gleichzeitig die Beweglichkeit der Wirbelsäule fördern kann. Auch mit spielerischem Yoga für Kinder kann ich sehr viel für die Kräftigung, die Beweglichkeit und das Selbstbewußtsein der Kinder tun. In beiden Übungswegen liegen gute Voraussetzungen für die meditative Arbeit mit Kindern.
Das Kapitel wäre nicht vollständig, würden wir den Atem nicht in den Gesamtzusammenhang von Körper und Geist einbetten. Der Atem ist unser sensibelstes Barometer, der auf alle seelischen und körperlichen Empfindungen reagiert. Umgedreht können wir über den Atem auf unser Empfinden einwirken. Wenn der Atem

zur Ruhe kommt, können auch Geist und Körper loslassen. Und je mehr wir unser Wollen und Denken loslassen, je mehr wir inwendig dem Atem lauschen, desto mehr nähern wir uns der Kraft, die im Atem und durch den Atem in uns wirkt. Dies ist der Weg der Meditation über den Atem – kein Weg für Kinder, doch können wir ihn vorbereiten, indem wir gemeinsam mit Achtung unseren Atem spüren.

Literaturhinweise zur Weiterarbeit

Carola Speads, Atmen, Kösel-Verlag, München 1983
Ilse Middendorf, Der erfahrbare Atem, Junfermann-Verlag, Paderborn ^{6}1990

4.2.6 Tönen und Lautmalen

Tönen – eine stille Übung? Ist Tönen nicht eher mit Stimme und Lauten verbunden? Stilleübungen müssen nicht schweigende Übungen sein, sondern beinhalten auch Übungen, die zum Stillwerden einladen. Dabei ist mit Stillwerden nicht äußeres Stillsein gemeint, sondern inneres Stillwerden. Wir laden dazu ein, aus der eigenen Mitte die Stille zu erfahren und aus ihrer ganzen Fülle zu leben.
Tönen und Lautmalen schenken dazu Freude, Kontakt mit dem eigenen Körper, herrliche Stimmerfahrungen, Gruppenklänge, nebenbei Atemstützung und Vertiefung und sicher noch manches mehr.
Was sich liest wie ein Wundermittel, ist wie so oft einfach.

1. Übung

Gehen, stehen oder (am besten) liegen Sie. Der Bauch/Brustraum ist frei und nicht eingeengt. Sprechen Sie die Vokale nacheinander: a, e, i, o, u. Sprechen Sie langsam, schnell, mal laut (nicht schreien), mal wieder leise. Spielen Sie damit, finden Sie Melodien und Rhythmen. – Lassen Sie in einer nächsten Phase die Vokale ausklingen: aaaa, eeee, iiii, oooo, uuuu. Lassen Sie für diese Übung mehr Zeit als Sie erahnen.

2. Übung

Die Übung schließt sich an die vorhergehende Übung an. Die langen Laute werden weiterhin ausprobiert. Lassen Sie die Töne ganz weich mit dem Ausatmen fließen. Spüren Sie in sich, welcher Laut in welchem Körperraum bei *Ihnen* seinen Reso-

nanzraum hat. Lassen Sie dazu die Töne offen schwingen, wechseln Sie die Laute, spüren Sie wieder nach.
Probieren Sie umgekehrt in den einzelnen Resonanzräumen (Kopf, Hals, Brust, Bauch, Becken), welche Laute Ihnen dort guttun und welche angemessen sind. Versuchen Sie, die Laute sich den Raum auswählen zu lassen.

3. Übung

Verlängern Sie die Laute durch einen mitklingenden Konsonanten, es bieten sich besonders m, n, w und l an. So entstehen Lautmalereien. Es ist sinnvoll, wenn jedes Gruppenmitglied sich seinen Laut aussucht und alle im Sitzen oder Liegen (eventuell bei geschlossenen Augen) ihren Laut ertönen lassen. Die Laute werden wiederholt und variiert. Alles schwingt sich ohne Hinweise oder Dirigieren aufeinander ein. Es entstehen eigenwillig harmonische Klangbilder.

4. Übung

Kehren Sie zu den reinen Vokalen zurück. Wählen Sie einen der Vokale o oder a oder u aus. Lassen Sie den Atem fließen und bleiben Sie lange bei diesem Vokal. Verändern Sie im Tönen wirklich sehr langsam den Mund-, Rachenraum. Die Töne schwingen dabei immer etwas anders. Manchmal entstehen dabei ganz von alleine Obertöne. (Obertöne sind die Töne, die bei einem Ton mitschwingen, z.B. wird eine Seite angeschlagen und die Dominante, die Tonica und Subdominate erklingt mit.) Lassen Sie für diese Übung viel Zeit. Ermutigen Sie zu dem Raumklang, der entsteht. (Nehmen Sie es nach einigem Üben auf Band auf. Sie werden von Ihrer eigenen Musik überrascht sein.)

5. Übung

Diese Übung benutzt Worte, die klingen und schwingen. Die Worte werden nicht gesprochen, auch nicht gesungen, sondern getönt. Nehmen wir z.B. Schalom. Schalom enthält schon die Vokale a und o, und mit dem l und m auch zwei Konsonanten, mit denen in den Übungen bereits getönt wurde. Schalom bedeutet auch zum Frieden finden. Vielleicht können Sie es im Tönen spüren. Tönen Sie dieses Wort, und lassen Sie es im Raum jeder und jede nach ihrem Rhythmus erklingen. Es entsteht ein eigener Rhythmus, Wellenbewegungen und Schwankungen von hohem Reiz.

Variante 1:
Bei einem Kurs erlebte ich die Verbindung von Schalom (hebräisch) und Salem (arabisch). Beides wurde nacheinander getönt, Getrenntes versöhnte sich zu einer Einheit. Sicher war dies nur ein Zeichen, aber ein wegweisendes.

Variante 2:
Nehmen Sie andere Wörter:
- Atem und Odem, auch diese können Sie nacheinander anstimmen.
- Liebe – Frieden.
- Loben – lieben.
- Maranatha (Komm Herr).
- Hosianna, Halleluja, Gloria, Amen.
- Hoffnung, Danke.

6. Übung

Nehmen Sie einfache Instrumente: Vibraphone, Xylophone, Triangeln, Gongs oder Klangschalen u.ä. dazu. Mit diesen Instrumenten wird ein Klangbild geschaffen, das dem Raumklang des Tönens entspricht. Lassen Sie dazu wenige Töne lange klingen, wie ein vorsichtiges Fragen und Antworten. Spielen Sie damit, später kann dann das Tönen der Stimme dazu erklingen.

7. Übung

Verbinden Sie einfache schlichte Geschichten mit den Klangbildern. Manchmal ist dies auch ein guter Einstieg. Erzählen Sie eine Geschichte von den Vokalen, die auszogen, sich selbständig zu machen und die sich wie die Bremer Stadtmusikanten zusammentaten. Weitere Ideen dazu finden Sie bei dem FaFeFiFoFu (4.6.1).

8. Übung

Wir können das Tönen auch mit Bewegung verbinden. Zunächst ist es nur das Mitschwingen des Oberkörpers im Sitzen, dann das gemeinsame Schwingen im Kreis.

Variante 1:
Als Atemübung kann ich einen einfachen Rhythmus wählen, in dem sich alle bewegen. Z.B. mit a, a, a, a, in vier Schritten zur Mitte und einatmend mit zwei großen Schritten zurück. Es entsteht eine gemeinsame Atemwelle.

Variante 2:
Aus dem Tönen wird ein einfacher meditativer Tanz. Nehmen Sie eines der obigen Worte, fassen Sie sich im Kreis an den Händen und spüren Sie, wie aus dem Tönen ein gemeinsames Schwingen wird. Ein so tönendes und schwingendes Atmen kann einen guten Übungsabschluß bilden.

Dieses Kapitel erschließt Ihnen die Welt der stillen Töne, obwohl sie laut und deutlich sind. Probieren Sie Ihre eigenen stimmlichen Möglichkeiten aus, so entstehen sicher weitere Ideen.

4.3 Meditative Tänze für Kinder

(Marie-Luise Soltmann/Gerda Maschwitz)

Meditatives Tanzen vereint die Körpererfahrung, die Gebärde, das gesungene Gebet und spricht uns so auf einer ganzheitlichen Ebene an. Durch all das will es die Herzensebene des Kindes erreichen, so daß es in der Bewegung mit Gott im Gespräch sein kann. Das kleine Kind spricht noch mit Gott. Es kann dies zwar verlernen, wenn es in seinem Umkreis den Bezug zu Gott nicht mehr erfährt. Der Same des Brachlandes kann aber durch die Begegnung und gemeinsame Erfahrung wieder freigelegt werden.

Als meditative Übung spricht der Tanz die Kinder besonders an, weil er ihre natürliche Bewegungsfreude aufgreift. Gerade in der Bewegung kann das Kind sein Befinden Gott gegenüber spontan und situationsgerecht ausdrücken.

Dies gilt vor allem für die kleineren Kinder: die »Großen« im Kindergarten und die Kleinen in der Grundschule. Je älter sie werden, desto mehr andere Erfahrungen schieben sich dazwischen und müssen erst wieder in kleinen Schritten abgebaut werden. Dies gelingt mit der Offenheit, den ihnen gemäßen Tanz, die ihnen gemäße Musik zu finden und sie an dieser Wahl zu beteiligen. Dann kann auch in der 3., 4., 5. Klasse der meditative Tanz zum »Renner« werden, und auch Konfirmanden lassen sich von der eigenen Begeisterung anstecken.

Auch für Erwachsene sind diese Tänze eine gute Hinführung bzw. Abwechslung zu den »strengeren« meditativen Tänzen. Sie sprechen das Kind im Erwachsenen an und bringen ihm Entspannung, Freude und Gemeinschaftsgefühl. Deshalb sind diese Tänze auch eine gute Möglichkeit, gemeinsame Erfahrungen mit Erwachsenen und Kindern zu machen.

Anlässe für meditative Kindertänze

Eigentlich kann überall, wo ein (geistliches) Lied ist, auch ein meditativer Tanz sein. Nur die Raumfrage spricht manchmal dagegen. Als Rahmen oder Umsetzungsmöglichkeit bei Stilleübungen, in der Vorbereitung und Durchführung von Kindergarten-, Schul-, Familien- und Kindergottesdiensten, im Religionsunterricht, bei Elternabenden, bei Gemeindefesten, bei Festen im Leben der Kinder, zum Tagesanfang und zum Tagesabschluß können sie ihren Empfindungen in einem gemeinsamen Tanz Ausdruck geben.

Der Kreis als Urform des Meditationstanzes

Seit frühesten Zeiten ist uns der Kreis als Ausdrucksform der Menschen bekannt. Alte Völker haben sich an Sonne, Mond und Sternen orientiert und im Kreis ihren Bezug zur Natur und zu Gott ausgedrückt. Die alltäglichen und alljährlichen Lebensabläufe, aber auch Krieg, Katastrophen und Krankheit wurden im Kreis dargestellt.
Sicher haben Sie sich auch schon daran gefreut, wenn ein Kind sich in Ihrer Nähe spontan zu drehen begann. Kleine Kinder drehen sich gerne, Kindergartenkinder flitzen nur so aus Spaß im Kreis herum, und auch älteren Kindern macht es Freude, sich um eine Laterne oder eine Fahnenstange herumzudrehen, indem sie sich mit einer Hand daran festhalten. Der Kreis ist die dem Kind entsprechende Bewegungsform.
So werden auch die meisten Tänze im Kreis getanzt, daraus kann sich die Spirale oder eine andere Form entwickeln. Die Gerade wird dadurch mit einbezogen, daß wir zur Mitte hineingehen und wieder heraus.
Auch die Tanzrichtung hat eine alte Tradition. Im allgemeinen tanzen wir gegensonnen, d.h. gegen den Uhrzeigersinn. Da die Sonne sich scheinbar im Uhrzeigersinn um die Erde dreht, begegnen wir ihr, wenn wir entgegengesetzt, also gegensonnen tanzen. Wenn wir ihr, symbolisch gesehen, begegnen, können wir werden wie die Sonne. Wir tanzen also nach rechts und beginnen auch immer mit dem rechten Fuß.

Die Tanzmitte

Das Gegenüber zum Kreis ist die Mitte. Sie sollte entsprechend liebevoll gestaltet sein. Wir können sie betonen, indem wir eine Kerze, eine Blume, eine Schale, einen Baumstumpf, einen Stein, einen Kreis aus Teelichtern oder ein kleines Geschenk hineinlegen. Auch ein kleines Kind (Geburtstag) kann unsere Tanzmitte sein. Auf jeden Fall sollte der Gegenstand in der Mitte nur so groß sein, daß das Kind mit Leichtigkeit zu den Mittänzern auf der anderen Seite hinübersehen kann, um so den Kontakt zum ganzen Kreis zu halten.

Die Bewegung im Tanz

Kinder bewegen sich ganzheitlich. So können wir beim Kind den ganzen Körper mit all seinen Fähigkeiten einbeziehen: die Arme können den Tanz genauso ausdrücken wie der Oberkörper, die Hände, die Beine oder die Füße. Im Tanz kann das Kind erfahren, daß sein Körper der Tempel ist, in dem es Gott lobt.

Die Kreativität des Kindes hilft bei der Gestaltung (und eigenen Entwicklung) eines Meditationstanzes. Elemente wie Hüpfen, Klatschen, Stampfen und Schnalzen lassen sich leicht einbeziehen. Den Inhalt und die Stimmung des Tanzes nehmen wir in der Gebärde auf und lassen sie so Gestalt annehmen. (Siehe dazu das Kapitel über Gebärden: 4.2.2)
Wir können uns anfassen und das Gemeinsame betonen oder loslassen und so Teile des Ganzen sein.

(Ab einem gewissen Alter haben die Kinder oft Schwierigkeiten, sich anzufassen und zu berühren. Dies gilt vor allem zwischen Jungen und Mädchen und führt zunächst zu einem großen Gekichere. Mit Ruhe und deutlicher Ermutigung kommen sie meist über diese Anfangshürde hinweg, und dann ist es kein Problem mehr. Sind sie aber dadurch sehr abgelenkt, sollten sie zunächst Tänze ohne Anfassen versuchen.)

Wir können die Arme heben und senken, die Hände öffnen zur Bitte oder ausbreiten zum Segen, den Oberkörper beugen, um uns zu verneigen oder z.B. Zweige nachzuahmen, wir können hüpfen vor Freude und uns im Stampfen mit der Erde verbinden. Hören Sie in das Lied, in die Musik hinein und lassen Sie sie aus sich heraus zur Bewegung werden.

Die Grundschritte

Wenn wir im Kreis tanzen, so stehen wir meistens mit dem Gesicht zur Mitte.
Wir fassen uns an, indem die rechte innere Handfläche nach oben zeigt, so daß wir mit dieser Hand die göttliche Liebe empfangen. Mit der linken Hand geben wir sie weiter: Die linke Innenhand zeigt nach unten. Ineinander gelegt schließt sich der Kreis.
So können wir zur Mitte gehen: rechts vor, links, rechts, links an – und zurück aus der Mitte: rechts rück, links, rechts, links an.

(Wenn Kinder und Erwachsene zusammen tanzen, fällt es besonders auf, daß die unterschiedlich langen Beine auch ganz unterschiedlich lange Schritte machen. Aber auch in der gleichen Altersgruppe können die Kinder recht unterschiedlich groß sein und so verschiedene Schritte machen. Dann brauchen wir ein wenig, bis sich mit Achtsamkeit die Schritte soweit aneinander angepaßt haben, daß ein gemeinsames Bild entsteht.)

Auf der Kreislinie können wir uns nach rechts bewegen, indem wir den rechten Fuß weit setzen und den linken Fuß ansetzen (re seit, li an) oder drei normale Schritte gehen und den vierten – linken – wieder anschließen.
Aus diesen einfachen Schritten entsteht der Tanz zum »Adoramus te«, einem Gesang aus Taizé. Erwachsene lieben ihn, er ist sehr ruhig, so ruhig, daß wir ihn für Kinder nicht geeignet fanden. Die Erfahrung hat uns eines Besseren belehrt. Er ist

sicher kein Einstiegstanz, aber dann einer *der* meditativen Tänze. (Vgl. dazu M.-L. Soltmann, S. 99.) Auch der Tanz zu »Jesus unser Bruder« besteht im wesentlichen aus diesen Schritten und ist somit leicht zu lernen.
Wir können uns auf der Stelle wiegen, indem wir erst nach rechts seitlich und dann nach links seitlich setzen (re seit, li seit).
Nehmen wir jetzt noch die Drehung um die rechte Schulter hinzu, so haben wir alle Schritte für den Kanon »Bruder Jakob«.
Wir können uns auch mit der linken Schulter zur Mitte drehen und auf der Kreislinie oder in der Spirale oder auf freien Linien gehen, schreiten, hüpfen oder stampfen. Diesen Schritt finden Sie bei den Tänzen »Und wenn der Rebbe tanzt« und »Der Fluß, der will fließen«.
Wenn Sie die Schritte nun mit den Gebärden verbinden, lassen sich viele Tänze gestalten.
Weitere Veränderungen sind möglich. Wir können vom Kreis zur Spirale übergehen, vom Laufen ins Stampfen, vom angefaßten Schreiten zur selbständigen Gebärde. Manche Lieder haben Kehrreime, die die Kinder im Tanzgeschehen neu betexten können, dann ändert sich mit dem Text auch die Darstellung. (»Und wenn der Rebbe tanzt«.) All diese Veränderungsformen erfreuen das Kinderherz, das neugierig, spontan und flexibel ist und Nachahmung genauso wie spielerische Einfälle mag. So ist es lebendiger Tanz.
Abwechslung und Wiederholung stehen beim meditativen Kindertanz überhaupt in einem Wechselverhältnis. Den Tanz sich erarbeiten und einüben, verändern und wiederholen, sind notwendige Schritte des gemeinsamen Erfahrens. So wächst das Kind auf dem Weg von der Außenerfahrung zur Innenerfahrung und lernt, immer mehr auf seine innere Stimme zu horchen.
Sie können die Grundschritte variieren und sicherlich mit anderen Formen erweitern. Denken Sie aber daran, daß es nicht um tänzerische Leistungen geht, sondern um ein sich Einschwingen und Finden auf dem Weg zur Mitte. Das Wesentliche ist die Zentrierung nach Innen, die Hingabe an die Mitte des Kreises, an Gott.

Zur Auswahl der Musik

Die Musik ist das Mantra (das sich immer Wiederholende) des Tanzes. Die Melodie soll kurz und einprägsam sein und sich rhythmisch wiederholen. Kurze, sich ständig wiederholende Gesänge, wie die Lieder aus Taizé oder Kanons entsprechen dem im besonderen Maße und eignen sich deshalb besonders zum Betanzen. Aber auch Lieder mit kurzen Strophen und Kehrversen sind möglich. Die Lieder sollten den Kindern vorher vertraut sein und sie durch ihren Inhalt und ihre Melodie ansprechen. Schön ist es auch, durch Kinderlieder und Tänze aus anderen Ländern einen Blick über die ei-

genen Grenzen zu werfen, um zu erfahren, wie dort gesungen und getanzt wird. (So finden Sie als Beispiele ein chassidisches Lied, ein indianisches, ein französisches und ein deutsches). Kanons und Lieder werden sie meistens beim Tanzen mitsingen, so daß Sie von einem Tonträger unabhängig sind. Wenn Sie zur Sicherheit aber die Begleitung vom Band haben wollen, dann müssen Sie sich die Lieder so überspielen, daß sie mehrmals ohne bzw. mit rhythmisch passender Pause aufeinanderfolgen.
Sie können aber mit Kindern auch nach Instrumental-Musik tanzen. Suchen Sie sich melodiöse und rhythmische Stücke aus. Oft sind es nur Teile aus einem Musikstück, die geeignet sind. Dann müssen Sie sie ebenfalls mehrmals hintereinander aufnehmen, ca. zehn Minuten sollten es schon sein. Z.B. das »Rondo« ist in diesem Sinne zu handhaben. Gute Erfahrungen haben wir noch mit »Circada« von Deuter (Kuckuck Nr. 056, 1982) und »Colours of Light« von Karunesh (Kuckuck Nr. 908, 1987) gemacht.

Zu den Beispielen

Wir haben versucht, Beispiele für die verschiedenen Formen des meditativen Tanzes zusammenzustellen, die vom mehr außenorientierten darstellenden Tanz zum mehr verinnerlichten eigentlich meditativen Tanz führen. Dies ist gleichzeitig ein möglicher Aufbau, sagt aber nichts über die Vorlieben Ihrer Kinder.

1. Beispiel: »He's got the whole world in his hand«

Das Spiritual »He's got the whole world in his hand« ist ein Lied, an dem wir zwei unterschiedliche Darstellungsweisen deutlich machen können.

Ausgangsposition und Gebärden:
Die erste Möglichkeit besteht darin, im Kreis zu stehen und, dem Text folgend, den Liedinhalt mit Gebärden darzustellen. Also:

/:Er hält die ganze Welt in seiner Hand:/	Mit den Händen einen großen Kreis in die Luft malen, ihn dann auf den Händen halten;
Er hält die Sonne und den Mond, in seiner Hand.	Hände als Strahlen nach oben, eine Mondsichel zeigen, Hände als Schale nach vorn;
Er hält die Berge und die Täler, in seiner Hand – etc.	Hände hoch als Berg, Hände zum Boden als Täler, Hände als Schale nach vorn./

Die zweite Möglichkeit nimmt den Rhythmus und das Gefühl »Wir sind alle in seiner Hand« auf und beachtet die einzelnen Textzeilen nicht in der Bewegung.

Ausgangsposition und Schritte:
(Tanzvorschlag: Marie-Luise Soltmann)
Auf der äußeren Kreislinie, übliche Handfassung.
Zeile 1-3: rechts seit, links an – und dabei langsam spiralig in die Mitte gehen, bis alle auf der inneren Kreislinie tanzen.
Zeile 4: rückwärts zurück in einem Bogen auf die äußere Kreislinie.
Alle Strophen werden gleich getanzt. Probieren Sie den Unterschied.

Der Tanz beginnt nach dem Auftakt: »Er hält die«

Zeile 1-3
Weg eines
Tänzers

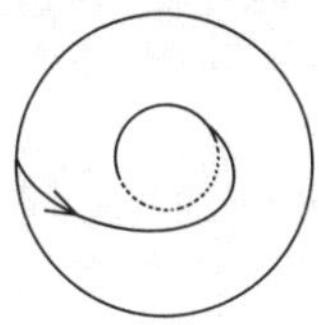

Zeile 4
Weg eines
Tänzers

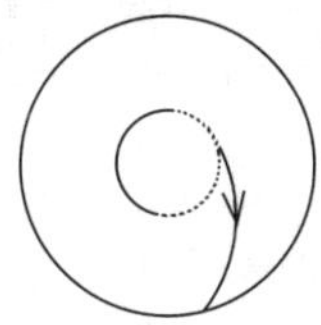

Bei beiden Varianten können die Kinder nach jeder Strophe Vorschläge machen, was Gott jetzt in seiner Hand halten soll.

2. Beispiel: »Und wenn der Rebbe tanzt«

Das Lied »Und wenn der Rebbe tanzt« verbindet beide Möglichkeiten. Der Text bleibt bis auf die Tätigkeit des Rebbe immer gleich, und dementsprechend wiederholen sich auch die Tanzschritte. Die Tätigkeit wird dann jeweils mit Gesten eingefügt. Der Tanz macht sehr viel Freude, weil die Kinder den Rebbe alles Mögliche machen lassen können. Wenn Sie die ruhigen Tätigkeiten am Schluß nennen, endet der Tanz entsprechend.

Ein paar Worte zum Hintergrund des Liedes:
Der sogenannte Chassidismus ist eine leibfreundliche Strömung des osteuropäischen Judentums des 18. und 19. Jahrhunderts und wurde von Martin Buber wieder entdeckt. (Vgl. Martin Buber, »Die Erzählungen der Chassidim«, Manesse Verlag, Zürich 1949.) Die chassidischen Juden konnten in aller Not danken und lachen, und deshalb können wir uns mit ihnen freuen. Bitte zeigen Sie nur mit ihrem Beispiel, daß ein »Mit-Lachen« kein »Aus-Lachen« ist. Gerade Beten und Schweigen sollten von Innen heraus schwingen, sonst lassen Sie es besser weg.

Quelle: Jiddisches Lied über die Einheit und Zusammengehörigkeit der Chassidim. Als CD: Jewish Chamber Music, Collegium Musicum Judaicum, Chaim Storosum, Amsterdam 1989, CMU 8909.

Ausgangsposition und Schritte:
(Tanzvorschlag: Marie-Luise Soltmann)
Auf der Kreislinie, linke Schulter zur Mitte, übliche Handfassung.

/:Und wenn der Rebbe tanzt«:/,	Angefaßt schreiten,
/:Tanzen alle Chassidim:/,	angefaßt schreiten,
Trallalalala, trallalalala,	vorwärts zur Mitte und tanzende Gebärde,
tanzen alle Chassidim.	rückwärts aus dem Kreis mit Gebärde
	und beides wiederholen.

Weitere Strophen können dazu gedichtet werden, z.B.:
Und wenn der Rebbe lacht, lachen alle Chassidim: hohohohoho.
Und wenn der Rebbe weint, weinen alle Chassidim: woiwoiwoiwoiwoi.
Und wenn der Rebbe ißt, essen alle Chassidim: hmhmhmhmhm.
Und wenn der Rebbe schläft, schlafen alle Chassidim: schnarch.
Und wenn der Rebbe schweigt, schweigen alle Chassidim: …
Und wenn der Rebbe betet, beten alle Chassidim: Jeh he Jeh he jeh.

Rebbe: jiddisches Wort für Rabbiner, Priester
Chassidim: jiddisches Wort für Fromme, Beter

3. Beispiel: »The River ist flowing«

Melodie und engl. Text: mündlich überliefert (indianischer Herkunft).
Deutscher Text: R. Maschwitz.

Der englische Originaltext lautet:

> The river is flowing, flowing and growing,
> the river is flowing back to the sea.
> Mother earth, carry me, a child I will always be,
> mother earth, carry me, back to the sea.

Dieses indianische Lied bringt uns eine andere Tanz- und Ausdrucksmöglichkeit. Hier wird das Lied, der Inhalt nicht mit einer Geste aufgenommen, sondern der ganze Tanz wird zum Fluß, will fließen und fließen.

Ausgangsposition und Schritte:
(Tanzvorschlag: Gerda Maschwitz, Marie-Luise Soltmann)

Wir fangen auf der äußeren Kreislinie an, linke Schulter zur Mitte, normale Handfassung (auch ein Tuchtanz mit Tüchern oder Kreppapier-Bändern ist möglich). Das Lied wird fortlaufend mit einem betonten Rhythmus gesungen. »Der *Fluß*, der will *flie*ßen, *wach*sen und *flie*ßen …« Einer ist der erste Wassertropfen und führt den Fluß an. Im Schreiten, aus dem ein betontes Stampfen werden kann, windet sich der Fluß durch den Raum, in Kreisen und Spiralen, Wellen und Bögen. Schön ist es auch, das ganze Haus oder auch draußen die Natur miteinzubeziehen. Irgendwann findet der Fluß wieder in den Kreis zurück, ins große Meer.

Ein Tanz, der Freude und Kraft bringt!

4. Beispiel: »Vom Anfang der Sonne bis zu ihrem Niedergang, /:sei gelobet der Name des Herrn:/«

Dieser Kanon läßt sich wie viele andere leicht in Bewegung umsetzen. Dabei folgen sparsame Gesten dem Text und werden mit dem Lied ständig wiederholt. Wichtig ist nicht die einzelne Geste für sich, sondern ihr Innewerden in der Wiederholung. – Der Kanon kann auch zweistimmig gesungen und getanzt werden, indem ein Teil der Tänzer im Innenkreis die zweite Stimme singt und tanzt.

Ausgangsposition und Schritte:
(Tanzvorschlag: Gerda Maschwitz)

Alle bilden einen Kreis, ohne sich anzufassen. Der Kanon beginnt auf einem Bein kniend, das andere Bein ist aufgestellt.

Vom Aufgang der Sonne	Aus der Kniehaltung aufrichten, Arme gestreckt in einem großen Bogen nach oben führen,
bis zu ihrem Niedergang,	Arme zur Seite senken, dabei auf der Stelle nach rechts drehen (li Schulter zur Mitte),
sei gelobet der Name des Herrn,	auf der Kreislinie schreiten und klatschen, mit dem letzten Schritt wieder zur Mitte drehen,
sei gelobet der Name des Herrn.	Arme nach vorne strecken und mit leichter Verbeugung in die Kniehaltung gehen.

5. Beispiel: »Bruder Jakob, Bruder Jakob«

Ein einfacher Kinder-Kanon, der bis zu vierstimmig getanzt werden kann und mit leichten Schritten Freude am Zusammenklang bringt.

Ausgangsposition und Schritte:
(Tanzvorschlag: Marie-Luise Soltmann/Gerda Maschwitz)

Wird der Kanon einstimmig gesungen, stehen die Tanzenden auf der äußeren Kreislinie, nicht angefaßt.

»Bruder Jakob, Bruder Jakob,	Vier Schritte zur Mitte: re, li, re, li an,
schläfst du noch, schläfst du noch,	vier Schritte aus der Mitte: re, li, re, li an,
/:hörst du nicht die Glocken?:/	acht kleine oder vier langsame Schritte um die eigene rechte Schulter (Hören)
ding, dang, dong – ding, dang, dong.«	2 x rechts seit/links seit (Wiegen)

Wird der Kanon vierstimmig getanzt, stehen sich die Tänzer am Anfang kreuzförmig in vier Gruppen gegenüber. Die erste Gruppe beginnt, die nächste setzt mit der zweiten Zeile ein usw. Wenn die erste Gruppe den Kanon dreimal gesungen hat, bleibt sie im Wiegeschritt (und die zweite und dritte Gruppe genauso), bis auch die vierte Gruppe mit ding, dang, dong abschließt und alle gemeinsam ein Glockengeläut bilden.

Bedeutung: Auf einer tieferen Ebene als allgemein in Deutschland bekannt, kann man auf »Jakob« eingehen: Jakob, der Sohn Isaaks, der der geistige Vater des Volkes Israel wird (1 Mose 25,26; 1 Mose 32,29); aber auch Jakobus, einer der ersten vier Jünger Jesu (Matthäus 4,21) kann erläutert werden.
Wenn »Bruder Jakob« aufwachen soll, so kann allgemein unser Aufwachen, z.B. bezüglich der Situation auf der Erde hingewiesen und zur Pflege der Natur ermutigt werden.

6. Beispiel: »Jesus, unser Bruder«

Genauso wie ein Kanon können Lieder mit kurzen Strophen und wiederkehrenden Textteilen getanzt werden. Als Beispiel hier das Segenslied: »Jesus, unser Bruder«. Alle Strophen werden gleich getanzt. Der Versuch, die einzelnen Segenspositionen in Gebärden umzusetzen, würde nur verwirren und den Tanz unruhig machen.

Melodie: Norbert Schoog / Text: Rüdiger Maschwitz. Rechte bei den Autoren

2. Jesus, unser Bruder, sei hinter dir, sei hinter dir.
   Jesus schütze dich, Jesus Christus schütze dich.
3. Jesus, unser Bruder, sei unter dir, sei unter dir.
   Jesus trage dich, Jesus Christus trage dich.
4. Jesus, unser Bruder, sei vor dir, sei vor dir.
   Jesus leite dich, Jesus Christus leite dich.
5. Jesus, unser Bruder, sei in dir, sei in dir.
   Jesus stärke dich, Jesus Christus stärke dich.

Ausgangsposition und Schritte:
(Tanzvorschlag: Bärbel Kunze)

Beginn auf der inneren(!) Kreislinie, unangefaßt – oder angefaßt, dann müssen sich die Hände zur Segensgebärde lösen oder werden gemeinsam sternförmig erhoben.

Jesus, unser Bruder,	Vier Schritte aus der Mitte: re, li, re, li an,
sei neben dir, sei neben dir.	vier Schritte zur Seite: re seit/li an, 2x,
Jesus segne dich, Jesus	vier Schritte in die Mitte: re, li, re, li an,
Christus segne dich.	auf der Stelle die Arme zum Segen heben.

Zwischen den Strophen können Sie eine kleine Pause (zwei Takte) machen und dabei die Arme senken und dann mit der nächsten Strophe von vorne beginnen oder Sie senken die Arme und gehen gleichzeitig zurück.

7. Beispiel: »Rondo für Kinder«

Als ein Beispiel für einen Tanz nach Instrumentalmusik sei hier ein Tanz nach der Musik von Rondo Veneziano vorgestellt. Die Schrittkombination ist sehr einfach, die Musik trägt und erzeugt ein frohes Schwingen.
Auf die gleiche Musik kann man mit Erwachsenen eine etwas kompliziertere Schrittfolge tanzen. (Vgl. M.-L. Soltmann, S. 232 »Glück«.)
(Quelle: »Casanova«, Nr. 2 – Donna Lucrezia. Für 20 Minuten Musik müssen Sie das Motiv zehnmal aufnehmen.)

Ausgangsposition und Schritte für die Kinder: Kreis, übliche Handfassung. (Tanzvorschlag: Bärbel Kunze)

Zwei Schritte in die Mitte: re vor, li vor,
zwei Schritte zurück: re rück, li rück
vier Schritte zur Seite: re seit, li an, re seit, li an
und wieder von vorn.

Literaturhinweise zur Weiterarbeit

Marie-Luise Soltmann, Im Kreis um die komische Mitte, Bauer Verlag, Freiburg 1989
Waltraud Schneider, Getanztes Gebet, Verlag Herder, Freiburg 1986
Waltraud Schneider, Lobt ihn mit Tanz, Verlag Herder, Freiburg 1990

4.4 Mandalas entdecken, gestalten und entwickeln

Sicherlich kennen Sie Mandalas, auch wenn Ihnen der Name nicht vertraut ist. Sie haben Baumringe, Wasserkreise – entstanden durch einen Stein –, mittelalterliche Kirchenfenster oder eine Blume, die sich von der Mitte aus entfaltet, bestimmt wahrgenommen. All dies sind Mandalas – Bilder, Gegenstände –, die eine Mitte, ein Zentrum haben und vom Zentrum her oder zur Mitte hin sich entwickeln bzw. gestaltet wurden.
Mandalas sind, wenn Sie es so wollen, einfache Kreisbilder, Bilder die sich um eine zentrische Mitte anordnen und durch den Kreis geschlossen werden. Sie können von einem Viereck oder einer Mandorla umgeben sein, doch damit kommen noch weitere Symbole hinzu. Der Kreis ist etwas sehr Einfaches und Alltägliches, das gerade in seiner Schlichtheit große Wirkung hat. C.G. Jung hat in seinen Studien entdeckt, daß das Symbol des Kreises immer wieder für eine Zentrierung der eigenen Persönlichkeit, für ein zur Mitte Finden steht, in dem heilende und ordnende Kräfte wirken. Er benutzt den altindischen Begriff Mandala dafür, um die religiöse Dimension dieser Bilder mitzubenennen. Das Sanskritwort bedeutet Kreis oder besser magischer Kreis und bezeichnet im engeren Sinne Meditationsbilder, wie sie im Lamaismus und im tantrischen Yoga benutzt werden. Auch bei uns findet man den Kreis als religiöses Symbol in dem Grundriß von Kirchen, in den Rosetten der Kirchenfenster, in Mosaiken und Ikonen.

Vermutlich haben sich Mandalas aus der Betrachtung der Natur entwickelt. Denken Sie an die Baumscheibe mit ihren Jahresringen, an die sich öffnende Blume, an die Kreise, die das Wasser zieht. Die Natur gebärt vieles mit einem eindeutigen Mittelpunkt. Die Mitte der Blüte, die Mitte des Baumringes deuten auf einen weiteren tieferen Bezug hin. Die Mitte wurde auch religiös gedeutet, sie weist auf das Göttliche, auf den Ursprung allen Lebens hin. Im Kreis drücken sich für viele Gesellschaften die weiblichen Seiten aus, in diesem Zusammenhang auch die weiblichen Aspekte Gottes. Einige der schönsten Darstellungsversuche Gottes sind Mandalas. In ihnen entdecken wir Spuren Gottes, ohne daß der Hinweis, Gott nicht darzustellen, überschritten wird; sie sind Gleichnisse in Bildform. Ich denke dabei an die

berühmte Hand, die aus der Mitte heraus kommt: die Hand Gottes, ein Freskenfragment aus dem Torbogen von San Clemente de Taull (Lerida).
Wir benutzen den Begriff Mandala im weiteren Jung'schen Sinne, weil wir immer wieder sehen, daß die Beschäftigung mit der Kreisform generell für die persönliche Entwicklung hilfreich ist. Mit Mandalas haben wir in der Zusammenarbeit mit Kindern erstaunliche Erfahrungen gemacht:

- sie schenken Ruhe und Stille,
- sie führen zu innerer Ausgeglichenheit,
- sie fördern die Konzentration, selbst bei ganz unruhigen Kindern,
- sie helfen bei feinmotorischen Störungen (z.B. war schon beim Ausmalen des dritten Bildes ein deutliches Einhalten der Feldergrenzen sichtbar),
- das Malen und Entwickeln macht große Freude und motiviert aus der Übung heraus,
- inhaltliche Aspekte können weiter verarbeitet und abgerundet werden,
- Mandalas werden (fast) immer schön,
- mit dem Malen und Gestalten von Mandalas knüpfen wir an eine alte kreative Tradition an.

Was kann ich nun mit Mandalas tun? Grob gesagt, gibt es zwei Richtungen: Ich kann zunächst mit vorhandenen Mandalavorlagen arbeiten und sie unterschiedlich gestalten. Oder ich verwirkliche die Idee des Mandalas in eigenen Entwürfen. Zu beiden Möglichkeiten einige Vorschläge.

Mandalas entdecken und gestalten

Nehmen wir zunächst vorgegebene Mandalaformen. In diesem Buch sind einige neue Mandalas abgebildet. In der angegebenen Literatur finden Sie viele weitere Beispiele.

Auswahl eines Bildes und Vorbereitungen

Suchen Sie für Ihre Gruppe zwei bis drei Motive aus und fotokopieren Sie diese in ausreichender Größe (mindestens DIN A4) und Zahl. Es ist schön, wenn Sie schon bei der Vorbereitung die Kreisform miteinbeziehen. Z.B. können Sie auf die Mitte der Gruppentische eine kleine Blume stellen und die Vorlagen, Wachsmalkreiden und Malstifte sternförmig darum verteilen. Laden Sie die Kinder ein, ihr Motiv zu wählen. Lassen Sie Zeit zur Auswahl und zu einer ersten Betrachtung. Dann können die Kinder malen, solange sie Lust haben. Legen Sie auch zum Abschluß die fertigen Bilder noch einmal im Kreis um die Mitte, und lassen Sie die Unterschiedlichkeit wirken, die aus den gleichen Vorgaben entstanden ist.

Ausmalen eines Bildes

Ausmalen, ist das nicht überholt? – so werden manche sicherlich denken. Angefangen bei der Altersstufe der Jüngsten üben Erzieherinnen und Lehrerinnen mit Kindern freies Malen. Und nun sollen sie wieder eine feste vorgegebene Form ausgestalten? Was spricht dafür?
Es sind ja keine beliebigen Formen. Das Ausmalen eines Mandalas schenkt eine sich von innen her differenzierende Form des Gestaltens. Durch die unterschiedliche Interpretation der Raumaufteilung, durch Farbgebung und Variabilität bietet das Mandala viele Möglichkeiten, eigene Empfindungen auszudrücken. In der vorgegebenen äußeren Form liegt die Freiheit, sich im Inneren schöpferisch zu betätigen. Gleichsam geben die äußeren Grenzen bei der Ausgestaltung des Inneren unendlichen Raum. Es ist staunenswert, die unterschiedlichen Bilder, die aus ein und denselben Vorlagen entstanden sind, zu betrachten. Gerade auch Erwachsene sind vom einfachen Ausmalen fasziniert. Oftmals liegt im Einfachen die tiefste Wirkung.
Probieren Sie es selbst aus. Kopieren Sie ein Bild dieses Buches auf eine sinnvolle Größe (mindestens DIN A4), und nehmen Sie sich Zeit. Lassen Sie sich bei der Auswahl der Form, der Farben, der einzelnen Malschritte von Innen (und nicht von der äußeren Wirkung) leiten. Viel Freude dabei!

Wenn Sie dies mit ein und demselben Motiv in einigen Zeitabständen versuchen, werden Sie auch da über den Ausdruck der fertigen Bilder erstaunt sein. Von innen gemalt, sind sie ein Spiegel Ihrer inneren Befindlichkeit.

Mandalas aus Steinen und Sand

Es ist natürlich möglich, die Bilder auch mit Wasserfarben oder anderen flüssigen Farben auszugestalten. Wichtig ist dabei, daß die Anleitung und die Technik beherrscht werden und daß die Größe der Vorlage auch der Technik angemessen ist.
Aber warum nur malen? Ich verwende nicht gerne Lebensmittel (Körner, Samen) zum Basteln, aber die Natur stellt viele Materialien zur Verfügung, die Sie verwenden können.

- In der Natur oder in Aquariengeschäften gibt es unterschiedlich große Steinchen. Kleben oder zeichnen Sie die Vorlage auf einen festen Karton und bereiten Sie die Flächen mit Kleber oder Kleister vor. Die Steinchen werden entsprechend der Form flächendeckend aufgelegt.
- Eine andere Variante ergibt sich, wenn farbige Steine (eventuell aus Blumengeschäften) verwendet werden.

Ebenso lassen sich Bilder mit kleinen Blättern auslegen.

- Sandbilder sind auch möglich. Eine Idee – geeignet für ältere Kinder (ab acht Jahren) – kam mir, als ich das tibetanische Mandala sah, das in Köln 1989 für eine Ausstellung über Tibet durch zwei Lamas gestaltet wurde. Dieses Mandala war groß und aus farbigem Sand gestreut. Vielleicht wagt jemand mit einer Kindergruppe, nach einem einfachen Vorentwurf ein großflächiges Mandala zu streuen.

Mandalas selbst entwickeln

Wenn den Kindern der Umgang mit Mandalas vertraut ist, können Sie einen Schritt weitergehen und Mandalas selbst entwickeln. Ein erster Schritt kann sein, sich die Mandalas in der Natur bei einem Spaziergang einmal genau anzuschauen: Da ist das Spinnennetz, die Rosenblüte, die Kamille, der Stein, der im Wasser Kreise zieht, die kleine und große Baumscheibe. Sammeln Sie alles, was die Kinder sehen, vom Schneckenhaus bis zum Stein mit entsprechenden Kristallrosetten.
Größere Kinder haben sehr viel Freude an der Symmetrie der Grundlinien. Geben Sie nur den Kreis und den Mittelpunkt vor, dann können die Kinder ihre eigenen Formen spielerisch um die Mitte entwickeln. Der erste Entwurf sollte frei aus der Hand gezeichnet sein. Wenn es den Kindern wichtig ist, können sie dann den Entwurf mit Lineal und Zirkel, evtl. auf Millimeterpapier, sauber nachzeichnen.

Mandalas aus Pflanzen, Früchten, Steinen und Wolle

Einige Beispiele in Stichworten:

- Altbekannt sind Wollbilder. Es ist ganz einfach, aus und mit ihnen Mandalaformen zu gestalten.
- Lassen Sie jedes Kind einzeln ein Mandala aus Steinen legen. Wenn die Kinder selbst ihre Form entdeckt haben, können sie sich leichter mit anderen zusammentun. In einem zweiten Schritt können die Kinder ein Mandala in Kleingruppen gestalten. (Berücksichtigen Sie die Altersgruppe und die Kommunikationsfähigkeit.) Oder legen Sie mit den Kindern ein großes Mandala draußen oder drinnen.

- Statt mit Steinen, können Sie auch ein Blumenbeet mit verschiedenen Blumen gestalten.
- Ein Mandala aus verwelkten, getrockneten Blütenblättern. Lassen Sie einen Strauß Rosen nicht voll ausblühen und trocknen ihn mit hängenden Blüten. Bevor die Kinder mit der Gestaltung des Bildes anfangen, haben Sie Zeit, sich mit der Rose und dem Aufbau der Blüte vertraut zu machen. Dann können die Kinder, die vorsichtig gelösten Blütenblätter um eine gemalte oder anders gestaltete Mitte kleben. Es kann hilfreich sein, einen großen Außenkreis auf das Blatt zu malen und so einen Rahmen zu geben, manchmal kleben die Kinder besser von außen nach innen.
- Ähnliches läßt sich aus getrockneten Blättern, Gräsern, Halmen und Ästchen gestalten.
- Genauso verfahren Sie für einen bestimmten Zweck mit Früchten des Waldes, des Feldes und der Gärten. Stellen Sie sich ein gut vorbereitetes und gestaltetes Mandalabild zum Erntedankfest vor!
- Versuchen Sie, 10-15 cm große Baumscheiben zu bekommen. Machen Sie verschiedene Experimente, lassen Sie die Baumringe mit Wasser/Dispersionsfarben nachmalen, legen Sie die Baumscheibe in Tinte, schleifen Sie die Scheibe ganz glatt und lackieren oder wachsen Sie die Fläche.
- Lassen Sie Kinder einem Stein zuschauen, der ins Wasser fällt. Anschließend malen die Kinder dieses Bild.

Mandalas zu Ideen und Geschichten malen

Hier geht es nicht so sehr darum, eine eigene Form zu entwickeln, sondern darum, durch die Darstellung eine inhaltliche Aussage zu zentrieren.

- Oft genug bietet es sich an, eine Geschichte mit Hilfe eines Bildes weiter zu bearbeiten. In diesem Fall hilft die äußere Form, sich auf das Wesentliche zu konzentrieren.
- Es gibt Motive und Geschichten, die in sich ein Mandala enthalten. Ich gebe z.B. für alle Phantasiereisen, in denen die Erde oder die Schöpfung eine Rolle spielen, ein Blatt mit einem großen Kreis als Ausgangsform vor. Hierdurch verändert sich die ganze Darstellung.
- Mittlerweile bekannt ist die Möglichkeit, zentrale Bilder eines Märchens in einem Mandala darzustellen. Dabei ist es sowohl möglich, ein Einzelmotiv (Mond und Sterne) in dieser Form zu gestalten, als auch z.B. um den Sterntaler die Geschichte dieses Märchens in vier, sechs oder acht Bildern rundherum darzustellen.
- Diese Arbeitsform eignet sich bei guter Vorbereitung auch als Gruppenarbeit. Dazu wird die Mitte zunächst ausgespart und später gemeinsam gemalt. Der Rest

des Kreises wird zerschnitten und an die Kinder verteilt. Nach dem Malen werden die Teile – wie man es will – wieder zusammengefügt.

- Außer Märchen lassen sich auf diese Weise natürlich auch andere Geschichten oder Lieder verarbeiten.
- Weitere Möglichkeiten: Für Kinder ist es schwer, das Kirchenjahr zu erfassen und zu behalten. Nehmen Sie den Kreislauf des Jahres als ein Mandala, gestalten Sie es so, daß Sie es aufhängen können. Vertiefen Sie die einzelnen Stationen mit anderen Übungsformen. So wird es anschaulich und einprägsam. Dasselbe gilt für den Jahreskreislauf, das Schul- oder Kindergartenjahr.

Sie können auch Mandalas *nach* Musik malen lassen. Geben Sie Blätter mit einem deutlichen Mittelpunkt und einem Außenrand vor. Nehmen Sie ein kurzes Musikstück, das sich ähnlich wie beim meditativen Tanz wiederholt. Lassen Sie den Kindern Zeit, sich vor dem Malen in die Musik einzuspüren. (s. S. 166)
Ich habe in einer Kinderfreizeit auch einmal auf jedes Blatt ein Teelicht gestellt und die Kinder im halbdunklen Raum angeregt, zur Musik zu malen. Das Teelicht schuf eine ruhige Atmosphäre und zentrierte die Bilder.

Mandalas schreiben

Dies ist eine Übung für größere Kinder, die schon flüssig schreiben oder die dies üben sollen. Nehmen Sie einen kurzen Satz: z.B. »Die Zeit kennt keinen Anfang und kein Ende« oder »Ich bin mitten unter euch« oder »Liebe hört niemals auf« ... Schreiben Sie von der Mitte aus als Spirale nach außen, oder malen Sie die Schrift im Kreis – Runde um Runde. Der eine Satz wird immer wiederholt, bis im Kreis oder in der Spirale das Bild ganz ausgestaltet ist. Entdecken Sie mit den Kindern die vielen möglichen Varianten.

Zwei Tips:
Gerade das Einfache und Schlichte tut besonders gut und ist wichtig, kehren Sie oft genug dorthin zurück. Auch die Wiederholung ist wesentlich, denn eigentlich gibt es niemals eine Wiederholung, sondern nur einen immer neuen Anfang.

Spirale und Labyrinth: Der gerade Weg hat viele Kurven

Sind Spirale und Rundlabyrinthe auch Mandalas? Ja, und wir benutzen in unserer Arbeit gerade diese Formen gerne mit. Ingrid Riedel hat die Differenzierungen klar herausgearbeitet, es lohnt sich, dies nachzulesen.
Viele der oben beschriebenen Arbeitsformen sind auf beide Formen übertragbar. Labyrinthe lassen sich ausmalen, Wege werden entdeckt und farblich gestaltet. Spiralen lassen sich malen, legen und kleben.
Diese Varianten gefallen mir besonders gut:

– Beides kann so groß gemalt/gelegt werden, daß wir hindurchgehen können. Spiralen können ohne Vorbereitung, mit und ohne Musik, mit offenen und geschlossenen Augen spaziert, getanzt, gelaufen werden. Der oder die Erste führt. Es kann gewechselt werden. Die Erfahrung gewinnt an Intensität, je mehr Zeit wir uns dafür nehmen. Z.B. können die Kinder einzeln durch eine große Spirale geführt werden, in deren Mitte Platz für alle zum Sitzen ist. Oder sie gehen einzeln durch die Spirale, holen sich in der Mitte ein Teelicht und stellen es beim Hinausgehen an die Stelle, an der sie sich auf ihrem Weg am wohlsten fühlten. Später können die Teelichter angezündet werden und sich alle im Kreis drumherum setzen und von ihrem Weg erzählen. (Für ca. 8-15 Kinder, je nach Alter.) Ein weiteres Beispiel finden Sie im Kapitel der Erfahrungsberichte aus der Praxis.

Labyrinthe brauchen mehr Vorbereitung. Man kann sie ebenfalls mit Kreide auf den Fußboden malen oder mit Tesakrepp kleben und im Durchgehen erleben, was es heißt, sich den Weg zu suchen. In der Kathedrale zu Chartres ist im Fußboden ein solches Labyrinth eingearbeitet. Es symbolisiert die Suche des Menschen auf seinem Weg zu Gott.

- Labyrinth und Spirale sind Symbole alter geistlicher Übungswege. Spielen Sie damit. Gerade die Spirale führt zum Malen. Nehmen Sie sich ein Blatt, am besten schwarze Tusche (für Erwachsene) oder schwarze dicke Wasserfarbe (für Kinder) mit Pinsel und malen Sie mit einem Schwung eine stimmige, wohlproportionierte Spirale auf ein Blatt. Üben Sie immer wieder neu. Versuchen Sie dies unbefangen mit Kindern. Jeder und jede malt ihre eigene Spirale. ... Ebenso schön ist es, auf dem Papier Labyrinthe zu entwickeln. Dabei hilft Karopapier sehr. Bei einer guten Kopie verschwinden die Karos fast ganz.

Literaturhinweise zur Weiterarbeit

RüdigerDahlke, Mandalas der Welt, Irisiana Verlag – Hugendubel, München 1985 (Interessant ist besonders der dazugehörige Malblock.)
Bruno Dörig, Schenk dir ein Mandala, Edition Eschbach, Eschbach 1988
Ingrid Riedel, Formen, Kreuz Verlag, Stuttgart ^{3}1988
In den Arbeitsmappen für Kindergarten, Grundschule, Sonderschule, Kindergottesdienst aus dem Verlag Klett-Kaufmann-Langauf sind einige Themen in Mandalaform gestaltet, z.B. »Mit Jesus wachsen«.

4.5 Gegenstandsbezogene Übungen

In diesem Kapitel finden Sie Übungen in vereinfachter Form, die eine Hinführung zur gegenstandsbezogenen Meditation sein können. Während bei den Erwachsenen Vorbereitung und Umsetzung des Erfahrenen Schritte innerer Einstellung sind und das Verweilen in der Stille den Schwerpunkt bildet, muß die Gewichtung bei den Kindern eine andere sein. Hinführung, Austausch und Umsetzung wollen gut vorbereitet sein, das Verweilen in der Stille dem jeweiligen Vermögen der Kinder angemessen. Vor diesem Hintergrund gewinnen einzelne Teile der Natur, Symbole und Zeichen eine eigene Qualität. Indem wir sie in die Mitte stellen, vermitteln sie uns etwas von der Fülle und Schönheit der Schöpfung und vielleicht auch etwas von dem Geheimnis, das in uns lebendig ist. Letzteres geschieht, wenn wir uns im Schauen

von dem Gegenstand berühren lassen. Solange er uns gegenübersteht, ist er ein Gegenstand, getrennt von uns und unserer Wahrnehmung. Wenn wir uns berühren lassen, sind wir ein Stück weit Rose, Baum oder Hoffnung. Hier sind wir wieder an der Grenze des Machbaren: Ich kann hinführen, ich kann bereit sein, – Berührung geschieht letztlich als ein Geschenk. Trotzdem wird dadurch die Vorbereitung, die atmosphärische Hinführung wichtig. Dazu gehört die sorgfältige Auswahl des Mittelpunktes (er soll mich ansprechen) und die hilfreiche Formulierung der Fragen, die dazu dienen, die Wahrnehmung auf die Mitte auszurichten.
Was wir in die Mitte nehmen, kann vielerlei Gestalt haben. Es können Geschenke der Natur sein – schöne Steine, Blumen, Zweige, Blumenzwiebeln und Früchte aus Feld und Wald und Garten, aber auch Wasser und Brot.
Letzteres kann zu den Symbolen gehören, denen wir uns genauso nähern können. Auch in manchem Bild ist ein Stück des Geheimnisses gegenwärtig und kann so erfahren werden. Und als letztes soll die Möglichkeit genannt werden, Orten auf diese Art und Weise auf einer anderen Ebene zu begegnen.
Für jede »Gruppe« finden Sie im folgenden ein oder zwei etwas ausführlichere Beispiele, gefolgt von Ideen, zu denen Sie selbst ähnliche Überlegungen erfinden können.

Verbindungen zu anderen Arbeitsformen

Viele Gegenstände und vor allem Symbole erscheinen uns oft spröde oder diffus, so wenig begreifbar. Wir versuchen deshalb, uns ihnen zu nähern, indem wir nicht nur schauen, sondern uns unserer verschiedenen Sinne bedienen. Das Ergebnis sind recht unterschiedliche Wege, deren zentraler Punkt die Zeit der Stille ist, in der wir so vorbereitet den Mittelpunkt wirken lassen. Die Stille muß aus dem Vorangegangenen entstehen, damit sie sich selbst trägt. Dies ist wesentlicher als die konkrete Zeitdauer, zwei bis drei Minuten können schon intensiv sein.
Obwohl sich dieser Abschnitt von den anderen Kapiteln unterscheidet, gibt es doch methodische Überschneidungen und inhaltliche Gemeinsamkeiten.
Aber achten Sie darauf, daß die Besonderheiten dieses Kapitels nicht verlorengeht. Die Einbeziehung, z.B. von Mandalas oder Imaginationen, liegt oft nahe, im Einzelfall kann dies auch sinnvoll sein. Aber Verbindungen sollen keine Vereinheitlichung herstellen. Im Unterschied zur Imagination wird jetzt der Gegenstand nicht vorrangig zu einem inneren Bild, sondern er geht tiefer, rührt uns aus dem Alltag an und vermittelt uns seine Bedeutung. Inwieweit ein Gegenstand uns anrührt, liegt an uns selbst, wir nehmen auf, empfangen, empfinden auf unsere persönliche Art und Weise.

Übungen mit Symbolen

Die Kerze

Die Kerze ist ein Symbol, das recht häufig benutzt wird. Nicht umsonst, da sie für vieles in uns steht. So werden wir bei einer Übung immer auch nur einzelne Facetten erfahren. Andererseits kann die Übung in verschiedenen Zusammenhängen zu immer neuen Erfahrungen führen. Nehmen wir als erstes Beispiel eine Begegnung, bei der eine Kerze für den Kreismittelpunkt entstehen soll.

- Wählen Sie eine einfache, einfarbige Kerze aus, die in ihrer Größe dem Kreis entspricht. Dazu brauchen Sie farbige Klebewachsplatten oder Knetwachs.
- Dunkeln Sie den Raum ab, ehe die Kinder hereinkommen.
- Lassen Sie die Kinder hereinkommen und geben Sie ihnen Zeit, sich in dem Dunkeln zurechtzufinden. (Den Grad der Dunkelheit danach bemessen, was die Kinder gut aushalten können, ohne Angst zu bekommen.) Vielleicht haben Sie Lust, ein wenig im Dunkeln zu spielen. Lassen Sie das Dunkel entdecken.
- Enden Sie mit einem Impuls, der die Kinder in der Mitte zusammenführt. Lassen Sie sich gemütlich zusammenkuscheln, sitzen, liegen. Wenn die Kinder reden wollen, lassen Sie es zu, vielleicht kommt das Stichwort Licht von alleine.
- Was kann das Dunkel am meisten verändern? Das Licht. Es gibt viele Formen von Licht, – nennen Sie sie und lassen Sie nach jeder Nennung Zeit, die dadurch entstehende Empfindung zu spüren. Eine Lichtquelle ist das Kerzenlicht, – was macht es so besonders?
- Lassen Sie die Kinder in der Mitte einen Platz freimachen, auf den Sie die Kerze stellen können. Tun Sie jeden Schritt bewußt und in Ruhe. (Platz machen, Kerze hinstellen, Kerze anzünden.) Geben Sie der Kerze und ihrem Licht Raum, und reden Sie nur, wenn es nötig ist. – Schaut der Kerze zu, ruht euch aus, seht, wie die Flamme sich bewegt, spürt, was das Licht euch erzählt.
- Überleitung, ohne die Ruhe zu unterbrechen:Es ist schön, so ins Licht zu schauen, was erzählt es euch? Ich habe hier farbiges Knetwachs, nehmt euch davon, und laßt es in euren Händen weich werden. Formt dann etwas daraus, was für euch Licht ist, was für euch zum Licht gehört. (Zeit lassen, evtl. etwas zusätzliches Licht machen, damit die Kinder sehen, was sie formen.)
- Wenn die meisten fertig sind, beginnen Sie mit dem Austausch: Jedes Kind kann zu seinem Geformten etwas sagen, dann wird es an die große Kerze geklebt.
- Zum Abschluß singen Sie die Strophen 1, 2 und 4 des Liedes »Manchmal, wenn's so dunkel ist« (S. 192 – oder ein anderes Lied vom Licht), und vielleicht haben Sie auch Lust, in einem einfachen Schreittanz um die Kerze zu tanzen.

Die so gestaltete Kerze kann von da an vertrauter Mittelpunkt weiterer Stilleübungen sein. Es können sich auch andere Themen und Übungen anschließen, die auf das

Licht aufbauen. So hat eine Schulklasse Taufkerzen gestaltet zur Taufe eines Mitschülers. Im Ostergottesdienst wurde die Osterkerze mit Zeichen der Hoffnung von der ganzen Gemeinde gestaltet, ein anderes Mal haben die Kinder kleine eigene Kerzen gestaltet und ein Licht der Hoffnung mit nach Hause getragen; so verzierte Kerzen schmückten die Gruppentische in der Weihnachtszeit. Im Religionsunterricht und im Kindergottesdienst kann eine solche Übung einen Zugang zu der Aussage Christi bedeuten: »Ich bin das Licht der Welt«, ebenso zu der Umsetzung, was es heißt: »Ihr seid das Licht der Welt«.

Die Spirale

In dem Kapitel über Mandalas haben wir schon etwas zu dem Symbol der Spirale geschrieben. Hier eine Übung, mit der Sie die Spirale als Weg erleben können, evtl. verbunden mit der Erfahrung »Führen und geführt werden« (Alternative).

- Vorbereitung: Legen Sie Kreppapierstreifen, Tesakrepp, Seile oder farbige Tücher bereit, mit denen Sie später die Spirale darstellen wollen. Beginnen Sie in gewohnter Form (Decken- oder Stuhlkreis, Händekreis, Lied etc.).
- Nennen Sie das heutige Thema: Gehen, einen besonderen Weg gehen.
- Nehmen Sie zunächst spielerisch das Gehen auf, – wie können wir gehen? Vorwärts und rückwärts, auf den Innen-, den Außenkanten der Füße, schleichen, stapfen, schlendern, laufen ... Wir können auch bestimmte Muster laufen, beim Laufen Muster auf den Boden malen. (Vielleicht hat der Fußboden Strukturen, denen man folgen kann.) Denkt euch Muster aus und geht sie. – Wer hat ein Muster, das ihm gut gefällt? Vormachen, benennen, evtl. als Schlange hinterherlaufen.
- Zuletzt im Kreis enden und sich hinsetzen. Impuls: Es ist nicht nur wichtig, welchen Weg wir gehen, sondern auch, wie wir ihn gehen. Wir können das jetzt einmal ausprobieren, indem wir einen besonderen Weg ganz aufmerksam gehen. Ich zeige euch den Weg. (Legen Sie die Spirale, ca. drei bis vier Windungen mit etwa 30 cm Abstand. In der Mitte soviel Platz, daß alle hinterher dichtgedrängt dort sitzen können.)
- Wer mag anfangen? Geht die Spirale ganz langsam und aufmerksam, so als ob ihr mit jedem Schritt fühlen müßtet, ob euch der Boden noch trägt. (Bei einer kleinen Gruppe warten, bis jedes Kind in der Mitte angekommen ist, bei mehr als acht Kindern warten, bis das erste Kind etwa die Hälfte gegangen ist.)
- Austausch in der Mitte. Wenn genügend Zeit ist, genauso wieder hinausgehen.
- Austausch im Kreis: Was verändert sich durch das langsame Gehen? Welches Gefühl entsteht durch die Spirale? Wie ist es beim Hinein- bzw. beim Hinausgehen? Wie wichtig ist die Mitte?

- Stellen Sie etwas Schönes in die Mitte. Vielleicht schließen Sie mit einer Geschichte oder einem Märchen über die Möglichkeit, verschiedene Wege zu gehen.
- Lied: »Den Weg wollen wir gehen« oder Augen schließen, sich vorstellen, was als nächstes dran ist, was das nächste Stück Weg ist, das vor uns liegt, und wie wir es gehen wollen.

Variante:
Der Schwerpunkt kann auch auf der Erfahrung von Führen und geführt werden liegen (kleine Gruppe). Dann sollten bereits beim freien Gehen erste Versuche mit Blindgehen (alleine) gemacht werden (z.B. eine gerade Strecke durch den Raum, an einer Stuhlreihe entlang, von dunkel nach hell). Wenn die Spirale liegt, sucht sich ein erstes Kind ein anderes aus und läßt sich von ihm in die Spirale und hinausführen. Dann wählt sich dieses einen neuen Führer usw.
Das Gespräch, die Geschichte etc. haben dann einen anderen Schwerpunkt.

Mein Name

Mein Name begleitet mich durch mein Leben. Und in der Art, wie ich damit gerufen werde, erlebe ich mich im Verhältnis zu anderen – geliebt, gestraft, ermahnt, geachtet, verlacht. All dies schwingt in meinem Namen mit. Umgedreht bestimmt dies auch mein Verhältnis zu meinem Namen mit, ob ich ihn – mich – mag oder nicht. Der Name ist Identität und Beziehung. »Ich habe dich bei deinem Namen gerufen und du bist mein«, sagt Gott (Jes 43,1). Was ist mein Name? Wer bin ich? Diesen Fragen können Sie als Erwachsene auf Ihrem Meditationsweg in ihrer ganzen Tiefe begegnen. Bei den Kindern sind Identität und Beziehungen erst im Wachsen, und es ist nicht unwesentlich, daß sie ein gutes Verhältnis zu ihrem Namen haben. Wir als Erwachsene sind daran beteiligt. Überlegen Sie einmal, wann und wie Sie den Namen Ihrer Kinder aussprechen. Ist damit nicht meist eine Ermahnung, eine Aufforderung, ein Anspruch verbunden? Wann sagen wir ihren Namen nur um des Namens, um des Kindes willen?
Die Übungen sind ein Versuch, sich freundlich dem eigenen Namen zu nähern.
Evtl. gibt es einen Anlaß für diese Übung (Taufe, Namenstag, Geschwisterkind neu geboren etc.), dann können Sie mit der Übung daran anknüpfen.

a) Für kleinere Kinder:
Die Kinder kommen einzeln nacheinander in den Kreis, indem ein erstes Kind leise ein zweites ruft etc.
- Jede/r von uns hat einen anderen Namen, und selbst wenn zwei den gleichen haben, klingt er für uns verschieden. Wir werden auch nicht von allen gleich

gerufen; es gibt Kosenamen und Spitznamen, mal wird der Name abgekürzt, mal verlängert. Wie werdet ihr gerufen und was gefällt euch am besten? (Zeit lassen.)
- Am schönsten finde ich es, wenn ich mit meinem Namen sanft geweckt werde. Mögt ihr das auch? Wir können es einmal ausprobieren.
- Anleitung zum entspannten Liegen. (Es wäre auch eine FaFeFi Geschichte möglich, z.B. Besuch bei der Fee, die nur half, wenn ihr Name in der richtigen Weise genannt wurde.)
- Wie schön ihr ausseht, wenn ihr so daliegt. Ich sehe die Sandra, den Mark ... (Zählen Sie alle Kinder liebevoll auf.) – Jetzt werde ich ganz leise zwei Kinder wecken, dann stehen die auch leise auf und wecken genauso ein anderes Kind – bis wir wieder alle wach sind.
- Ist es schön, so geweckt zu werden? Wir können noch ein anderes Spiel spielen. Jeder darf sich einmal in die Mitte legen (einen kuscheligen Platz machen) und wird von uns ganz sanft geweckt. (Ein wenig Streicheln und schaukeln und immer wieder den Namen nennen, ca. 8-12 Kinder.)
- Jetzt sind wir alle wach und können gemeinsam etwas tun. Vielleicht noch ein Lied singen? »Er hält die ganze Welt in seiner Hand« mit den Namen der Kinder.

b) Für größere Kinder:
- Beginnen Sie in der vertrauten Sitzrunde oder wie bei den Kleineren. Stimmen Sie die Kinder mit einigen Gedanken zu Namen und ihrer Bedeutung für uns ein. (Lassen Sie die Kinder von ihren Namen erzählen.)
- Impuls: Der Name mag eine Bedeutung haben oder nicht, er hat auf jeden Fall einen Klang, und es ist gut, wenn uns sein Klang gefällt. Das liegt natürlich auch daran, wie wir ihn aussprechen. Ich wollte heute ein wenig mit dem Klang unserer Namen spielen.
- (Es wäre gut, wenn Sie mit den Kindern das Tönen schon einmal probiert hätten.) Legt euch gemütlich auf den Rücken. (Kurze Anleitung zum Einspüren in die Rückenlage.)
- Laßt uns versuchen, ein Namenskonzert zu machen. Nehmt erst einmal euren eigenen Namen und laßt ihn klingen. Sucht die Melodie, die zu ihm paßt. – Dann ruft/singt einen anderen Namen. Hört, ob ihr gerufen werdet und antwortet. Spielt damit. (Machen Sie mit, und nutzen Sie die Möglichkeit, Kinder, die nicht oder wenig gerufen werden, zu rufen. Geben Sie Anregungen, mit der Lautstärke zu variieren. Zum Schluß ein Flüstern, das verstummt.)
- Hört euren Namen noch in euch nachklingen. Wie gefällt er euch am besten? Ruft euch innerlich mit eurem liebsten Namen, hört dem Klang zu. (Stille, solange sie von selbst trägt.)

- Räkelt euch durch. Wir haben noch Zeit, um noch bei unserem Namen zu bleiben. In der Mitte liegen große Blätter und (Wachsmal)Stifte. Sucht euch einen Platz in diesem Raum, schreibt euren Namen schön mit großer Schrift und verziert ihn. Früher hat man die ersten Buchstaben auf einer Seite besonders gestaltet, um sie herauszuheben. Schaut mal, was euch zu eurem Namen einfällt.
- Kommt mit den fertigen Blättern in den Kreis zurück. (Im Kreis sitzen und die Blätter sichtbar vor sich legen. Das Bild wirken lassen.) Wer mag, kann zu seinem Bild, seinem Namen etwas erzählen, vor allem, wie er am liebsten genannt wird. (Greifen Sie die Aussagen der Kinder auf und setzen Sie sie in Verbindung zu dem Anlaß, der zu dieser Übung führte.)
- Die Bilder aufhängen, evtl. auch mit dem Lied: »Er hält die ganze Welt« abschließen.

Weiterarbeit
Soweit die Beispiele. Lassen Sie sich anregen, zu weiteren Symbolen selbst Zugänge zu finden.
Vorschläge: Wasser – Schale – Kreuz – Brot und Trauben.

Übungen mit Bildern und Ikonen

Auch Bildern, wie sie in den verschiedenen Arbeitshilfen und Büchern zum Religionsunterricht zu finden sind, Ikonen und Gemälden können Sie sich in dieser Form nähern. Bei der Auswahl sollten Sie darauf achten, daß in dem Bild nicht schon zuviel, vor allem zuviel Interpretation, vorgegeben ist. Sehen Sie die Bilder als Symbole, und gehen Sie dementsprechend damit um. Ob Sie Dias auswählen, Poster oder kleinere Bilder, ist nicht entscheidend, aber alle Kinder sollten ohne Mühe einen guten Blickzugang haben.
Wir selbst arbeiten nicht oft mit »klassischen« Bildern, wir sind also hier nicht kompetent genug. Deshalb verweisen wir gerne auf die Religionsbücher von Hubertus Halbfas. Dort finden Sie – besonders in den Lehrerhandbüchern – genügend Hinweise. Eine Literaturangabe befindet sich am Ende des ersten Buchteils.

Mit einer besonderen Art des Bildes sind wir indes vertraut. Wir hatten die Möglichkeit, in einem langen Prozeß selbst eine Ikone zu malen. Unsere Kinder nahmen regen Anteil und entwarfen, gestalteten und malten »ihre Ikonen«. Dies ging viel, viel schneller als bei uns und schwankte zwischen oberflächlichem und vertieftem Arbeiten. Interessant waren die Figuren, die sie auswählten und wie sie es begründeten. In diesem Zusammenhang können wir folgende Anregungen geben:
- Besuchen Sie mit Kindern Ikonenausstellungen, und lassen Sie die Kinder sich jeweils eine Ikone, die sie besonders anspricht, aussuchen.

- Betrachten Sie mit Kindern eine Ikone, – lassen Sie die Kinder schlicht und einfach schauen und erzählen.
- Lassen Sie Kinder Entwürfe (Umriß-Kopien von Originalen) nach Wunsch auswählen und ausmalen; Ikonen schenken dabei ebenso schöne Erlebnisse wie die Mandalagestaltung. Verfahren Sie ähnlich wie dort angegeben.
- Verbinden Sie die Ikonen mit der Geschichte von Personen, z.B. Jesus, Maria, Jünger usw.
- Entdecken Sie mit Kindern Grundbilder des Glaubens in den Ikonen, dabei helfen den Erwachsenen zwei Bücher.

Literaturhinweise zur Weiterarbeit

Helene Hoerni-Jung, Maria – Bild des Weiblichen, Kösel Verlag, München 1991
Maria G. Muzj, Ganz Auge, ganz Licht, ganz Geist, Echter Verlag, Würzburg 1989

Übungen mit einzelnen Geschenken der Natur

Unsere Kinder leiden nicht an mangelnden Eindrücken, eher an dem Gegenteil. In der Vielfalt der Angebote verliert sich ihr Zugang zum Einzelnen. Diese Übungen gehen den umgedrehten Weg, heben das Einzelne, Einzigartige heraus und können damit aus der Zerstreutheit zur Sammlung führen. Gleichzeitig helfen Sie auch den Kindern, sich als eines von vielen und doch als einzigartiges Wesen zu begreifen. Vieles davon finde ich in der Erzählung vom kleinen Prinzen, in den Abschnitten über die Rose und den Fuchs. Diese eignen sich auch – erzählt – als Hinführung zu den Übungen »Das Wesentliche ist für die Augen unsichtbar. Du siehst nur mit dem Herzen gut.«
Die Übungen setzen voraus, daß die Kinder schon ein wenig mit körperlich ruhigem Verweilen vertraut sind. Dazu gehört die Anleitung zu aufmerksamen, und doch gelöstem Sitzen auf der vorderen Stuhlkante, im Fersensitz oder auf einem Kissen oder Bänkchen. Imaginationen oder Geschichten können helfen, die Aufmerksamkeit über einen längeren Zeitraum auszurichten.

Mögliche Gegenstände

Die Rose/Blumen – ein Zweig (mit/ohne Blüten/Früchten) – ein Stein (glatte Bachkiesel, Steine mit Löchern, kleine Halbedelsteine) – ein Baum – ein Samen – Erde – Kastanien u.ä. – Blumenzwiebeln – Schneckenhäuser – Wurzeln – ein kleines Tierkind ...

Steine – ein Beispiel

Sie brauchen für jedes Kind einen Stein, der gut in die Hand paßt. Außerdem Papier und Stifte zum Malen.

- Lassen Sie die Kinder in vertrauter Weise im Kreis zusammenkommen. Die Steine können auf einem Tuch oder in einem Korb in der Mitte liegen.
- Steine sind etwas Bekanntes, nichts Besonderes. Oder doch? Erzählen Sie ein wenig von dem Leben der Steine, von Bergen, Wasser, Wetter. (Je älter die Kinder sind, desto weniger Worte brauchen Sie.)
- Jeder soll nun gleich einen Stein bekommen und hat dann Zeit, sich mit ihm vertraut zu machen.
- Der Stein ist ein Geschenk, und wir setzen uns gerade und erwartungsvoll hin, wie ein König/eine Königin, dem/r etwas geschenkt werden soll. (Anleitung zum aufrechten Sitzen.)
- Schließt die Augen und öffnet die Hände wie eine Schale.
- Ich lege jeder/m einen Stein in die offenen Hände. Laßt euch Zeit, ihn zu befühlen, zu ertasten, zu spüren, wie er sich anfühlt, wie warm oder kalt er ist und wie sich das verändert.
- Macht euch ganz vertraut mit ihm. Habt ihr eine Idee, wo euer Stein herkommt? Was für eine Geschichte er hat? Laßt ihn in euren Händen ruhen oder bewegt und fühlt ihn.
- Wenn ihr das Gefühl habt, den Stein ganz zu kennen, öffnet die Augen und seht ihn euch an. Ist es noch derselbe Stein?
- Erzählt, was ihr erlebt habt. Jedes Kind, das etwas berichtet hat, legt seinen Stein in die Mitte, so daß ein Steinkreis entsteht.
  (Wenn Zeit ist und die Kinder es mögen, können Sie ein Bild malen, das von ihrem Stein erzählt.
- Schaut euch nochmal die Steine in der Mitte an. Seht ihr euren Stein? Möchtet ihr ihn haben? Was macht ihn für euch wichtig? – Es kommt auf den Blick an, mit dem man etwas ansieht, – ob es gleichgültig oder wichtig ist.
- (Hier könnte die Geschichte aus Mt 21,42 folgen: Der Stein, den die Bauleute verworfen haben, ist zum Eckstein geworden.)
- Nehmt euch jeder euren Stein. Vielleicht findet ihr zu Hause einen schönen Platz für ihn, wo er euch immer an die Übung von heute erinnert. (Einzeln den Stein holen lassen.)
- Schließen Sie in vertrauter Form.

Der Traum der kleinen Hildegard

Das kleine Mädchen Hildegard liebte Steine. Am allerliebsten hatte es kleine Edelsteine. Die hatte sie in einer Schublade bei den Strümpfen versteckt. Da lag ein Bergkristall neben einem Amethyst, ein Rosenquarz bei einem Onyx. Hildegard konnte sich die fremden Namen gut merken, sie kannte sie genausogut wie die Heilkräuter im Garten.
In einer Nacht träumte Hildegard von ihren Steinen:
Hildegard saß auf einem kleinen Hügel unter einer Linde. Um sie herum lagen all ihre Steine und tanzten. Als der Tanz zu Ende war, hatten die Steine einen Kreis um sie gebildet. Hildegard saß in der Mitte auf einer Drehscheibe.
Sie schaute sich alle Steine an. Jeder Stein hatte eine eigene Kraft. Hildegard schaute in den Stein hinein, und sie erkannte sein Geheimnis. Je länger sie schaute, desto klarer wurde der Stein, zuletzt sah sie in jedem Stein nur Licht, reines klares Licht. Danach sah sie Menschen, die zu ihr kamen. Die vielen Menschen standen im Kreis um die Steine. Hildegard schaute den Menschen ins Herz und sah, welcher Stein jedem einzelnen guttat. Sie verschenkte ihre Steine. Die Menschen verbeugten sich und verabschiedeten sich. Kein Stein blieb zurück. Als Hildegard dies sah, erschrak sie. Doch dann wurde sie ganz froh: Sie hatte zwar keine Steine mehr, aber sie wußte, welcher Stein welchem Menschen eine Wohltat war.

Am Morgen erwachte Hildegard und erinnerte sich. Sie schaute in ihrer Schublade nach, doch alle ihre Steine waren noch vorhanden. Sie nahm die Steine und ging hinaus. Sie schaute sich die Menschen an und verschenkte ihre Steine.

Der Apfel

Ein Apfel, genauso wie ein Stück Brot, ein Schluck Wasser, eine Nuß, ein Löffel Honig, kann in einer solch ruhigen und aufmerksamen Atmosphäre viel intensiver geschmeckt werden. Das Vorgehen ist ähnlich wie beim Stein. Nur werden Sie hier statt zum Fühlen zum Schmecken anleiten. Auch geht es nicht um die Geschichte und den Ort, sondern um Gedanken, Assoziationen, Gefühle, die beim Schmecken wach werden.
Wenn Sie den Apfel so gemeinsam gekostet und sich darüber ausgetauscht haben, können Sie noch einen zweiten Teil anschließen. Zum Schmecken und Kosten bereiten Sie am besten geviertelte oder geachtelte Apfelstücke vor. Als Abfall bleibt das Kerngehäuse. Lösen Sie die Kerne heraus und legen Sie diese in einem Kreis um einen ganzen Apfel. Erzählen Sie es so den Kindern, – die Kerne sind für uns Abfall. Aber sind sie wirklich unwichtig? Warum sind sie denn da drinnen? Und warum ist so viel drumherum? Was steckt in so einem kleinen Kern? Lassen Sie jedes Kind ein oder zwei Kerne in die Hand nehmen, sie betrachten, in der Hand verschwinden. Führen Sie sie dann mit einfachen Anregungen in eine Imagination und lassen ein Bäumchen in ihrer Hand wachsen. Lassen Sie in den Austausch die Fragen wieder einfließen. Auch hier kann: »Das Wesentliche ist für die Augen unsichtbar« leitender Gedanke bei der Übertragung der Erfahrungen sein.

Mir kam im Nachklang zu einer solchen Übung die Idee für das Lied:
»So wie im Apfel tief der Kern verborgen liegt, so ruht in mir Vertrauen drin, daß ich ein ganz besonderes, geliebtes Kind des Schöpfers bin«.
Vielleicht erfahren die Kinder dies auch durch diese Übungen.

Text: Gerda Maschwitz / Melodie: Norbert Schoog. Rechte bei den Autoren

1. So wie im Apfel tief der Kern verborgen liegt,
so ruht in mir das Wissen drin,
daß ich, daß ich ein ganz besonderes,
geliebtes Kind des Schöpfers bin.

2. So wie ein Vogel klein im Nest geborgen ist,
so lebt in mir Vertrauen drin,
daß ich, daß ich ein ganz besonderes,
geliebtes Kind des Schöpfers bin.

3. So wie die Erde tanzt, auf Himmels Bahnen tanzt,
so geb ich mich der Freude hin,
daß ich, daß ich ein ganz besonderes,
geliebtes Kind des Schöpfers bin.

4. So wie die Blume blüht, ganz ohne Sorgen blüht,
so hat mein Leben einen Sinn,
weil ich, weil ich ein ganz besonderes,
geliebtes Kind des Schöpfers bin.

5. So wie die Sonne lacht an jedem Morgen neu,
so freut sich mit uns jedes Kind,
weil wir, weil wir doch ganz besondere
geliebte Kinder des Schöpfers sind.

Übungen an besonderen Orten

Vielleicht überrascht es Sie, Übungen, die sich auf einzelne Orte beziehen, in diesem Kapitel zu finden. Wir wollen damit etwas über den Zugang deutlich machen. Auch Orte können uns berühren, wenn wir uns ihnen im gleichen Sinne, mit allen Sinnen und mit unserem Herzen öffnen.
Solche Orte können z.B. sein: Die Kirche – Klosterkreuzgänge – unter einem großen Baum – ein Platz am Wasser, am Meer, in den Bergen – der Sonnenauf- bzw. -untergang an einer schönen Stelle – sommerliche Waldränder und Wiesen – am Wegekreuz – am Lagerfeuer.

Die Kirche – ein Beispiel

Vielen Kindern ist die Kirche, in der vielleicht ihr Kindergarten- oder Schulgottesdienst stattfindet, kein vertrauter Raum. Sie fühlen sich fremd und unsicher, sind unruhig und von allem abgelenkt. Dies kann daran liegen, daß es bei ökumenischen

Gottesdiensten die Kirche der anderen Konfession ist oder daß die Kinder durch ihre Eltern keinen Bezug zur Kirche haben.
Dann kann die Erfahrung der Kirche als besonderer Ort unabhängig von einem Gottesdienst einen besseren Zugang schaffen.

- Bereiten Sie den Besuch in der Kirche vor. Lassen Sie die Kinder, die die Kirche schon kennen, erzählen. Ergänzen Sie aus Ihrer Sicht, was Ihnen wichtig ist. (Keine Baudetails, sondern ihr persönlicher Bezug zu dieser Kirche bzw. zu Kirchen allgemein.)
- Machen Sie einen Spaziergang zur Kirche.
- Lassen Sie die Kinder einzeln mit etwas Abstand in die Kirche hineingehen. Sagen Sie ihnen, daß sie Zeit haben, sich alles anzusehen, auch anzufassen, sich hinzusetzen oder herumzugehen. (Versuchen Sie, sie so wenig wie möglich durch Verbote einzugrenzen. Mancher Hinweis wird sich nicht vermeiden lassen.)
- Machen Sie die Altarstufen oder einen anderen günstigen Platz als Treffpunkt aus. Wenn sich die Kinder dort sammeln, tauschen sie erste Eindrücke aus. Auch manche Fragen lassen sich kurz klären.
- Schicken Sie dann alle noch einmal los: Sucht euch den schönsten Platz in dieser Kirche. Setzt euch dorthin und schließt die Augen. Fühlt, wie es euch an diesem Platz geht.
- Wenn es möglich ist, wäre es schön, nach einer ersten Zeit der Stille ruhige Orgelmusik zu hören. Oder auch umgekehrt: Die Orgelmusik begleitet die Kinder bei ihrer Platzsuche und entläßt sie dann in die Stille.
- Lassen Sie Zeit, solange Ruhe ist.
- Gehen Sie rund, und laden Sie die Kinder einzeln ein, in den Kreis zurückzukommen.
- Austausch im Kreis über das Erlebte. Was kann ich erleben, wenn es still in der Kirche ist?
- Aber nicht nur die Stille als solche gehört zur Kirche, auch das Hören auf das Wort, das gemeinsame Singen und Beten, Tanzen und Feiern.
- Formulieren Sie ein kurzes Gebet als Dank für die Erfahrung und schließen Sie mit einem gemeinsamen Lied/Tanz (»Laßt uns miteinander singen, loben, danken dem Herrn«). Lassen Sie das Lied ausklingen, und geben Sie den Kindern genügend Zeit, sich von der Kirche zu verabschieden.
- Sicherlich läßt sich danach der Gottesdienst gut gemeinsam vorbereiten. (Wie vertraut ist den Kindern der Pfarrer, die Pfarrerin? Auch da wären Vorerfahrungen sicher hilfreich.)

Der Platz am Baum

Hier geht es um die Erfahrung eines Ortes, der durch den/die Bäume geprägt ist. Der Baum ist ein Grundsymbol, in dem wir uns in vielerlei Weise entdecken können (lesen Sie dazu Psalm 1,3). Wir können das Werden und Wachsen, das sich Verwurzeln und zum Himmel Öffnen in der Imagination erleben, wir können seine Kraft in der direkten Berührung spüren. Hier soll es darum gehen, den Ort, der durch einen besonderen Baum geprägt ist, zu erfahren.

- Was für einen Baum wählen Sie aus? Vielleicht ist Ihnen schon spontan ein Baum eingefallen, der für Sie etwas Besonderes hat. Dann probieren Sie es mit ihm aus. Gut geeignet sind alte, alleinstehende Bäume. Ein alleinstehender Baum kann sich am weitesten seinem Urbild annähern und strahlt damit Lebendigkeit und Ganzheit aus. Manchmal stehen aber auch zwei, drei Bäume so zusammen, daß sie ein gemeinsames Ganzes bilden. Solche Baumgruppen findet man oft an alten Wegekreuzen, wodurch sie noch vielschichtiger werden. Es ist gleich, um welche Baumart es sich handelt. Der Platz sollte nur in einer möglichst ruhigen Umgebung sein, damit die Ablenkung nicht zu groß ist.
- Machen Sie einen Spaziergang mit den Kindern. Sehen Sie sich unterwegs an, wie verschieden die Bäume wachsen. Überlegen Sie mit den Kindern, warum dieser Baum schief, unten kahl, ganz einseitig gewachsen ist.
- Erzählen Sie von dem Ort, zu dem Sie gehen. Lassen Sie die Kinder diesen Baum entdecken. (Oder: Wenn Sie z.B. in einen Park gehen, in dem mehrere schöne Einzelexemplare stehen, dann folgen Sie der Wahl der Kinder. Sie können die Gruppe auch teilen.)
- Schauen Sie sich den Ort zunächst mit etwas Abstand an. Wie sieht der Baum aus? Was ist darunter, daneben, drumherum? Wozu lädt er uns ein?
- Gehen Sie zu dem Baum, lassen Sie Zeit zum Ansehen, Berühren, Herumhüpfen, Umfassen. (Wenn der Weg weit war, ist jetzt Zeit, ein kleines Picknick zu machen.)
- Dann sucht sich jeder seinen Platz unter dem Baum. Vielleicht lädt der Boden zum Liegen ein, dann ergibt sich ein neuer Blickwinkel von unten in die Äste, vielleicht auch hindurch in den Himmel.
- Schön ist es, wenn Sie im Kreis um den Baum sitzen oder liegen können, an den Stamm gelehnt oder als Stern mit den Köpfen zum Baum.
- Leiten Sie mit wenigen Sätzen die Aufmerksamkeit. Z.B.: Sitzt, liegt ihr gut? – Spürt den Untergrund, die Unebenheiten, wo es piekst und wo es angenehm ist. Der Boden, auf dem ihr liegt, ist lebendig, er verändert sich ständig und ist ganz anders als ein Fußboden. – Streicht einmal mit den Händen darüber. Wie fühlt er sich an? – Vielleicht kommen euch kleine Tiere besuchen, – ärgert euch nicht und verjagt sie nicht. Freut euch, daß sie keine Angst vor euch haben … Schaut einmal nach oben, durch die Blätter, in den Himmel. – Wenn ihr genug gesehen habt,

schließt die Augen. – Hört ihr die Blätter rauschen? Die Bienen summen? Sie erzählen euch etwas von diesem Ort.

- Stille.
- Wenn alle so liegen- oder sitzenbleiben wollen, kann der Austausch auch so geschehen. Greifen Sie mit einer Geschichte die Aspekte auf, die Sie verstärken möchten. Vielleicht überlegen Sie gemeinsam, was dem Baum guttut und was ihm schadet.
- (Noch einmal kann Zeit sein, zu spielen oder die Umgebung zu erkunden.)
- Bevor Sie weggehen, sehen Sie sich um, ob Sie den Platz einladend für andere hinterlassen. Verabschieden Sie sich bewußt von diesem Ort, diesem Baum. Guten Heimweg!

Literaturhinweis zur Weiterarbeit

Gerda und Rüdiger Maschwitz, Geistliches Leben wagen. Eine Hinführung zur gegenstandsbezogenen Meditation, Burckhardthaus-Laetare Verlag, Offenbach 1989

4.6 Innere Bilder entdecken und verarbeiten

Wir alle erleben tagtäglich unsere inneren Bilder. Wir haben Phantasien, hängen Tagträumen nach, Träumen des Nachts, haben Bilder aus unserer Vergangenheit oder Wunschbilder für unsere Zukunft in uns. Manche Menschen lieben diese Bilder, andere bemerken sie kaum, noch andere erschrecken oder ängstigen sich.
Wie auch immer, – jeder Mensch hat also innere Bilder. Es ist für die eigene Entwicklung nicht gut, diesen inneren Bildern auszuweichen oder gar, sie zu verdrängen.

Diese Bilder teilen uns manches mit:

- sie bringen Verdrängtes ins Bewußtsein,
- sie haben eine heilende Kraft und damit therapeutische Seiten,
- sie teilen uns Stärken und Schwächen mit,
- sie reichen tiefer als unser Verstand und helfen uns, unser eigentliches Selbst zuzulassen,
- sie helfen uns, Erfahrungen und Wissen anderer Menschen in einer umfassenden Weise aufzunehmen.

In diesem Kapitel beschäftigen uns zwei Dinge: Zum ersten sollen alle, die mit inneren Bildern arbeiten, ihre eigenen Bilder und damit sich selbst besser kennenlernen. Zum zweiten geht es um die Frage, wie arbeite ich mit inneren Bildern in der Begegnung mit Kindern?

Bilder der Erwachsenen

Für die Erwachsenen gibt es viele Möglichkeiten, sich die eigenen inneren Bilder bewußter anzuschauen, sie zu verarbeiten und dadurch die eigenen schöpferischen Fähigkeiten zu fördern. Hierzu einige Anregungen:
- ein Traumtagebuch führen,
- eigene Grundbilder malen,
- Literatur dazu lesen,
- entsprechende Kurse besuchen.

Dabei sollten Sie nicht bei den schon bewußten inneren Bildern stehenbleiben, sondern über angeleitete Imaginationen Förderung und Weiterarbeit suchen.

Ziel dieser Arbeit wäre es:
- vorhandene innere Bilder – sowohl die stärkenden als auch die ängstigenden – kennenzulernen und in die Persönlichkeit zu integrieren,
- zu üben, nicht an inneren Bildern verhaftet zu bleiben und sich nicht in Abhängigkeit von diesen Phantasien zu bringen,
- gelebte Wirklichkeit und innere Bilder zu unterscheiden, zu versöhnen und zu verbinden,
- die Kraft der inneren Bilder in die Lebensenergie hineinzunehmen,
- die Flucht in Phantasien und Wünsche wahrzunehmen und gegebenenfalls zu verändern,
- die Arbeitsweise mit inneren Bildern kennenzulernen, damit Sie wissen, was durch eine Anleitung geschieht.

Bilder der Kinder

Mit Kindern setze ich nicht direkt bei den vorhandenen eigenen inneren Bildern an, sondern führe über angeleitete Bilder zu eigenen Bildern hin und nutze deren schöpferische Qualitäten. Ich habe – außer wenn ich in *Absprache* mit dem Kind therapeutisch arbeite – es ganz bewußt vermieden, in Kindergruppen von den vorhandenen – freudigen oder ängstigenden – Bildern auszugehen. Es tauchen in den angeleiteten Bildern genug persönliche Erfahrungen auf, die ich aufnehmen kann oder manchmal in Einzelarbeit sogar aufnehmen muß.

Wir beschreiben Anleitungen für die Arbeit mit Kindern, die nicht suggestiv sind: Wir reden dem Kind kein Bild ein, das es so sehen soll. Wir laden das Kind ein, Bilder zu erleben, – manchen Kindern fällt dies schon schwer. Es kann deshalb eine große Hilfe sein, wenn Sie dem Kind raten, zu träumen oder sich erst einmal ein Bild zu denken. Fast immer führt dies dann zum eigenen Bilderleben.

Die Übungen nehmen in den ersten drei Abschnitten an Intensität, d.h. im seelischen Erleben zu. Achten Sie darauf, daß Sie nicht mit intensiven Übungen beginnen.

Arbeitsweise

Lesen Sie keinen Anleitungstext ab, Imaginationen sind ein Kommunikationsprozeß zwischen Anleitendem und Hörenden, in dem Sie mit der Anleitung auf die Reaktionen der Zuhörenden eingehen. Wenn Sie in der Lage sind, den Text selbst zu imaginieren, können Sie ihn auch selbst als Anleitung sprechen. Eine gute Übung dazu ist es, sich die Anleitung auf Band zu sprechen und sich dann selbst zuzuhören. Hören Sie auf Ihre Stimme, Wortwahl, Pausen. Lernen Sie es aber bitte auch nicht auswendig. Leiten Sie nur zu dem an, was Ihnen aus Ihrer Vorstellung zur Verfügung steht. Sie haben so einen guten Maßstab.
Vermeiden Sie in jeder Anleitung Wertungen, z.B. ein guter Baum, ein schlechtes Wasser. Beschreiben Sie, aber werten Sie nicht. Äußern Sie auch nicht Gefühle, z.B. Ich gehe über die Wiese. Ich ängstige mich vor der Kuh.
Alle Anleitungen sollen Raum lassen zur eigenen Erfahrung.

4.6.1 Das FaFeFiFoFu – ein Modell für gelenkte Phantasiereisen

Ich schildere zuerst eine Form der Phantasiereise, die zum aktiven Mitmachen einlädt. Die Kinder sind beteiligt und schließen sich einer Reise des FaFeFiFoFu an.
Was ist ein FaFeFiFoFu?
Ein FaFeFiFoFu ist ein Zauberfahrzeug, das alles und überallhin kann. Es kann kleiner oder größer werden, es scheitert nicht in Gefahren, es erfüllt Reisewünsche. Dabei ist das FaFeFiFoFu nicht ein Fahrzeug, sondern der Sammelname für mindestens drei Fahrzeuge; bei uns waren es einmal fünf Fahrzeugtypen, – dies war eindeutig zuviel des Guten. Die Fahrzeuge heißen unterschiedlich und können Unterschiedliches:

Fa	das Zauberauto: Es kann wie ein Auto fahren. Es kommt überall hin, es fährt z.B. auch an der Decke oder in das Erdinnere. Es hat Bodenkontakt.
FaFeFi	das Zauberschiff: Es kann wie ein Schiff fahren, auch unter Wasser, auch durch Rohre, Wurzeln, Adern. Es ist für das flüssige Element zuständig.
FaFeFiFoFu	das Zauberflugzeug: Mit Raketen und Airspacedimensionen, was immer dies auch sein mag. Sein Element ist die Luft.

Woher stammt die Grundidee?
Das FaFeFiFoFu ist nicht unsere eigene Idee, wir haben eine Grundidee aufgegriffen und für unsere Arbeit verändert. Die Idee stammt aus dem Autogenen Training mit

Kindern und ist uns das erste Mal bei Gisela Eberlein begegnet. Dort heißt das Zauberfahrzeug BaBeBiBoBu. Wir wollten uns von der – durchaus sinnvollen – Arbeit im Autogenen Training absetzen und haben deshalb den Konsonanten ausgetauscht. Uns schien dies auch sinnvoll, weil Fantasie und Fahrzeug mit F anfangen und das F so mehr Eselsbrücken für die Kinder bietet.
Unsere Übungen sind keine Hinführung zum Autogenen Training für Kinder. Wir arbeiten nicht mit Auto-Suggestionsmethoden – die therapeutisch möglich sind –, sondern wir wollen über bewußtes Mitmachen und eigenes Phantasieren innere Bilder fördern.
Dabei war uns von Anfang an die Einbeziehung der Vokale wichtig. Vokale regen zum Lautmalen an, dieses Lautmalen wird zum aktiven Motor unseres Fahrzeugs. Jedes Fahrzeug bezieht seine Energie aus dem Summen und Tönen der Kinder. Je kräftiger und je mehr Zusammenklang entsteht, desto weiter kann das Fahrzeug fahren. Damit sind wir aber schon bei der Durchführung einer Übung. Am besten lesen Sie, wie ich eine Übung durchführe, und danach notiere ich die wichtigsten Punkte zusammenfassend.

Die Reise zur goldenen Feder

Die Kinder liegen auf dem Boden (alternativ ist Sitzen möglich).
Möchtet ihr heute mit dem FaFeFiFoFu fliegen? Ich möchte eine große Reise machen. (Ohne ein deutliches Ja beginne ich nicht.) Dann ruft einmal das FaFeFiFoFu. (Die Kinder rufen gemeinsam das Fahrzeug.) Steigt nun ein, legt euch hin und schnallt euch an. Seid ihr fertig? Ja oder nein? Für jede/n gibt es einen superbequemen Reise-Liege-Sessel mit bester Aussicht.
Macht euch schwer, spürt euren Kopf am Boden, fühlt euren Rücken, eure Beine, eure Füße, eure Arme.
Ihr liegt fest am Boden, damit das FaFeFiFoFu sein Gleichgewicht behält.
Nun starten wir. Ihr seid der Motor. Ich höre den Motor noch nicht. Denkt daran, beim FaFeFiFoFu klingen im Motor alle Vokale, ihr dürft ruhig etwas lauter werden, achtet darauf, daß euer Motor gleichmäßig tönt. Wir steigen und steigen …
Heute haben wir eine besondere Aufgabe. Ein kleiner Vogel hat seine goldene Feder verloren. Sie schwebt vor der Sonne. Wir wollen dorthin gleiten und die goldene Feder zurückholen. Laßt den Motor langsam ausklingen, wir schweben. Schaut durch das runde Glasdach über euch ins Weltall. Schaut, was ihr seht, spürt die Atmosphäre und entdeckt die Sonne. Ihre Strahlen scheinen auf euren Bauch und das Herz. Vielleicht könnt ihr die Wärme fühlen?
Ich sehe nun die kleine Feder. Wir nähern uns der Feder, bis sie auf dem Glasfenster liegt. Die Sonne scheint auf sie.
Sie schwebt durch das Glas auf euch herab, spürt, ob sie auf euch landet?

Nun können wir zurückkehren, denkt daran, wir fliegen zurück. Spürt, ob ihr noch fest liegt? Wir gleiten zur Erde. – Könnt ihr sie sehen?
Bald werden wir landen. Achtung, jetzt gleich kommt das FaFeFiFoFu auf dem Boden an. Nun sind wir wieder unten. Habt ihr die kleine Feder? Wer bringt dem kleinen Vogel die Feder?
Wie geht es euch? – Ihr könnt es mir gleich erzählen. Vergeßt das Abschnallen nicht. Räkelt euch durch, gähnt oder seufzt, bevor ihr aussteigt.

Soweit dieses Beispiel. Sehen wir uns die einzelnen Elemente der Übung an:

Die Elemente der Übung

Die Übung besteht aus einer Aufgabe, dem Mitmachen beim Einsteigen, Starten und Aussteigen, der Ruhezeit, dem Einspüren und Wahrnehmen.

Die Aufgabe ist wichtig, damit die Phantasiereise ein Ziel hat. Die Aufgabe motiviert und gibt der Reise den äußeren Sinn.

Das Mitmachen hat mehrere Bedeutungen. Am Anfang stelle ich ein Einverständnis her, dies ist kein künstliches Einverständnis. Ich habe schon Fahrzeuge und Reisen ändern müssen, oder ich mußte deutlich begründen, warum z.B. das FaFeFi heute einen Baum besucht. Wenn es ganz schwierig wurde, eine Entscheidung zu treffen, durfte nach dieser Stunde die Gruppe/Klasse für das nächste Mal eine Vorgabe machen.

Das Hinlegen und Anschnallen ist den Kindern vom Flugzeug bekannt und lädt zum Ankommen und Stillewerden ein. Wenn alle noch lebhaft sind, hilft und ergänzt es das Starten. Werden die Kinder unterwegs unruhig, so beeinflußt auch dies die Reise. Je mehr Bewegung ist, desto langsamer wird das Fahrzeug. Wenn es zu langsam wird, muß es umkehren.

Der Motor ist nur für den Beginn wichtig, die Kinder nehmen Anteil und fördern das Projekt, sie geben der Reise ihre Kraft.
Gerade das Summen und Tönen führt zur Konzentration im Jetzt, öffnet innere Räume und schenkt mit dem Ausklingen die Bereitschaft zur Stille und Offenheit.

Am Ende der Reise muß die Bewegung wiederkehren, am natürlichsten werden die Kinder durch das Aussteigen und die Vorbereitungen dazu angeleitet.
Sie merken, wie vielfältig diese kleine Übung ist. Das Grundschema ist einfach, die Art und Weise finde ich faszinierend, und die Kinder lieben das FaFeFiFoFu.
Gehen Sie mit diesem Modell für gelenkte Phantasiereisen schöpferisch um, es ist in vielen Formen einsetzbar, im Kindergartenalter, im Sachkunde- oder Geschichts-

oder Religionsunterricht. Im folgenden schildere ich zu den unterschiedlichen Fahrzeugtypen weiterführende Anregungen.
Grundsätzlich ist es sinnvoll, mit dem Fa anzufangen, damit die Kinder für alle Formen offen sind.

Fa

- Das Fa lernt den tiefen, stillen Wald kennen, es soll einen Traumpilz holen, es findet eine kleine Hütte mit einer Frau, die sagt: Jeder kann träumen – ihr braucht keinen Traumpilz.
- Das Fa folgt einer alten Römerstraße und fährt in die Vergangenheit. Es sucht eine römische Münze und einen Tonkrug mit Samen.
- Das Fa fährt den Körper eines Kindes entlang und holt zwischen den Schulterblättern eine kleine Ameise.
- Das Fa fährt in eine Höhle, um einen Schatz zu suchen. Es findet die Schönheit der unterirdischen Tiere und Pflanzen.
- Das Fa fährt über die Atemberge in die Wüste zur Sonnenoase, um Sonne zu tanken.
- Das Fa fährt durch den großen Tunnel zum Zauberland, wo alle Kinder lachen, sich streiten, sich vertragen …

FaFeFi

- Das FaFeFi hat den Auftrag, die Adern eines kranken Baumes zu säubern, damit der Saft wieder fließt.
- Das FaFeFi fährt zum Meeresgrund und holt eine giftige Tonne empor.
- Das FaFeFi fährt zum Meeresgrund und findet auf der Reise eine besondere Insel.
- Das FaFeFi untersucht, wie sauber ein kleiner Bach ist, und die Kinder schauen dem Leben im Bach zu.
- Das FaFeFi begleitet einen kleinen Delphin zurück zu seiner Herde.
- Ds FaFeFi fährt im See Genezareth (zu vergangener Zeit) und sucht ein versunkenes altes Fischerboot. Es findet eine alte Schriftrolle mit …
- Das FaFeFi fährt durch die Blutbahn und nähert sich dem Herz. Das FaFeFi besucht zentrale Organe des Körpers und erforscht den Innenraum.

Das FaFeFiFoFu

- Das FaFeFiFoFu fliegt über das Meer und schaut von oben auf die Erde. Die Kinder suchen im Wasser eine kreisrunde Muschel.

- Das FaFeFiFoFu fliegt in die Wüste und landet in einer Oase. In der Oase kann jeder und jede sich ausruhen. In der Oase können die Kinder ein Sandbild entdecken oder gestalten
- Das FaFeFiFoFu fliegt zum kleinen Prinzen, und die Kinder besuchen seine Rose.
- Das FaFeFiFoFu fliegt zu den Indianern in den Anden und sieht eine kleine Quelle hervorsprudeln. Das FaFeFiFoFu folgt dem Fluß.
- Das FaFeFiFoFu fliegt ins Weltall und landet auf dem blauen Planeten, die Kinder bekommen einen Stein, der alles Licht in Regenbogen verwandelt.
- Das FaFeFiFoFu fliegt zum höchsten Berg der Erde und holt heilendes Wasser aus sauberem Schnee.

4.6.2 Einfache Phantasiereisen entwickeln

Nun möchte ich Sie anregen, ohne das FaFeFiFoFu einfache Phantasiereisen zu entwickeln. Während das FaFeFiFoFu eine Hilfe und die Phantasiereisen eingegrenzt waren, gehe ich nun den Schritt zu Phantasiereisen, die direkt die Kinder ansprechen. Die Kinder sollten ungefähr wissen, was sie erwartet, sie können die Phantasiereise mit einem inneren Film vergleichen.
Ziel dieser Phantasiereisen ist es, den eigenen inneren Bildern zu begegnen und sich selbst zu erfahren. Dies geschieht für die Kinder unbewußt in der Begegnung mit diesen Erfahrungen und deren Wahrnehmung.

Haltung und Vorbereitung

Bei den nachfolgenden Übungen sitzen oder liegen die Kinder. Die Augen sind geschlossen, wer dies nicht kann, kann seinen Kopf zwischen die Arme nehmen, z.B. auf der Schulbank oder auf einem Tisch oder auf den Knien.

Übungen

Den Weg gehen

Suchen Sie einen Weg, der für alle Kinder ähnlich ist, den sie aber nicht kennen müssen. Möglich ist der Weg zur Schule, zum Kindergarten, zum Gemeindehaus, zur Kirche. Ziel dieser Übung ist es, sich Vertrautes zu vergegenwärtigen und es in inneren Bildern wiederzuentdecken.

Beispiel einer Anleitung:
Du gehst aus deiner Haustüre. Schau dich um: Was siehst du? Wie ist das Wetter? Du kommst auf die Straße und gehst deinen Schulweg. Geh langsam und lasse dir Zeit. Vielleicht begegnen dir Menschen oder Tiere. Ist dir alles vertraut, was du siehst? Geh weiter, nimm etwas von unterwegs mit, was dir gefällt. Betrachte es von allen Seiten und hebe es gut auf. Allmählich näherst du dich der Schule. Schau dir den Schulhof an. Welche Tageszeit ist es, und was ist in der Schule los? Siehst du Freunde oder Lehrerinnen oder den Hausmeister? Nun klingelt die Schulglocke.
Sie ruft uns: Wir machen die Augen auf und räkeln uns still.

Weiterarbeit:
Eine Weiterarbeit hängt von der Absicht dieser Übung ab. Vielleicht geht es um den Gegenstand, der mitgebracht wurde. Vielleicht geht es im Kindergarten um die Frage: Kennen die Kinder ihren Weg? Vielleicht geht es um Ängste und Sorgen einiger Kinder auf diesem Weg.

Urlaubsbilder erinnern

Eine andere Phantasiereise kann eine Erinnerung an die schönste und tiefste Urlaubserfahrung sein. Dies ist eine einfache Phantasiereise, da nur ein Anfangsimpuls nötig ist. Mit dem Anfangsimpuls geben Sie die Richtung an:
Setzt euch hin und schließt die Augen. Ich bin ganz neugierig, aber ihr erzählt mir jetzt nichts, sondern ihr schaut auf euer schönstes Ferienerlebnis. Stellt es euch noch einmal vor und malt es mir dann auf. Versucht, bis zum Ende des Malens nicht zu reden. (Zum Malen könnte eine ruhige Musik für das Schweigen hilfreich sein.)

Einige Varianten:
Kindergartenzeit erinnern – Als ich einem Tier zuschaute – Sich an den Lieblingsbaum erinnern.

Ein Tier sein

Ich lade euch ein, ein Tier zu sein. Heute ist es ein Delphin. Könnt ihr euch einen Delphin vorstellen, kennt ihr ihn oder muß ich ihn beschreiben? Also – ihr seid ein Delphin. Die Sonne scheint, das Wasser ist warm. Ihr schwimmt und springt mit Tempo durch das Wasser. …

Dann werdet ihr langsam. Ihr probiert aus, wie langsam ihr schwimmen könnt. Seht dabei mal auf den Meeresgrund, vielleicht müßt ihr tiefer schwimmen, was liegt dort alles? Vielleicht mögt ihr einiges näher anschauen. ...
Nun habt ihr genug geschaut, ihr schwimmt wieder etwas schneller. Hört mal, was ihr unter Wasser hören könnt. Versucht zu hören, wo die Küste ist. – Dann schwimmt ihr dorthin. Stellt euch vor, dort steht ein kleines Mädchen, dessen Ball wegschwimmt. Schubst diesen Ball zurück. ...
Draußen im Meer schwimmen noch andere Delphine, schwimmt zu ihnen. Gemeinsam schwimmt und spielt ihr in den Wellen. ...
Eure Zeit als Delphin geht zu Ende. Verabschiedet euch von den anderen und erinnert euch, wo ihr jetzt seid. Nun bewegt euch ein wenig auf eurem Platz und dann ist Zeit, von euren Erlebnissen zu erzählen.

Varianten:
Es gibt sicherlich viele. Viele Tiere sind auswählbar, doch nehmen Sie nur Tiere, die ›gute‹ Eigenschaften für viele verkörpern. Die Kinder können sich auch ihr Tier aussuchen, dann muß die Anleitung offener und allgemeiner sein.

4.6.3 Hinführung zur Imagination

Was ist eigentlich der Unterschied zwischen einer Imagination und einer Phantasiereise? Oft genug werden beide Bezeichnungen für dieselbe Arbeit verwendet. Wir benutzen sie in diesem Buch differenziert, um ein Ansteigen der Intensität der Übungen zu verdeutlichen und um bewußtzumachen, daß offene Imaginationen der Seele mehr Raum geben, als gelenkte und angeleitete Phantasien. Gleichzeitig sind Imaginationen eine Einladung zur Begegnung des Bewußtseins mit den eigenen seelischen Bildern und mit Urbildern der Seele, die nach C.G. Jung sogar kultur- und religionsübergreifend sind.

Die Arbeit mit seelischen Bildern nähert sich dem Innenleben des Kindes, ohne daß das Kind in letzter Konsequenz seine Zustimmung zu einer Auseinandersetzung mit seiner Innenwelt gibt. Dies bedeutet, daß die Offenheit und Ehrlichkeit der Pädagogen/innen in besonderer Weise gefordert ist, – nur wer die Kinder ernst nimmt und liebt, sollte sie auf der Reise nach innen begleiten. Diese deutlichen und klaren Hinweise sollen Sie nicht von dieser Arbeit und Begegnung abschrecken, sondern Sie zur Verantwortung und qualifizierten Fortbildung einladen.

Zur Arbeitsweise

In diesem Abschnitt lade ich Sie zu einfachen Imaginationen ein. Die Anleitung ist knapp in dem Gebrauch von Worten, sie läßt zwischen den einzelnen Sätzen viel Zeit. Ich unterlege diese Anleitungen sehr selten mit Musik (s. S. 165 f.), manchmal spiele ich passende Musik zur Weiterarbeit ein.
Es gibt verstärkende und heilende seelische Grundbilder. Sie nehmen den Weg des Lebens auf und helfen mit ihrer Offenheit und Klarheit, sich selbst zu erkennen. Bei kleinen Menschen vermeide ich eine sprachliche Erläuterung bzw. Erklärung ihrer seelischen Bilder, ich verstärke vielmehr die entdeckten, sichtbaren und vermuteten Seiten durch Lob, Bewunderung, Hinweise auf ein neues Bild usw. ...
Einige der Grundbilder nehme ich nun auf: den Weg, die Quelle und den Bach, das Wachsen einer Pflanze, die Wiese und das Meer und den Himmel.
Wenn es möglich ist, liegen die Kinder – eine kleine Körperübung vorweg kann guttun. Die Übungen sind auch im Sitzen – der Kopf liegt auf den Armen – möglich. Die Augen sollten geschlossen sein; manchen fällt es aber schwer, die Augen zu schließen, deshalb ist die Bauchlage für die meisten Kinder vorteilhaft. Der Kopf ruht zwischen den Armen.

Der Weg

Du bist auf einer Wiese an einem Sommertag. …
Schaue dich um, du findest verschiedene Wege, die dich von der Wiese wegführen. …
Suche dir einen Weg aus und gehe ihn langsam. …
Wo führt dich dieser Weg hin? … Wer begegnet dir?
Gehe den Weg, solange du möchtest, und suche dir einen Platz, an dem du dich niederlassen magst. … Was siehst du dort?
Wenn du nicht mehr weitergehen willst, kehre zurück zur Wiese, und lasse dich dort nieder. …
Anschließend lasse ich Zeit, in den Alltag zurückzukehren und rede mit den Kindern oder schlage eine Form der Weiterarbeit vor, z.B. malt euren Weg.

Der Bach und die Quelle

Du sitzt auf einer Wiese. Schau dich um. …
Du hörst einen kleinen Bach. Vielleicht kannst du ihn sehen. …
Gehe zu dem Bach. Nähere dich ihm und betrachte ihn. …
Schau, in welche Richtung der Bach fließt. Gehe in die Richtung seiner Quelle. …
Gehe, soweit du willst. Wenn es möglich ist, gehe zur Quelle. Sonst kannst du dich vorher niederlassen. …
Laß' dich an der Quelle nieder. Schau dich um, schaue auf das Wasser. Nimm wahr, wie es kommt und geht. …
Schau in die Quelle, kannst du etwas darin sehen? Vielleicht ist es etwas, das du auf den Heimweg mitnehmen kannst.
Weiterarbeit: Räkeln, Gespräch und Malen oder die Quelle, das Mitgenommene töpfern.

Eine Sonnenblume wächst

Es gibt zwei Möglichkeiten für diese Imagination. Ich kann so anleiten, daß der/die Imaginierende selbst die Blume ist oder daß er/sie von außen dem Werden zuschaut. Ich habe mich für die letztere Form entschieden:
Du siehst ein kleines Stück braune humusartige Erde. …
In dieser Erde steckt ein Sonnenblumenkern. Dieser Kern keimt und schiebt seine ersten Blätter durch die Erdoberfläche. …
Die Pflanze wächst heran. Tag und Nacht, Sonne und Regen, Wind und Stille wechseln sich ab. …
Die Pflanze wird größer und die Blüte bildet sich. …
Die Pflanze reift aus, ebenso die Blüte. Sie wächst, und die Kerne werden fest. …
Schau dir die Blume in ihrer Gesamtheit an. Nimm sie in dich auf. …

Weiterarbeit: Eine klassische Imagination zum Malen. Auch wenn oft gemalt wird, ich würde mir gerne all die Sonnenblumenbilder ansehen.

Die Wiese

Du gehst spazieren und spazierst an vielen Wiesen vorbei. ...
Schaue dir die Wiesen an, und suche dir eine aus, setz dich auf deine Wiese. ...
Bleibe sitzen und schaue dich um. ...
Höre, sieh, rieche. Drehe dich auch einmal zu der Seite, der du den Rücken zugekehrt hast. ...
Stehe auf, schaue die Wiese aus dieser Haltung an. Verlasse dann die Wiese und schaue noch einmal zurück.

Meer und Himmel

Du gehst am Meer entlang. Suche dir einen Platz. ...
Nimm Platz und schaue dem Meer zu. ...
Verweile an dem Ort, wo Strand und Wasser sich begegnen. Schau, wie die Wellen auslaufen. ...
Richte deinen Blick langsam vom Ufer über die Weite des Meeres zum Horizont. ...
Verweile am Horizont und schaue den Übergang zum Himmel. ...
Schaue den Himmel, nimm ihn ganz wahr, und schaue der Bewegung am Himmel zu. ...
Versuche in einem letzten Blick, noch einmal alles zusammen zu sehen: Küste, Meer, Horizont und Himmel. ...
Erhebe dich von deinem Platz und gehe weiter. ...

Imagination mit Musik

Imaginationen zur Musik und mit Musik gibt es des öfteren – auch auf Cassette. Vieles davon ist ganz schön, selten aber eine Imagination. Obwohl ich grundsätzlich nichts gegen eine Verbindung zwischen anleitendem Wort und Musik habe, finde ich sie doch nicht immer hilfreich:

- Musik hat eine eigene Stimmung und einen eigenen Gehalt. Diese müssen mit den Worten im Einklang sein.
- Musik kann wie eine Wertung in der Imagination wirken: Ich spreche von einem Baum, und die Musik macht einen traurigen Baum daraus.
- Es ist schade, Musik als Beiwerk zu verwenden; geben Sie der Musik ihre eigene Stellung!

- Für manche, gerade auch junge Menschen, die die ›Berieselung‹ mit Musik gewöhnt sind, kann es hilfreich sein, Musik zur Stilleanleitung zu hören. Die Stille wird dann gerade wegen der Musik als Stille erlebt. Dies ist paradox, aber anscheinend hilfreich. Ich möchte aber letztlich die Menschen zur Stille selbst hinführen, deshalb verwenden Sie Musik sparsam, nur ab und zu.

Viele der bisher ausgeführten Imaginationen könnten Sie mit Musik unterlegen, machen Sie dies aber bitte nur, wenn es wirklich ein pädagogisch notwendiger Akt ist.

Ein Hörbild

Unterscheiden Sie davon Musik, die bewußt ausgewählt wird, um Imaginationen zu erzeugen. Heute nennt man solche eigens dafür produzierte Musik Hörbilder. Darin sind verschiedene Stimmungen der Natur oder Gefühle eingefangen. Ich halte auch viele klassische, jazzige und andere moderne Musikstücke für geeignet, innere Bilder in uns wachzurufen. Beachten Sie aber:

- Musik wirkt auf Menschen sehr unterschiedlich. So kann Musik, die mich beruhigt, andere nervös oder schwermütig machen.
- Die Musik soll die Aufmerksamkeit ausrichten und nicht die Untermalung beliebiger Träume und Tagträume sein.
- Gerade Minimal Musik (sich ständig wiederholende, nur allmählich verändernde Musik) kann Abschweifen, Denken, Träumen u.ä. fördern.
- Imaginationen durch Musik sind nicht primär zum Erzeugen von Wohlgefühl da.

Nun zur Übung: Legen oder setzen Sie sich so hin, daß Sie entspannt und doch aufmerksam sind. Eine kleine vorbereitende Körperarbeit ist sinnvoll. Spielen Sie die Musik (mindestens zehn Minuten) in einer guten Tonqualität und über einen guten Tonträger ein. Richten Sie Ihre Aufmerksamkeit ganz auf die Musik. Nehmen Sie die Gedanken, Bilder, Stimmungen wahr, die dadurch entstehen. Bleiben Sie aber nicht bei einzelnen Eindrücken. Folgen Sie der Musik wie auf einer Fahrt durch eine unbekannte Landschaft. Wenn die Musik zu Ende ist, erinnern Sie sich noch einmal an die verschiedenen Stationen, lassen Sie innerlich ausklingen.

Mit Kindern gehen Sie genauso vor. Leitfrage ist der Impuls: Welche Geschichte erzählt euch die Musik?

Die Kinder können auch während des Hörens malen. Regen Sie sie an, nicht gegenständlich zu malen, sondern immer die Farbe zu wählen, die für sie gerade zur Musik paßt. Nehmen Sie große Papierbögen oder Tapetenbahnen und Wachsmalstifte in vielen Farben.

Beispiele für Musik:

- Werke von J.S. Bach oder anderen Barockmusikern
- Ausgewählte Ballettmusik oder Musik, die themenbezogen komponiert wurde, z.B. Die Moldau oder Peter und der Wolf(ohne Sprache) oder Karneval der Tiere u.ä.
- Musik von Kitaro, z.B. eine ausgewählte Zusammenstellung von »Silkroad«
- Musik von Vangelis, ausgewählte Musik aus »L'Apokalypse des Animaux«
- Die Filmmusik zu »The Princes Bride« von Mark Knopfler
- Eberhard Weber, aus »Colours of Cloe« – manche empfinden diese Musik als schwermütig
- Pink Floyd, aus alten Werken, z.B. »echoes«

4.6.4 Imaginationen zu biblischen Geschichten

Viele biblische Geschichten kann man imaginieren, d.h. biblische Geschichten regen innere Bilder an. Ja noch mehr, biblische Geschichten enthalten selbst Urbilder und innere Bilder. Für manche Christen ist dies eine schwierige Vorstellung. Dies entspricht nicht der biblischen Tradition: Doch was sind z.B. Visionen, Gleichnisse, Träume anderes als Mitteilungen, die durch Bilder(geschichten) geschehen?
Bilder drücken oft eindeutiger und deutlicher als Worte die Nöte und Ängste, die Freude und das Glück von Menschen oder auch die Schönheit und die Qualität der Schöpfung aus. Worte erschließen eine andere Wirklichkeit als die Imaginationen. Aus der Hirnforschung wissen wir, daß die Bilder der rechten, kreativen, schöpferischen und emotionalen Hirnseite entsprechen.Worte sind meist nahe an dem Verstand, besonders unsere heutigen theologischen Worte. Sie sind mehr der rationalen, verstandesmäßigen, erklärenden, linken Hirnseite zuzuordnen. Uns ist es wichtig, christlichen Glauben in seiner ganzen Fülle aufzunehmen und zu leben, dabei unterstützen uns Bilder.
Warum wohl hat Jesus soviel in Bildern und Bildgeschichten erzählt?
Bei den Zuhörerinnen und Zuhörern sprach Jesus innere Vorstellungen an, sie konnten die Worte somit erleben. Viele der Vorstellungen waren heilsam, versöhnend bzw. tröstend. Andere Bilder verdeutlichen Gotteserfahrungen, z.B. der brennende Dornbusch; die Stille, in der Elija, der Prophet, Gott spürte; die Lichterfahrungen der Jünger am Berg Tabor mit Jesus.
Wieder andere Bilder drücken die Hoffnungen und Ängste des Volkes Israel aus. Die Verheißungen des Friedensreiches bzw. der zerschmetterte Krug des Propheten Jeremia, sie sind kollektive, d.h. gemeinsame Bilder und Prägungen eines ganzen Volkes.
Wie verträgt sich das mit dem Hinweis, sich kein Bild von Gott zu machen?
Dies ist ein weiser Rat, denn alle Bilder – gerade die von Gott – verführen uns dazu, an den Bildern zu verhaften. Wir halten die Bilder für *die* Wirklichkeit. Sie erscheinen uns in und durch unsere Vorstellung als richtig und endgültig.

Bei den Imaginationen geht es um etwas anderes: Es geht um ein tieferes Erleben dessen, was mit einem bestimmten Bild ausgedrückt werden soll, und wir arbeiten an unseren Bildern, damit wir sie loslassen können. Wir stellen uns Ängsten, damit wir nicht in den Ängsten verbleiben. Wir stellen uns der Hoffnung und der Freude, damit wir die Vorstellungen und Visionen nicht für die Realität halten und damit in einer Scheinwelt leben.
Gerade in der Meditation üben wir, die Bilder, die auftauchen, zuzulassen, anzuschauen und loszulassen, bis wir zu dem Erfahrungsraum kommen, in dem keine Bilder mehr auftauchen. Meditation führt deshalb zu einer tiefen Gotteserfahrung, weil wir von den Bildern und Vorstellung über Gott, die wir seit der Kindheit mit uns tragen, frei werden.
Eine Imaginationsübung hilft uns, Ihnen als Erwachsenen dieses Freiwerden zu verdeutlichen:

1. Teil: Der Weg um die Kurve

Stellen Sie sich einen unbekannten Weg vor und gehen Sie diesen Weg. …
Der Weg macht eine Kurve. Bleiben Sie stehen. …
Malen Sie sich aus, was hinter der Kurve folgt. …
Gehen Sie nun um die Kurve und schauen Sie sich um. …
Auswertung: Vergleichen Sie Ihre Vorüberlegungen mit dem Bild, das Sie hinter der Kurve sahen.
Meist haben wir Vor-stellungen. Manche helfen uns, andere hindern uns, offen zu sein für neue Erfahrungen. Je klarer meine Vorstellung ist, desto weniger offen bin ich für die neue Wirklichkeit hinter der Kurve. Es ist eine Übung, auszuhalten, nicht zu wissen, was auf mich zukommt. Deshalb hat diese Übung einen zweiten Teil.

2. Teil: Das Nichtwissen aushalten

Stellen Sie sich noch einen unbekannten Weg vor. Gehen Sie diesen Weg entlang. …
Der Weg macht wieder eine Kurve. …
Bleiben Sie in Ihrer Aufmerksamkeit auf dem jeweiligen Schritt, den Sie gehen. …
Gehen Sie langsam um die Kurve, schauen Sie die neue Landschaft. …
Auswertung: Welche Erfahrungen haben Sie nun gemacht? Was war schwierig, was gelang? Wie erschloß sich die Landschaft nach der Kurve?
In diesen beiden Übungen – die mehr der pädagogischen Verdeutlichung dienen – wird anschaulich, daß unsere Vor-Bilder die Offenheit für neue Erfahrungen zumindest einschränken. Neues erschließt sich nur, wenn wir über »Schon-Gewußtes« hinausgehen.

Die folgenden Übungen wollen zu einem offenen Umgang mit biblischen Erfahrungen einladen. Beispielhaft schildern wir Imaginationen, die Sie für Kinder – nach dem eigenen Durcharbeiten – verwenden können.

Du stellst meine Füße auf weiten Raum (Psalm 31,9b)

Setzt euch auf den Boden. Nehmt euren linken Fuß in die Hand und massiert ihn behutsam. Weckt euren Fuß auf. Wenn ihr euren Fuß spürt, wendet euch dem anderen, rechten Fuß zu. Weckt ihn ebenso.
Nun stellt euch auf eure Füße. Spürt die ganzen Fußflächen. …
Schließt die Augen. Eure Füße stehen auf festem Boden. Spürt diesen Boden. Steht fest auf ihm. …
Wendet euch dem Erdboden zu, nehmt die Größe eurer Füße wahr. Laßt sie wachsen, sie dürfen so groß werden, wie sie wollen. …
Stellt euch den ganzen Raum vor, auf dem ihr steht. Ihr könnt ihn innerlich sehen, schaut euch um. …
Ihr habt soviel Raum, wie ihr möchtet, aller Platz steht euch zur Verfügung. …
Was für ein Gefühl ist das? …
Löst euch von euren Bildern und geht langsam, aufmerksam durch diesen Raum hier. … Kehrt zu eurem Platz zurück. …
Weiterarbeit: Es können Körperübungen anschließen, um das Raumgefühl noch weiter zu ergründen. Gespräch: Was gibt mir Raum, was engt mich ein?

Gott ist wie ein Hirte (Psalm 23)

In unserem Buch »Geistliches Leben wagen« ist eine Imagination für Erwachsene zu finden, die direkter an die Bilder dieses Textes herangeht. Für Kinder haben sich zwei Arbeitsformen bewährt:

- Eine geführte Imagination – die Kinder folgen dem Hirten,
- die Imagination einzelner Verse.

Dem Hirten folgen
Seht auf der Wiese den Hirten, folgt ihm. …
Er geht über eine grüne Wiese. …
Von dort führt der Weg zum Bach. …
Ihr folgt dem Hirten auf dem Weg zur Quelle des Baches und verweilt dort. …
Nun führt der Hirte euch in ein Tal. Das Tal wird enger, auch dunkler. Wenn ihr nach oben schaut, seht ihr die Sonne. Folgt ihm weiter, bis zum Ende des Tales. … Es wird weit und grün. …

Ihr seht ein Haus. Der Hirte betritt es und lädt euch ein, an einem Tisch Platz zu nehmen. Ihr setzt euch, und ihr werdet zum Essen eingeladen. Ihr eßt zusammen. … Der Hirte schenkt euch seine Gastfreundschaft; wenn ihr wollt, seid ihr dort immer willkommen. …
Verabschiedet euch. – Kehrt nun hier in unseren Raum zurück.
Weiterarbeit: Ein Bild aus den vielen Bildern, die den Kindern wichtig sind, gestalten.

Die Imagination einzelner Verse
Es ist möglich, einzelne Verse des Psalms alleine zu imaginieren, z.B.:
– Du bist auf einer grünen Wiese mit frischem Wasser (vgl. Imagination Wiese).
Die Kinder stellen sich dieses Bild vor. Dazu gebe ich mehr Zeit, als bei einer Bilderfolge. Das Bild vom finsteren Tal würde ich einzeln nicht aufnehmen, da die ergänzenden, wohltuenden Bilder fehlen.

Den Schatz entdecken (Matthäus 13, 44-46)

Stell' dir vor, du arbeitest auf dem Acker eines anderen Menschen. Du gräbst ihn um. …
Du findest beim Umgraben eine geschlossene Schatzkiste. …
Du kannst die Schatzkiste von dem anderen erwerben, wenn du etwas abgibst, was dir wichtig ist. …
(*Variante:* Überlege dir, was du tust. Wenn du den Acker nicht erwerben willst, grabe den Acker fertig um.)
Der Acker gehört dir. Du hast Zeit. Grabe deine Kiste aus und betrachte sie von außen. …
Öffne deine Schatzkiste und schaue, was sie für dich enthält. …

Weiterarbeit:
- Verweile bei deinem letzten Bild und male es aus der Stille heraus. …
- Oder: Wir können ein kleines Kästchen falten oder ein Holzkistchen bemalen. Da hinein kommen Dinge, die uns wichtig sind, oder die uns an etwas Wichtiges, z.B. eine bestimmte Erfahrung, erinnern.
- Oder: Was ist uns so wichtig, daß wir alles dafür abgeben würden?

Das Weizenkorn wird ausgesät (Matthäus 13, 3-8)

Du bist auf einem gut vorbereiteten Feld. Schau' dich um. Ein Weg führt an dem Feld vorbei. Dornengestrüpp wächst am Rande, auf einer Seite ist felsiger Grund. …
Du hast Weizenkörner in einem Tuch umhängen. Gehe über das Feld und wirf die Saat aus. Schaue, wohin die Körner fallen. …

Tag und Nacht, Sonne, Wind und Regen wechseln sich ab. Schaue zu, wie die Saat wächst. …
Betrachte das Dornengestrüpp. …
Betrachte den Weg. …
Betrachte den felsigen Untergrund. …
Betrachte das Feld. …
Schaue nun zum Abschluß das Feld und die ganze Umgebung an. Was ist gewachsen? …

Weiterarbeit:
Vermeiden Sie eine Beeinflussung der Kinder. Erwarten Sie nicht das Ergebnis der biblischen Geschichte. Manchmal gibt es wunderbare Dinge und eine Ähre wächst auf felsigem Boden heran. Bestärken Sie auch dies, vielleicht braucht ein Mensch diese Hoffnung für seinen felsigen Untergrund. …

Gott ist in der Stille (1 Könige 19)

Eine der schönsten biblischen Gotteserfahrungen wird dem Propheten Elija geschenkt, der ein Gottesbild voller Stärke, Kraft und Zerstörung verinnerlicht hat. Die Imagination stellt das Kind an die Stelle von Elija in die Rolle des Erwartenden, es befindet sich wie Elija in einer geschützten Höhle.
Du bist in einer Höhle und du erwartest, etwas von Gott zu erfahren. …
Tritt an den Eingang der Höhle und schaue hinaus. Du bist in einem geschützten Raum. … (Hier mache ich bewußt eine schützende Vorgabe, damit die Kinder für die folgenden Erfahrungen offen sind.)
Ein Wind fegt außen an dir vorbei, und du siehst seine ganze Kraft. – Ist Gott in dem Wind? …
Die Erde bebt draußen vor der Höhle. – Ist Gott in dem Erdbeben? …
Ein Feuer fährt durch das Tal. – Ist Gott in dem Feuer? …
Es wird leise. Ein stilles, sanftes Sausen erfüllt den Raum. – Ist Gott in der Stille? …

Weiterarbeit:
Aus der Stille gebe ich durch Ton eine Ausdrucksmöglichkeit, ein Zeichen dafür zu formen, wo Gott gefunden wurde.

Der Mensch ist wie ein Baum (Psalm 1,3)

Diese Imagination beschreibe ich im Liegen.
(Alternativ oder als Ergänzung können Sie die Imagination auch mit Bewegung verbinden. Die Kinder bewegen sich dann entsprechend zur Anleitung, z.B. machen sie sich ganz klein für den Steckling und wachsen mit, sind verwurzelt mit den Füßen, bilden mit den Armen die Krone und spüren mit der Haut Wind und Wetter.)

Du bist an einem kleinen Fluß. Du bist ein junger Baum. Du wächst. ...
Du streckst deine Wurzeln in die Tiefe, damit sie das Wasser spüren. ...
Du wirst größer und größer. Du bildest eine Krone aus. ...
Deine Zweige breiten sich aus. Du trägst Blätter, und es bilden sich Früchte. ...
Du stehst verwurzelt, aufrecht, mit deiner Krone unter der Sonne. Deine Früchte reifen. ...
Du spürst die Kraft, die durch deine Wurzeln aufsteigt. ...
Du spürst die Wärme, die die Sonne in deine Blätter schickt. ...
Wie geht es dir als Baum, da, wo du stehst?

Ich bin die Tür (Johannes 10,9)

Türen sind Symbole. Dies ist eine kleine, veränderbare Übung.
Stellt euch eine Türe vor, die zu einem (paradiesischen) Garten führt. ...
Die Türe öffnet sich. Tritt in die Tür. ...
Schau den Garten. Schau, was wächst und gedeiht, was Frucht bringt. Schaue auch, was vergeht. ...

Weiterarbeit:
Gespräch oder gedankliche Blitzlichter eines jeden zu dem Wort: »Ich bin die Tür zum Leben«.

Alternative:
Das Wort großzügig und immer wieder auf ein Blatt schreiben, bis es einen eigenen Ausdruck erhält.

Ich bin das Licht der Welt (Johannes 8,12)

Es gibt viele Übungen und Imaginationen zum Licht. Deshalb fassen wir einige Anregungen zusammen. Entwickeln Sie selbst weitere Übungen.

- Die Kinder liegen und stellen sich vor, daß Licht sie von den Zehenspitzen bis zu den Haaren durchstrahlt.

- Die Kinder sitzen und schauen eine Kerze. Sie schließen nach einer Weile die Augen und schauen das Licht in sich.
- Setzen Sie die vorherige Übung fort. Das Licht wandert in den Herzraum und durchstrahlt den Menschen.
- Das Licht ist im Herzraum. Ich kann mit geschlossenen Augen das Licht der anderen sehen und spüren.
- Ich kann das Licht von meinem Herzen zu einem anderen aussenden.

Das Friedensreich (Jesaja 11, 6-9)

Ihr wandert durch einen großen Garten. In diesem Garten könnt ihr die Ruhe spüren. …
Ihr seht Wölfe, die bei kleinen Lämmern wohnen, der Panther lebt bei den Ziegen. …
Ihr geht weiter und seht einen kleinen Jungen und ein Mädchen Kälber und junge Löwen hüten. …
Kühe, Bären und Löwen weiden nebeneinander und fressen Stroh. …
Ein Baby spielt neben dem Zuhause einer Natter und steckt die Hand in ihr Schlupfloch. …
Alle leben friedlich nebeneinander, keiner tut dem anderen weh. …
Spürt den Frieden in diesem Garten. …

Weiterarbeit:
Ich habe die Kinder gemeinsam auf einem 1m x 3m großen Bogen diesen Garten malen lassen.

Anmerkung:
Diese Imagination ist in der Zeit des Golfkriegs entstanden, vor einem Bittgottesdienst für den Frieden mit Kindern einer Grundschule. Nach einem Gespräch kam mir obige Idee als ein Zeichen der Hoffnung und als eine Verdeutlichung unseres Friedensauftrags.

4.6.5 Imaginationen zu Märchen und Geschichten

Märchen und Auszüge aus Geschichten eignen sich vorzüglich zu Imaginationen. Ebenso wie biblische Geschichten knüpfen sie an kollektive Erfahrungen, an Weisheit und Hoffnungen an.

Zwei Beispiele:

Dornröschen (nicht vorher den Titel nennen!)

Heute möchte ich euch einladen, die Geschichte eines Mädchens zu erleben, das sich auf eigene Wege begibt. Es ist eine alte Geschichte, wahrscheinlich kennt ihr sie, aber das ist nicht wichtig. Versucht, euch in die Situation des Mädchens zu versetzen, zu spüren, was sie erlebt, aber auch, was euch an Ideen, Bildern, Gefühlen kommen. Es könnte übrigens genausogut ein Junge sein.
Stellt euch vor, ihr seid in einem großen, schönen Haus aufgewachsen. Stellt euch das Haus vor. ...
Eure Eltern haben alles getan, damit es euch gutgeht. Euch ist nie etwas Böses begegnet, und ihr wart glücklich und zufrieden. ...
Eines Tages seid ihr allein. Ihr spürt den Wunsch, alles zu erforschen und zu entdekken. ...
Ihr beginnt, durch das ganze Haus zu streifen. Macht es euch Spaß, Türen zu öffnen und euch überraschen zu lassen, was dahinter ist? ...
Ihr seid immer noch neugierig. Jetzt durchstöbert ihr die Ecken des Hauses, wo sonst kaum einer hinkommt. Sucht geheime Ecken und Türen. ...
Ihr entdeckt eine Tür, die ihr noch nie gesehen habt. Wollt ihr sie öffnen? ...
Wagt es. – Was ihr dort seht, erstaunt oder erschreckt euch vielleicht. Aber ihr wollt es kennenlernen. Geht näher. ...
Ihr seid wie gebannt. Es ist, als ob die ganze Welt um euch herum die Luft anhält. Ihr könnt euch nicht bewegen. ...
Ihr wißt nicht, wie lange ihr so bleibt. Vielleicht kommt es euch endlos lange vor. Was ihr nicht wißt, aber vielleicht spürt, ist, daß ihr von draußen ganz gut geschützt seid. Euch kann nichts passieren. ...
Da spürt ihr, wie euch jemand ganz sanft und liebevoll berührt. Und plötzlich ist die Welt wieder lebendig, bewegt sich, lebt, und auch ihr könnt euch wieder bewegen. ...
Schaut, wer euch berührt hat. Lauft mit ihm los, schaut das Leben mit ganz neuen Augen an. ...
Spürt der Geschichte noch einen Moment nach. Schaut auch dann hier um, so als ob ihr all die anderen zum ersten Mal seht. Seid ihr neugierig, was die anderen erlebt haben? –
Das Märchen kann vorbereitet oder nach der Austauschrunde aufgelockert werden durch das Spiel »Verzaubern«, das die Kinder gerne spielen. In Stichworten: Ein Gongschlag läßt alle erstarren und die Augen schließen. Zwei bis vier Kinder erhalten eine kleine Kugel, eine Blume etc., die sie vor dem Bann schützt. Damit schleichen sie herum und berühren und erlösen die Erstarrten.
(Die Erlösten raten lassen, wer sie berührt hat.)

Andere Märchen, die sich eignen: z.B. »Das häßliche Entlein«, »Sterntaler«, »Frau Holle«, »Der Froschkönig« oder »Das tapfere Schneiderlein«.

Der Scheinriese

In den Büchern von Michael Ende gibt es viele Anregungen für sinnvolle Imaginationen. Aus der Geschichte über Jim Knopf stammt die Gestalt des Scheinriesen. In dieser Geschichte geht es um die Angst vor den Großen:
Du stehst auf einer großen weiten Fläche. Du siehst weit vor dir einen großen Riesen. …
Gehe langsam näher heran, er wird kleiner. …
Gehe noch näher, er wird noch kleiner. …
Nähere dich langsam, bis ihr gleich groß seid. …
Weitere Motive gibt es in dem Buch »Momo«, ebenfalls von Michael Ende:
– Beppo, der Straßenkehrer, erklärt, wie er Atemzug um Atemzug arbeitet,
– Momo sieht die Stundenblume.
Erläuterung zu diesen zwei übertragbaren Imaginationen finden Sie in unserem Buch »Geistliches Leben wagen«.

Literaturhinweise zur Weiterarbeit

Ingrid Riedel, Bilder in Therapie, Kunst und Religion, Kreuz Verlag, Stuttgart 1988
Hanscarl Leuner, Katathymes Bilderleben, Thieme Verlag, Stuttgart [4]1989
Felicitas Betz, Heilbringer im Märchen. Einübung in schauendes Denken (Buch und Erzählkassette), Kösel Verlag, München 1989
Verena Kast, Imagination als Raum der Freiheit, Walter Verlag, Olten 1988
Wolfgang Poeplau/Ludger Edelkötter, Komm mit zur Quelle (Enthält drei ausführliche Phantasiereisen)

Phantasiegeschichten und Imaginationsanleitungen auf der Basis des Autogenen Trainings finden Sie in:
Gisela Eberlein, Autogenes Training mit Kindern, Econ TB, Düsseldorf 1984
Else Müller, Auf der Silberlichtstraße des Mondes, Fischer TB, Frankfurt [5]1989
Dies., Du spürst unter deinen Füßen das Gras, Fischer TB, Frankfurt [8]1989

5 Mich mitteilen – nach außen gehen

Die Körperübung ist zu Ende, der Impuls, der in die Stille führt ist vorbei, und manche drängt es, zu berichten und zu erzählen. Doch dadurch wird vieles schneller zerredet, als es sich in uns sammeln konnte. Lassen Sie uns noch über vier Aspekte nachdenken:

- die direkte Umsetzung der Erfahrung,
- eine Auswertung oder Besprechung,
- eine Vernetzung der Übung/en mit anderen Inhalten und Aufgaben,
- der Abschluß der einzelnen Übungen oder der einzelnen Stunde.

5.1 Die Umsetzung

Oft wird es so sein, daß Umsetzung und Auswertungsgespräch eins sind. Sie sehen es aber bei den ausführlicheren Beispielen und in den Erfahrungsberichten, daß wir immer nach Möglichkeiten suchen, die Kinder anzuregen, ihre Erfahrungen ersteinmal für sich selbst umzusetzen oder in der Beziehung zu den andern einzubringen. Dazu dienen die verschiedensten kreativen Möglichkeiten oder bestimmte Körperübungen. Dadurch geschieht zweierlei. Zum einen finden die Kinder so eine Möglichkeit, etwas von ihren Erfahrungen festzuhalten, ehe sie diese mit den Erfahrungen der anderen vermischen oder gar gleich vergessen werden. Mit einem Bild, einer Tonplastik, einem Text, einer Gebärde, einem Wort, einer Tätigkeit, einer Bastelarbeit u.ä. verbindet sich ein Stück der Erfahrung, die so leichter wieder abrufbar wird. Zum anderen liegt hier eine große Chance, aus der Sammlung Fähigkeiten zu entwickeln, die sonst gar nicht so deutlich werden würden.
Schön ist es auch, daß etwas über die Übung hinaus bleibt, durch das man sich erinnern kann und an dem andere (z.B. Eltern) teilnehmen können. Dabei muß die Umsetzung nicht notwendigerweise Einzelarbeit sein, auch in Kleingruppen (z.B. durch ein gemeinsames Bild, ein Gesteck, einen Mandalaentwurf, Partnerübungen) oder auch mit allen (durch freies Bewegen nach Musik, im Tanz, in der spielerischen Darstellung) kann ich mich zum Ausdruck bringen.
Daran können sich dann der Austausch und die Auswertung anschließen.
Schwierigkeiten ergeben sich dadurch, daß alle kreativen und gestalterischen Möglichkeiten von den Kindern sehr verschieden gemocht, gekonnt und genutzt werden.

Während manche mit Liebe und viel Geduld ihre Bilder malen etc., sind andere schon längst fertig.
Da gilt es, einen für alle verträglichen Weg zu finden, der die einen nicht abblockt und die anderen nicht im Leerlauf unruhig werden läßt. Wenn die Unterschiede nicht allzugroß sind, können Sie schon mit der Austauschrunde beginnen, während einige noch ihre Arbeiten abschließen. Ist das Tempo aber deutlich unterschiedlich, so ist manchmal ein versetzter Schluß angebracht. Dann warten Sie, bis eine erste Kleingruppe fertig ist, und setzen sich mit diesen Kindern in einer kleinen Auswertungsrunde zusammen. Wer fertig ist, kommt hinzu und erzählt von seinen Erfahrungen. Wenn sich dies zu lange hinzieht, können sich die ersten mit einer stillen Beschäftigung nochmal zurückziehen (und z.B. ein zweites Bild, ein zweites Mandala malen). Oder sie verlassen leise den Raum und machen etwas anderes. Schöner ist es aber doch, wenn es einen gemeinsamen Abschluß gibt. Deshalb kann man auch, wenn man ein solch stufenweises Abschließen in der Gruppe voraussieht, schon einmal einen Zwischenabschluß machen, dann sind alle freier, ihre Arbeit in ihrem Tempo zu Ende zu bringen.
Es gilt, beides abzuwägen, die Zeit für die eigene Umsetzung und die Zeit für den gemeinsamen Austausch, denn auch der sprachliche Austausch ist wichtig.

5.2 Die Auswertung

Während die Umsetzung mehr die Aufgabe hat, die Erfahrung für das einzelne Kind selbst abzurunden, wird dies in der Auswertung ein Stück öffentlich, und alle nehmen daran teil, welcher Prozeß in dem Kind und in der Gruppe abgelaufen ist. Der Wunsch nach einer Auswertung hat unterschiedliche Aspekte:

- Ich möchte aus dem individuellen Erleben zu einer Gemeinschaftserfahrung finden,
- ich halte eine sprachliche Verarbeitung der Erfahrungen generell für notwendig,
- ich möchte in der Gruppe die erlebten Erfahrungen reflektieren und mit einer weiteren Übung vertiefen und brauche dazu Rückmeldungen,
- ich möchte den Erfahrungsaspekt durch kognitive Aspekte erweitern,
- ich kann den Ablauf nicht einschätzen, die Situation ist unklar, die Übung lief vielleicht anders als geplant,
- ich weiß nicht, wo die Gruppe oder einzelne Kinder mit ihrer Aufmerksamkeit sind.

Ich erlebe es oft genug, daß Kinder bei einer Übung unruhig erscheinen, und bei der Auswertung wird deutlich, wie aufmerksam sie trotzdem waren und wie interessiert sie sind.

Die Auswertung bietet neben der Rückmeldung an die Verantwortlichen eine weitere Chance: Die Kinder erleben sich als Gruppe, die ähnliche und doch unterschiedliche Erfahrungen macht. Manchmal kommt von Kindern, die sonst wenig im Vordergrund stehen, sehr Wesentliches und Bereicherndes. Andere werden neugierig, und die Kinder wenden sich einander zu.
Gerade in der Auswertung ist uns die Sprache wichtig geworden, da sonst in den Phasen das Schweigen und die Stille im Vordergrund stehen.
Eine meiner Grundarbeitsformen bei Kindern ist die Hör- und Schweigerunde: Jedes Kind sagt ein, zwei Sätze zu seinen Erfahrungen oder z.B. zu seinem Bild. Die anderen Kinder kommentieren nicht, und ich rege sie an, nicht zu bewerten. Nach einigen Versuchen stellen die Kinder sich aufeinander ein, können sich zuhören und lassen auch das Be- und Abwerten. Sicherlich ist diese Arbeitsform vielen bekannt, das Wichtige an ihr ist allerdings die konsequente und kontinuierliche Handhabung. Dazu ist es natürlich in der Schule notwendig, daß die Kinder von ihrer Lehrerin oder ihrem Lehrer wissen, daß in dieser Situation keine Noten gegeben werden und sie auch nicht heimlich bewertet werden. Da ich – Rüdiger – in der Schule nur als Kontaktperson arbeite, habe ich es sicherlich leichter. Die Lehrerin kann dies sicher durch den häufigeren Kontakt vertrauensvoll ausgleichen.

In der Auswertung kommen trotzdem manchmal spontane Äußerungen, die ersteinmal stören. Vor einiger Zeit geschah dies mit abwertenden Aussagen über türkische Mitschüler. Vor der Stunde hatten sie sich geprügelt. Da diese Aussagen sehr gravierend waren, mußten sie aufgenommen werden.
Mir schien es sinnvoll, erst die Runde zum Abschluß zu bringen und dann das Thema in Ruhe aufzunehmen. Verhaltensweisen werden nicht durch noch so deutliche und notwendige Worte verändert; es müssen neue Beziehungen und Gemeinsamkeiten wachsen.
In diesem Fall kam mir die Idee einer Reise mit dem FaFeFiFoFu zu Abraham. Zuvor lud ich die Kinder zu einem Vertrauensspaziergang ein (vgl. S. 180). So wie Abraham Gott blind vertraut, vertrauen wir jetzt einmal blind und lassen uns von einer Partnerin oder einem Partner blind führen. Wir gehen über den Hof, die Treppen und durch die Klasse. Nach dieser Sensibilisierung – es muß nicht in einer Religionsstunde sein – hören die Kinder offener, daß Abraham der Stammvater der Israeliten und damit auch von uns Christen *und* den Muslimen ist. Dies wird deutlich an seinen Söhnen Ismael und Isaak. Manchmal hilft es, eine gemeinsame Wurzel zu entdecken, und wir haben nicht geahnte Gemeinsamkeiten.

5.3 Die Vernetzung

Das letzte Beispiel führt bereits über eine Auswertung hinaus. Es möchte dazu anregen, Übungen untereinander zu vernetzen und Übungen mit anderen Inhalten, Themen und anderen Projekten zu verbinden.
Dabei ergibt sich der erste Schritt aus der Frage: »Wie setze ich eine Übung fort?« Nehmen wir ein Beispiel: Die Kinder waren mit dem FaFeFiFoFu unterwegs und haben in der Entspannung folgende Reise gemacht: Sie fuhren durch den tropischen Regenwald und erlebten die indianischen Ureinwohner bei der Jagd und auf dem Feld, sie begegneten Tieren, erlebten Pflanzen und Bäume und fuhren auf Kanus über die Flüsse.
Diese Erfahrung hat einen großen Eigenwert. Gleichzeitig möchte ich nicht bei dieser Erfahrung stehenbleiben, sondern sie vertiefen, ausweiten und in andere Zusammenhänge stellen. Es folgen nun – als Beispiele – viele Ideen, die an diese Phantasiereise anknüpfen könnten:
- 500 Jahre »Entdeckung« Amerikas im Konfirmandenunterricht. Ein eigenes Bild und eigene Erfahrungen ermöglichen die Aufnahme von Informationen. Es könnte auch eine Collage erstellt werden.
- Wie leben Indianer im Urwald? Ein Projekt im Kindergarten. Die Kinder lernen indianisches Leben kennen, töpfern vielleicht und ritzen die Ornamente ein. Ein-

Blindes Vertrauen

Mit Abraham lebte in den Zelten einst ein kleines Mädchen. Es hieß Ruth. Meist sprang und spielte sie mit den anderen Kindern. Keiner merkte, daß sie blind war. Aber heute saß Ruth auf einem Kamelsattel und weinte. Abraham ging zu ihr und hob sie auf seinen Schoß. Sie war so leicht wie ein Wollflaum des Kamels. Er streichelte Ruth über das Haar, und sie erzählte: »Abraham, die anderen Kinder können so viel, und ich kann gar nichts sehen. Ich sehe dich nicht, ich sehe nicht den Tag und die Nacht, nicht Mama und Papa, nicht meinen Hund und nicht mein Pferd. Und reiten darf ich auch nicht alleine.«

Sie weinte und war traurig. Abraham ließ sie ausweinen und sagte dann zu Ruth: »Komm, wir machen einen Spaziergang«. Er nahm Ruth an die Hand und führte sie durch das Lager, zum Brunnen, in die Wüste und zu den Tieren.

Ruth folgte Abraham überallhin, sie ging genauso schnell wie er. Sie befühlte alle Tiere. Kein Tier tat ihr etwas zuleide.

Endlich kamen sie zum Kamelsattel zurück und setzten sich hin. Abraham rief einen gleichaltrigen Jungen herbei und sagte zu ihm: »Ruben, wir machen ein Spiel. Ich verbinde dir die Augen, und dann führt Ruth dich durch das Lager. Ich nehme Ruth an meine Hand und gehe mit.« Abraham verband Rubens Augen, und alle drei spazierten los.

Ruben ging sehr langsam, er stolperte oft und hatte den freien Arm ausgestreckt. Es war schwer, ihn zu führen, Ruben wurde immer ein wenig gezogen. Nach einer Weile beendete Abraham das Spiel. Ruben lief blitzschnell davon. Abraham führte Ruth zurück in sein Zelt.

Sie setzten sich und tranken frisches Wasser. »Weißt du, Ruth«, sagte Abraham, »du hast etwas, was viele Menschen nur mühsam lernen, du hast Vertrauen, sonst könnte ich dich nicht führen. Ruben aber hatte Angst sich wehzutun, es war schwer, mit ihm auch nur wenige Schritte zu gehen. So schwer das Blindsein oft für dich ist, du hast Vertrauen, und dies macht dich reich.« Ruth suchte seine Hand und hielt sie fest.

fache indianische Tänze können schon in diesem Alter eingeübt werden. In den jährlichen Familienadventskalendern von Misereor/Brot für die Welt gibt es dazu viele Informationen, Anregungen, Lieder.

- Kinder schreiben ihre Erfahrung als Aufsatz (Schulunterricht).
- Kinder malen ihre Reise, eventuell auch als Bilderfolge. So entsteht ein Gruppenbild, das einen Raum schmücken kann. Alle Betrachter erleben so die Geschichte im Schauen nach.
- Im Kindergottesdienst kann die Imagination Bestandteil einer Reihe sein. Dies wäre z.B. in einer Reihe über Menschen in anderen Ländern, auch das Thema Ökumene könnte im Vordergrund stehen.

Weiterarbeit und Vernetzung sind notwendig und sinnvoll, damit die Übungen nicht isoliert, außerhalb des Lebens der Kinder, dastehen. Erst wenn auch im Alltag Stille und Kontakt zu sich selbst vorhanden sind, hat unser Anliegen seinen Sinn gefunden. Es ist also wichtig, die Übungen mit Zielgruppen, mit Aufgaben, mit Themen, mit Erfahrungen anderer Art zu vernetzen.
Grundlage aller Vernetzung ist dabei unsere Erfahrung, daß wir durch die Übungen die Fülle unserer eigenen Möglichkeiten entdecken und fördern können.
Ich kann mir gut vorstellen, daß die Vernetzung auch durch die Arbeitsformen selbst geschehen kann. Es ist möglich:

- in jedem Unterricht nach dem eutonischen Grundprinzip zu arbeiten,
- in Kindergärten so zu spielen, daß die Kinder wie im Yoga sich gegenseitig in ihrem Eigenwert verstärken und fördern,
- in Gruppen eine gute Spannung schaffen, so daß die Kinder die Fülle ihrer Möglichkeiten erproben können,
- im Firm-/Konfirmandenunterricht sich mit inneren Bildern auseinandersetzen und sich damit eine tiefere gemeinsame Basis schaffen,
- daß Familien durch gemeinsame Körperübungen zusammenfinden.
-

Die Grundlage der Vernetzung mit anderen Arbeitsformen liegt in der Persönlichkeit einer/s jeden einzelnen. Hier gilt die Regel, die am Anfang des Buches steht, im übertragenen Sinne: Genauso, wie sich meine eigene Stille und Ruhe für die anderen auswirkt, kann ich nur das verbinden, was in mir selbst verbunden ist. Nehmen Sie dieses Buch als eine Anregung mit einer Fülle von Möglichkeiten, die Sie nicht alle zu beherrschen brauchen. In dieses Buch haben mehrere Menschen ihre Arbeitsweise eingebracht; es reicht, in *einem* Bereich ersteinmal zu Hause zu sein, und dann erweitern sich die Möglichkeiten von selbst.

5.4 Der Abschluß

Eine Übung ist nicht zu Ende, wenn sie vorbei ist. Sie wirkt nach. Das Kind malt vielleicht zu Hause am Bild weiter, es erzählt von den Erfahrungen, oder es wünscht sich eine neue Reise mit dem FaFeFiFoFu.
Trotzdem muß die Übung, die Stunde für sich einen Schluß haben, in der sich noch einmal alles sammelt, ehe wir wieder bereit sind für andere Tätigkeiten. Der Abschluß soll kein eigener neuer Impuls sein, sondern die Übung in sich abrunden.
Es ist gut, für den Abschluß kleine Formen und Rituale zu entwickeln, die hauptsächlich die Aufgabe haben, die Erfahrungen ausklingen zu lassen und es dem Kind ermöglichen, noch einmal sich und die Gruppe wahrzunehmen, sich von der Übung und evtl. den anderen Kindern zu verabschieden.
Der Abschluß ist das Gegenüber zum Anfang, und vielleicht können Sie etwas vom Beginn der Übung aufgreifen.

- So können wir zum Abschluß noch einmal ein (bestimmtes) Lied singen,
- einen schon bekannten und beliebten Tanz tanzen,
- uns im Kreis anfassen, noch einen Moment die Gemeinschaft spüren, ehe wir auseinandergehen,
- uns mit einer Verbeugung oder einer anderen gleichbleibenden Gebärde verabschieden,
- gemeinsam zusammentragen, was uns gefreut hat und wofür wir danken,
- gemeinsam das »Vater unser« singen oder sprechen,
- ein Segenswort sprechen, evtl. mit Bewegung,
- mit einer ganz kleinen zusammenfassenden Schlußgeschichte enden,
- mit einer Geste die eigene Stimmung jetzt am Ende der Übung ausdrücken,
- jedes Kind mit einer Aussage zu den Erfahrungen, die es gemacht hat, abschließen lassen – ohne Bewertung durch die anderen Kinder oder die Verantwortlichen (wenn es sonst keine Auswertung gab),
- einfach noch einmal einen Moment still sein, die Glocke, den Gong noch einmal tönen lassen,
- oder in aller Ruhe unsere Decken, Sitzkissen oder Stühle wegräumen.

Was Sie auch tun, versuchen Sie, den Schluß und den Übergang bewußt und in Ruhe zu gestalten.
In vielen Gruppen oder in den Unterrichtsstunden entwickelt sich ein gemeinsamer Abschluß im Miteinander Tun. Hören Sie hin, was die Kinder sich wünschen, was ihnen wichtig ist und was sie noch einen Moment hält.

Praxisfelder

6 Erfahrungen und Modelle aus der Praxis

Dieses Kapitel unterscheidet sich von dem vorangegangenen Übungsteil. Hier werden keine einzelnen Übungsformen vorgestellt, sondern Sie finden eine Zusammenstellung von Übungen, die eine Reihe im Kindergarten oder Kindergottesdienst, im kirchlichen Unterricht und Religionsunterricht verdeutlichen. Hinzu kommen Einzelstunden aus dem Kindergartenbereich und eine fortlaufende Abendreihe aus einer Kinderfreizeit. Diese Beschreibungen sind weniger zum direkten Nachmachen gedacht, sie sind vielmehr Erfahrungen, wie es bei dem einen oder anderen Mal ausgesehen hat und damit Anregungen für eigene Stunden und Versuche.

6.1 Übungen für den Kindergarten

6.1.1 Yoga-Übungen und Phantasiegeschichten

Eine Übungsreihe, für den Kindergarten erprobt, aber auch in Gruppen für Ältere einzusetzen.

Thema: »Wenn ich ein Vöglein wär…«

Für die Reihe wurden verschiedene Lieder benutzt, die Sie auf der Cassette »Die Vogelhochzeit« von Rolf Zuckowski finden.

1. Einheit: Das Nest
Einstieg: Nach einer Zeit zum freien Bewegen im Raum stellen Sie einen runden Korb (z.B. einen, wie ihn Gärtnereien für Gebinde aus zwei, drei keinen Topfpflanzen verwenden) in die Mitte und setzen sich dazu:

1. Impuls: Ich war im Wald und habe etwas gesehen, was ich aber nicht mitbringen durfte. Es war in einem Baum versteckt. Es hat ein bißchen Ähnlichkeit mit einem Korb (– Nest –).

2. Impuls: Wir wollen selbst ein Wald werden. Jede/r von uns ist ein Baum. (Je nach Vorerfahrung können die Kinder angeleitet werden, von einem kleinen Baum heranzuwachsen, oder sie wählen bekannte oder selbst erdachte Stellungen aus, in denen sie sich als Baum fühlen.) Genügend Zeit zum Wachsen oder Ausprobieren verschiedener Baumhaltungen lassen.

3. Impuls: Lied des Vogelmännchens. Ein Vogelpärchen sucht einen Baum, um ein Nest zu bauen. Überlegt einmal, welch ein besonderer Baum ihr sein könntet, damit das Vogelpärchen gerade bei euch sein Nest baut. (Besonders hoch, viele dicke Äste, klein und versteckt, wiegt sich im Wind etc.) Erzählt es den anderen und zeigt, wie euer Baum aussieht. (Vormachen, alle machen es nach.)

4. Impuls: Woraus baut der Vogel sein Nest? Einige Materialien um den Korb herum ausbreiten (Ästchen, Strohhalme, Gras, Moos [Naturschutz!], Rinde, Federn, Blätter, Wollflusen). Damit gemeinsam den Korb zu einem Nest auspolstern.

5. Impuls: Alle kuscheln sich mit ihren Decken rund um das Nest zusammen, sind selbst ein Nest. Wir hören nochmal das Lied und haben danach noch zwei bis drei Minuten zum Nachklingen. Dann recken und strecken, Decken wegräumen.

Alternative: Impulse 1-3 können durch einen in Blickrichtung Nest angeleiteten Spaziergang ersetzt werden. Dabei können die Kinder selbst Nestbaumaterialien sammeln. Dann folgen Impuls 2-3 zwischen 4 und 5.

2. Einheit: Wachsen
Freie Bewegung, Deckenkreis um das Nest der 1. Einheit. Im Nest liegen jetzt verschieden große und verschiedenfarbige Eier.

1. Impuls: Das Nest hat sich verändert. Das Vogelweibchen hat Eier gelegt und sie viele Tage bebrütet, das heißt warmgehalten. Wir können uns wie am Schluß der letzten Einheit nochmal zusammenkuscheln und uns warmhalten. – Und während die Eier so gut behütet werden, geschieht darin etwas – ein Vogelbaby wächst heran. Und dann will es raus – hört mal so… (Lied: Tick, tick, tick).

2. Impuls: Wollen wir das einmal nachspielen? Zieht die Decken auseinander, so daß alle Platz haben. Dann rollt euch darauf klein zusammen, wie in einem Ei (Embryo-Haltung). Es wird zu eng, ihr wollt raus, stoßt mit dem Kopf gegen die enge Schale (auf die Knie, Arme neben dem Körper, Kopf heben – Haltung Grille). Das Ei bricht auf, ihr richtet euch auf den Knien auf und schaut euch um. Endlich Platz! Ihr streckt die Arme nach hinten, spreizt die Finger und probiert so eure Flügel aus (Haltung Hirsch). Zum Fliegen sind sie noch zu schwach. Aber vielleicht könnt ihr schon ein wenig hüpfen? (Ausgiebig Spatz und Ente ausprobieren.)

3. Impuls: Müde vom Hüpfen ruht ihr euch im Nest aus, schlaft ein und träumt vom Fliegen (Phantasiereise zur Musik von Vangelis, L'Apokalypse des Animeaux). Aufwachen, recken und strecken.

4. Impuls: Wir malen zusammen einen großen (in Umrissen vorgezeichneten) Vogel bunt an und erzählen uns vom Fliegen.

5. Impuls: Decken wegräumen. Wir hüpfen und tanzen um den bunten Vogel mit dem Lied: »Hallo Mama, hallo Papa«.

3. Einheit: Fliegen
Freie Bewegung. In der Mitte liegt der große Vogel. Das Lied »Hallo Mama, hallo Papa« dient als Überleitung. Deckenkreis.

1. Impuls: Wißt ihr noch, wie ihr beim letzten Mal aus dem Ei geschlüpft seid? Wie ihr erst eingerollt lagt? (Vormachen; wiederholen der einzelnen Bewegungen als zügige Folge.)

2a. Impuls: Wir haben noch gar nicht überlegt, welch verschiedene Vögel da ausgeschlüpft sind. Als ihr in eurer Phantasie geflogen seid, wart ihr da ein bestimmter Vogel? (Austausch.) Könnt ihr eure Vögel nachmachen? (Ausprobieren lassen.)

2b. Impuls: Wollt ihr noch ein paar besondere Vögel kennenlernen? (Die meisten Vogelhaltungen sind gute Gleichgewichtsübungen.) Ich zeige euch mal welche: Storch, Adler, Schwan, Kiebitz.
(Je nach Zeit können Impuls 2a und b alternativ erprobt werden, sonst soll einer der beiden deutlich im Vordergrund stehen, der andere ist Ergänzung.)

3. Impuls: Das letzte Mal seid ihr in eurer Phantasie geflogen; heute wollen wir uns zu Musik bewegen, und vielleicht fühlen wir uns dabei so leicht, als ob wir fliegen könnten. Setzt euch noch mal in euer Nest, legt den Kopf auf die Knie und spürt, welcher Vogel ihr seid. – Hört dann auf die Musik, und wenn ihr dazu bereit seid, steht langsam auf. Vielleicht laßt ihr noch ein wenig die Augen geschlossen und schwingt erstmal nur mit euren Flügeln durch die Luft. – Wenn ihr euch gut fühlt, bewegt euch von eurem Platz weg und fliegt mit der Musik. Aber achtet darauf, keinen anderen anzustoßen, – das darf nicht passieren, sonst würdet ihr in der Luft abstürzen!
(Idee: Mit Kreppstreifen aus den Armen Flügel machen)

4. Impuls: Kommt wieder ins Nest. Wie war euer Flug? (Zeit zum Erzählen.)

5. Impuls: Unsere Vogelreihe ist zu Ende. Kommt, kuschelt euch noch einmal alle im gemeinsamen Nest zusammen. Erinnert euch, was wir gemeinsam erlebt haben. Und wenn ihr draußen Vögel seht, dann denkt wieder daran und wünscht ihnen einen

guten Flug. Vielleicht probiert ihr auch zu Hause nochmal etwas davon aus. Ihr habt noch ein bißchen Zeit zum Träumen, während die Vogelmutter noch ihr Abendlied singt (»Abendlied der Mutter«).

Musik zum Fliegen (auf CD oder LP):
- Vangelis, »L'Apokalypse des Animeaux«
- Deuter, »Cicada«
- Mark Knopfler, »The Princes Bride«
- Ray Lynch, »No Blue Thing«

6.1.2 Stundenentwürfe

Die Ideen für diese Entwürfe wurden am Ende einer Fortbildungsreihe »Stilleübungen mit Kindern« (PTI, Bonn 1990/91) von Erzieher/innen entwickelt und mittlerweile in dieser oder ähnlicher Form erprobt. Ich habe fünf Beispiele ausgewählt, von einer einfachen Übungsfolge im Stuhlkreis bis zu einem Stundenmuster, nach dem eine ganze Übungsreihe entstehen kann.

Übungen im Stuhlkreis: In die Stille hören

Einstieg: Der Stuhlkreis ist vorbereitet, aber die Kinder und Erzieherinnen sitzen zunächst in der Bauecke. Ein Kind geht in den Stuhlkreis und wünscht sich ein Nachbarkind, das sich wiederum ein neues Kind wünscht. Alle Kinder und Erwachsenen werden so nach und nach bei ihrem Namen gerufen.

1. Impuls: Manchmal ist es schön, wenn um uns herum viel Lärm ist, aber manches können wir nur entdecken, wenn wir leise sind. Wißt ihr zum Beispiel, ob die Kinder in den anderen Gruppen gerade laut oder leise sind? Wenn ihr ganz leise seid, machen wir die Türe auf und hören einmal nach. Was hört ihr? (Selbst leise sprechen und die Kinder ebenso leise antworten lassen.)
Jetzt können wir die Türe wieder zu- und ein Fenster aufmachen. Was hört ihr denn jetzt?
Und wenn Türe und Fenster zu sind, gibt es dann noch etwas, was wir hören können?

2. Impuls: (Wenn dies alles für die Kinder neu war, wird ihnen das vielleicht schon genug an Stille sein. Dann wäre folgender Übergang möglich:)
Jetzt haben wir eine Menge gehört. Welches Geräusch hat euch denn am besten gefallen? Was fandet ihr nicht so schön? (Je nachdem, wo ihr Kindergarten liegt, ergibt sich

hier bestimmt ein gutes Gespräch.) Wir können ja mal einzelne Geräusche nachmachen, und alle raten, was das war. (Zu den leisen Geräuschen ermutigen.)

Abschluß: Hat euch das In-die-Stille-Hören gefallen? Wir können sicherlich noch manches andere entdecken. Jetzt wollen wir mal versuchen, so leise auf den Hof (oder an einen anderen Ort) zu gehen, daß die anderen uns nicht hören, zuerst alle, die schon 6 sind, dann die 5jährigen etc.

Zwei Varianten zum 2. Impuls:
a) Bei Regen (situations- und wetterabhängig)
Manche Geräusche erzählen ganze Geschichten, so wie der starke Wind/Regen heute morgen. Hört ihm einmal zu, vielleicht erzählt er euch, wo er herkommt und was er schon alles gesehen hat.
- Zeit zum Hören.
- Zeit zum Erzählen.

Abschluß: Ein Lied über den Regen, den Wind, den Wunsch nach Sonne, vielleicht ein Lied tanzen.

b) Mit Traummusik
Während die Kinder in den Raum horchen, beginnt eine leise Musik. Anregung: »Das ist eine Traummusik, die euch etwas erzählen kann. Hört ihr ein wenig zu«. (Wenn die Augen nicht schon geschlossen sind, können sie jetzt mit dem Stichwort Traum geschlossen werden.) Nach einer gewissen Zeit ausblenden und Augen öffnen lassen, recken und strecken wie nach dem Schlafen.
- Zeit zum Erzählen der Träume.

Abschluß: Wie bei der kurzen Variante.

Phantasiereise: Ein Schmetterlingsflug

Eine gute Möglichkeit, aus der Bewegung zur Phantasiereise oder zur Imagination überzuleiten, ist der aktive Spaziergang (gut mit ca. 10 - 12 Kindern).Sie brauchen etwas Platz zur Bewegung und die Möglichkeit, sich zur Phantasiereise bequem hinzulegen oder auch zu setzen. Für die Nacharbeit benötigen Sie hier einen Strauß mit Ästen in einer Vase.

Einstieg: Heute wollen wir einen Spaziergang machen. Faltet eure Decken zusammen.

1. Impuls: Beschreiben Sie einen Spaziergang, dazu werden alle Bewegungen von den Kindern nachgemacht: Schuhe und Jacke anziehen, die Treppen hinunterhüpfen, die Straßen entlanggehen, auf der Mauer balancieren, unter dem Zaun durchkriechen, durch hohes Gras und über matschigen Boden gehen, über einen Waldweg

spazieren … Der Spaziergang setzt sich fort, bis alle etwas aus der Puste sind. Nun werden die letzten Anleitungen ruhiger: aus dem Wald schleichen, eine Wiese suchen, die Wiese riechen, sich auf die Wiese (Decke) legen.

2. Impuls: Seht einen Schmetterling, träumt: Stellt euch vor, ihr seid nun ein Schmetterling. Fliegt über die Wiese … von Blume zu Blume … schwebt in der Sonne, seht euch die Wiese von oben an …

3. Impuls: Austausch: Was habt ihr gesehen? Was hat euch gefallen?

4. Impuls: Schmetterlinge basteln. Material: Kreppapier und Pfeifenreiniger. Von dem Kreppapier brauchen wir jeweils zwei ca. 3-6 cm lange Streifen. Die Pfeifenreiniger werden in der Mitte zusammengeklappt, dazwischen werden die zwei Kreppstreifen geklemmt, und die Pfeifenreiniger werden vorne zusammengedreht. Aus ihren Enden werden die Fühler geformt. Mit einem Bindfaden kann man die Falter nun an einen Strauch hängen.

5. Impuls: Die Geschichte von der »Raupe Nimmersatt« oder noch einmal Zeit zu einem Austausch.

Abschluß: Ein fröhlicher Tanz um den Strauß bildet das Ende.

Ballonspiel: Wohin mit meinem Ärger?

Für eine Kleingruppe gerade auch aufgedrehter, aggressiver, schlecht gelaunter Kinder, wenn sie es gewohnt sind, daß im Verlauf des Vormittags besondere Kleingruppen angeboten werden.

Einstieg: Der gewohnte Deckenkreis, Zeit lassen, bis die Neugier die meisten auf die Decken führt.

1. Impuls: Ein aufgeblasener und ausreichend unaufgeblasene Luftballons.
Ich habe das Gefühl, daß ihr ganz voll gefüllt seid mit allerlei Ärger, schlechter Laune, mit Erlebnissen, die euch nicht gefallen haben oder einfach mit Langeweile. Ihr seid so voll, wie der Luftballon hier. Was passiert, wenn ich ihn weiter aufblase? Er platzt! Und dann kann keiner mehr mit ihm spielen. –
Ich habe hier noch ganz viele Luftballons, die könnt ihr aufblasen und all euren Ärger etc. hinein pusten. (Aufblasen und auch platzen lassen, bis die »Luft raus ist«; zum Schluß soll jeder einen aufgeblasenen Ballon haben.)
Zeit zum Erzählen, was da alles hineingeblasen wurde. Jeder Luftballon, zu dem etwas erzählt wurde, wird aufgehängt (mit Namen/Zeichen).

2. Impuls: Jetzt haben wir die Luftballons aufgeblasen mit allerlei, was wir loswerden wollten. Habt ihr Lust, den Platz in euch mit hellen Farben und schönen Bildern

auszufüllen? Ich habe hier Blätter mit einem runden Kreis, das ist ein ganz leerer Luftballon. Da hinein könnt ihr jetzt neue Farben und Bilder malen. Dazu können wir Musik hören.

3. Impuls: Jetzt haben wir neue Bilder und Luftballons mit alter Luft. Die Bilder können wir aufhängen. Was machen wir mit den Luftballons? (Kinder selbst entscheiden lassen, evtl. Vorschlag, die Luft herauszulassen und den Ballon mitzunehmen, um neuen Ärger etc. wieder hineinpusten zu können.)

Abschluß: Sich einen Moment Zeit nehmen. – Was wollt ihr jetzt in der großen Gruppe machen? Decken wegräumen, Bilder aufhängen.

Adventmeditation: Licht im Dunklen

Dieses Beispiel paßt in die Adventszeit. Das Lied sollte vorher schon bekannt sein. (Den Text finden Sie im Anschluß an diese Übung.)

Einstieg: In der Mitte steht eine große Kerze (die vielleicht bei einer anderen Gelegenheit gestaltet wurde), mit Tesaband ist eine Spirale als Weg dorthin auf den Boden geklebt. (Nur ein bis zwei Windungen). Alle Lichter sind an.

1. Impuls: Wenn ihr jetzt morgens in den Kindergarten kommt, ist es noch ganz dunkel. Zum Glück sind ja überall Lampen an. Könntet ihr denn auch im Dunkeln euren Weg finden? – Wir können es ja auch hier dunkel machen. Licht aus. (Falls es zu hell ist, etwas abdunkeln.) Schaut euch um, was ihr noch sehen könnt. Manches sieht im Dunkeln anders aus (Zeit zum Erzählen). Lied erste Strophe.

2. Impuls: Je dunkler es ist, desto mehr wirkt ein Licht. Große Kerze anzünden. Wirken lassen. Zweite Strophe singen.

3. Impuls: Das Licht lädt uns ein, seine Wärme und Helligkeit zu teilen. Für alle gibt es ein Teelicht, geht die Spirale entlang bis zur Mitte, zündet euer Licht an und bringt es einem anderen Kind (Bierdeckel als Unterlage). (Vier Kinder für den Anfang benennen, wenn sie ihre Lichter verteilt haben, dritte Strophe singen. Dann gehen die vier, die ein Licht erhalten haben etc., bis alle ein Licht angezündet haben. Zwischendurch die dritte Strophe mit entsprechender Zahl singen.)

4. Impuls: Alle stellen die Teelichter in einen großen Kreis um die dicke Kerze. Drumherum bilden alle einen Kreis (evtl. mit Tüchern den Abstand vergrößern, damit keiner zu nahe an die Kerzen kommt). Schreittanz um die Kerzen zur vierten Strophe, mehrmals singen oder die erste bis vierte Strophe wiederholen.
(Hier kann Schluß sein und das Folgende wird an einem anderen Tag dann eingeleitet mit dem 4. Impuls, zu einer ausführlicheren Fortsetzung.)

5. Impuls: Hinsetzen, und während die Kinder den Kerzen zuschauen, eine Geschichte oder mit eigenen Worten erzählen, warum Weihnachten in der dunkelsten Nacht gefeiert wird, warum Jesus sagt »Ich bin das Licht«.

Abschluß: Fünfte und sechste Strophe singen, Kerzen auspusten, die Dunkelheit ausklingen lassen, langsam bis zum notwendigen Licht erhellen. Bastelangebot – z.B. Kerzenständer aus Ton oder Salzteig (frei formen oder mit Förmchen ausstechen), kleine Stumpenkerzen verzieren, Kerze als Fensterbild etc.

Manchmal, wenn's so dunkel ist

Melodie: wie das St. Martin-Lied »Abends wenn es dunkel wird«
Text: Cornelia Löcher. Rechte bei der Autorin

1. Manchmal, wenn's so dunkel ist, daß du keinen andern siehst,
   wird es komisch dir im Bauch, manchem andern sicher auch.
2. Doch da scheint ein Kerzenlicht, das dir irgendwas verspricht,
   was es ist, du weißt es nicht, du spürst nur wie schön es ist.
3. Guck in meine Augen rein, dann siehst du den Kerzenschein,
   wie er sich drin spiegeln kann; nun sind schon (zwei) Kerzen an.
4. Kerzenlicht im dunklen Raum, es macht Spaß dich anzuschaun.
   Immer heller wird es hier; tanz den Lichtertanz mit mir.
5. Alles ist geheimnisvoll, und du freust dich schon ganz doll,
   drinnen wird es warm in dir, Weihnachten steht vor der Tür.
6. Alles sieht ganz anders aus, wie verzaubert ist das Haus.
   Weil Jesus (Christ) geboren ist, feiern wir das Weihnachtsfest (dies Lichterfest).

Übungsreihe: Mit dem FaFeFiFoFu unterwegs

Dieses Beispiel zeigt, wie FaFeFiFoFu-Geschichten einen einfachen,wiederholbaren Rahmen erhalten können. Die Umsetzung richtet sich nach dem Inhalt der Geschichte.

Einstieg: Deckenkreis, gleichbleibendes Symbol in der Mitte (Der Regenbogen ist ein Kennzeichen des FaFeFiFoFus, deshalb z.B. ein regenbogenfarbenes Tuch, ein gemalter Regenbogen, ein Bergkristall oder ein Prisma.)
Einladung: Wir wollen wieder auf eine Phantasiereise gehen. Macht es euch auf eurem Traumteppich bequem, reckt und streckt euch noch einmal, ehe ihr euch in eurer Lieblingslage hinlegt.

1. Impuls: Eutonie-Kontaktübung: Spürt, wo euch der Boden berührt, wo ihr aufliegt, wo Luft ist (kurze Anleitung, den Körper durchzuspüren).

2. Impuls: Liegt ihr gut? Dann können wir das FaFeFiFoFu rufen (rufen, tönen). Wir fliegen weg vom Kindergarten, hoch über die Wolkenberge (Atem), die Sonne scheint und wärmt euch den Bauch. Ein kleiner Vogel klopft ans Fenster, laßt ihn herein; er fliegt zu jedem Kind, erst auf die Schulter, den Arm, den Kopf – er ist ganz leicht, berührt euch ganz vorsichtig. Er hat sich verflogen, wir bringen ihn nach Hause. Wir fliegen schnell, schneller als der Wind. Es kribbelt im Bauch – dann wird der Flug langsamer, wir sinken, sehen eine Insel. Dort ist der Vogel zu Hause, wir lassen ihn fliegen. Rückflug, Landung im Kindergarten. Recken und Strecken.

3. Impuls: Ob ihr auch so zart und leicht sein könnt wie ein Vogel?
Partnerübung: Ein Kind bleibt liegen, das andere ist der kleine Vogel und hüpft (mit den Fingern) über Hand, Arm, Schulter etc. (anleiten). Wo ist der Vogel jetzt? Berühren ohne Anleitung. Evtl. die Stellen der Berührung raten lassen. – Partnerwechsel.

Abschluß: Zeit zum Erzählen, Beschreiben, Nachspüren und Hören.
Decken zusammenlegen, Händekreis: »Danke, daß ihr alle mitgeflogen seid. Tschüß bis zur nächsten Reise!«

6.2. Projektphasen im Religionsunterricht der Grundschule

6.2.1 Gott ist in der Mitte – eine Reihe mit Mandalas

Ziel und Rahmen der Stunden

Zielsetzung:
- Wir können erfahren: Gott ist in uns Menschen.
- Wir brauchen all unsere geistigen, körperlichen und seelischen Räume, um Gott zu erfahren.
- Die Leibräume sollen als Wohnort (Tempel) Gottes in uns erlebt werden.
- Die Mandalas sollen die Erfahrungen vertiefen und aufarbeiten.

Zielgruppe: Die Unterrichtsreihe wurde für ein drittes und viertes Schuljahr geplant, einige andere Stunden mit anderen Übungen waren vorausgegangen. Zur Klasse gehörten ungefähr 20 Jungen und Mädchen.

Ort des Unterrichts: Der Filmraum der Schule im Keller; der Raum war mit einem Teppich ausgelegt. Die Kinder saßen auf dem Boden. Zum Sitzen standen kleine

Meditationsbänkchen zur Verfügung. Es konnte auch an den Tischen an der Wand des Raumes gemalt oder geschrieben werden.

Grundmuster der Stunden: Ich hatte den Stunden ein Muster gegeben, das alle Stunden im weiteren Sinne einander ähnlich machte.
Beginn mit einem Lied: Schweige und höre, neige deines Herzens Ohr. Suche den Frieden (Kanon), alternativ ein anderes Lied
Einstiegsgespräch: Was machen wir heute gemeinsam?
Körpererfahrungen: Die Mitte suchen.
Gespräch und eventuell ein neuer Impuls.
Mandala malen und Rundgespräch.
Kurzer gemeinsamer Schluß.

Zeitablauf: Ich hatte ca. 45 Minuten zur Verfügung, oft genug hätte ich gerne 60 Minuten gehabt.

Zur Arbeitsweise

Meine Vorplanung war fast immer anders als die Stunde selbst. Es kam ein Prozeß zustande, der die gesamte Einheit veränderte. So ergab es sich durch die Mitarbeit der Kinder, daß den fünf Stunden jeweils Atem, Bauch/Beckenraum, Herz, Kopf und Hände zugeordnet wurden.

1. Stunde: Gott im Atemhauch

Nach dem Lied erzählte ich, daß Gott auch in den Menschen wohne. Die Kinder waren ungefähr zur Hälfte erstaunt, zur anderen Hälfte war ihnen dies selbstverständlich. Ich erzählte aus der Schöpfungsgeschichte die Geschichte vom Atemhauch Gottes und schloß dann eine Übung an: den eigenen Atem spüren, ebenso den Atemraum im Leib wahrnehmen. Den meisten Kindern machte dies keine Schwierigkeiten. Die Äußerungen der anderen Kinder halfen, den eigenen Atemraum immer deutlicher zu entdecken.
Danach folgte noch einmal die knappe Bemerkung: Dieser Atem wird uns geschenkt. Es ist Gottes Atem, der in uns fließt. Nun kommt es darauf an, daß wir den Atem nicht machen, sondern ihn genau wie Gott geschehen lassen. Dazu habe ich von Gerhard Tersteegen aus EKG 128 einen kleinen Teil der 6. Strophe gesprochen: »Wie die zarten Blumen willig sich entfalten und der Sonne stille halten, laß mich so, still und froh, deine Strahlen fassen und dich wirken lassen«. Danach habe ich DIN A 3-Blätter mit einem großen Kreis verteilt und Blumen malen lassen. Vorgabe

war, daß die Blumenmitte (Blüte) in der Mitte des Bildes sein sollte. Das Bild wurde zu Hause fertiggemalt.

2. Stunde: Wohnt Gott im Bauch?

Schwerpunkt der Stunde war die Frage eines der Kinder aus der ersten Stunde: »Wohnt Gott auch im Bauch?« Wir sammelten Wörter über den Bauch: auf den Bauch fallen, sich den Bauch vollschlagen, in meinem Bauch grummelt es ... Danach schloß ich zwei Übungen an, die verdeutlichten, daß der Bauch/Beckenraum unser Energie- und Kraftzentrum ist. Spontan äußerten die Kinder nach der Übung: »Wenn der Bauch ein Ort der Kraft ist, dann wohnt Gott auch im Bauch.« Im folgenden schlug ich vor, sich den Bauch als ein rundes Kraftzentrum vorzustellen und die Kraft des Bauches in ein rundes Bild mit allen möglichen Farben zu malen. Einer der Schüler sagte am Schluß: »Gottes Kraft kommt aus dem Bauch«. Wir mußten alle lachen. Diese Aussage regte mich an, mit den Vokalen o und u im Tönen die Stunde zu beschließen. Beide Vokale tönen aus dem Bauchraum.

3. Stunde: Gott im Herzen

Wir gingen vom Kanon »Schweige und höre« aus. Den Kindern war klar, daß das Herz ein besonderer Raum ist: Gott wohnt sicherlich im Herzen der Menschen, sonst würden sie nichts Gutes tun. Wir haben als Körperübung versucht, das eigene Herz zu hören und zu spüren.

Dann leitete ich zu einem Abschnitt aus A. de Saint-Exupéry, »Der kleine Prinz« eine Imagination an. Es ging um die Beziehung des kleinen Prinzen zum Fuchs und um das Geheimnis des Fuches: »Du siehst nur mit dem Herzen gut, das Wesentliche ist für die Augen unsichtbar.« Nach einem Gespräch teilte ich modellierbares Material aus und bat jede/n, eine runde Brosche mit einem Herz zu modellieren. (Eine Variante sind kleine Bilder, auf die als Rahmen ein runder Holzring gedrückt wird.) Die Kinder konnten ihre Brosche mit nach Hause nehmen und im Backofen brennen.

4. Stunde: Gott danken

Wie kann ich an den Kopf herangehen? Zuerst habe ich gefragt, was geht euch durch den Kopf, wenn ihr daran denkt, daß Gott im Kopf wohnt? Es kamen Äußerungen wie: Wir denken über Gott nach, wir versuchen Gott zu verstehen, wir haben eine Meinung über Gott, wir reden und singen ... Bei all den vielen Worten wurde mir deutlich, wie kopflastig (kopfbelastet) die Kinder waren, und ich machte eine Körperübung: meinen Kopf massieren, fühlen, sein Gewicht wahrnehmen. Danach verband ich im Liegen den Kopf in einer eutonischen Übung mit dem ganzen Leib.

Nach dieser Übung habe ich wieder ein Blatt mit einem großen Kreis ausgeteilt. Ich hatte das Bild von Leonardo da Vinci im Hinterkopf, der den Menschen im Kreis gemalt hat. Die Kinder malten nun ihren Leib in diesen Kreis. Wir schauten uns diese Bilder gemeinsam an, und ich erzählte das Gleichnis des Paulus von dem einen Leib, bei dem alle Glieder zusammenwirken, mit der Akzentuierung, daß unser Leib auch der Wohnort Gottes sei.

5. Stunde: Gott in guten Händen

An diesem Morgen stellten wir uns um eine Pfütze im Schulhof. (Eine Schüssel mit Wasser tut es zur Not auch.) In das Wasser ließ ich einen Stein fallen, und wir schauten den Kreisen zu. Danach lernten bzw. vertieften wir die erste Strophe des Liedes: »Ins Wasser fällt ein Stein« (Singt und dankt – Beiheft zum EKG der EKiR, Nr. 715). Dieses Lied leitet über zu den Händen, und wir haben zusammengetragen, was Hände Gutes und Schlechtes tun können. In den Händen wird Gottes Liebe sichtbar und wohnt Gott, – wenn sie Gutes tun. Anschließend malten die Kinder das Mandala: »Ins Wasser fällt ein Stein.«

Schlußbemerkung: Wie Sie an der Beschreibung sehen, habe ich in jede Stunde viel hineingepackt. Bei einer Klasse war dies sinnvoll, in der anderen Klasse kam ein Prozeß zustande, der sehr intensiv war und viel mehr Zeit brauchte, und wir nahmen uns mehr Stunden Zeit dafür.

6.2.2 Imaginationen zu den Reich-Gottes-Gleichnissen

Eine andere Reihe fand unter denselben äußeren Voraussetzungen statt.

Ziel und Rahmen der Stunden

Zielsetzung:
- Die Kinder mit den Reich-Gottes-Gleichnissen vertraut machen.
- Einen Weg benutzen, der bildnishaften Gleichnissen angemessen ist.
- Die Bilder der Gleichnisse als innere Bilder erfahrbar machen.
- Das kognitive Erfassen von Texten vertiefen.
-

Grundmuster der Stunden:
Meditativer Tanz zu unterschiedlichen Liedern.
Körperübungen zur Vorbereitung der Imagination.
Imagination.
Verarbeitung der Imagination durch Gespräch oder andere Möglichkeiten.
Lied zum Ende.

Zur Arbeitsweise

Schwerpunkt der Unterrichtsstunden ist die Imagination. Sie nimmt mit der Anleitung und dem Malen bzw. der anderen Art der Weiterarbeit gut Zweidrittel der Zeit ein. Meditativer Tanz und Abschlußlied sind der Rahmen. Die Körperübungen dienen der Vorbereitung. Zumeist habe ich die Körperübungen und die Imagination angeleitet, während die Kinder auf dem Boden lagen. Ich hatte fünf Gleichnisse ausgewählt, die miteinander in einem Bezug stehen. Jede Stunde war aber in sich abgeschlossen, so daß diese Reihe gleichzeitig fünf Einzelstunden vorstellt. Die Stundenbeschreibungen enthalten einen knappen Hinweis zur Körperarbeit, die Imaginationsanleitung und Anregungen zur Weiterarbeit.

1. Stunde: Vom Wachsen der Saat

Körperarbeit:
Die Kinder liegen auf dem Boden und spüren ihrer äußeren Gestalt nach. In dieser Stunde war ich zufrieden, daß etwas eigene Körperwahrnehmung möglich war.

Imagination zu Markus 4, 26-29:
- Stellt euch vor, ihr habt ein gutes Feld für die Saat vorbereitet. Ihr geht nun über euer Feld und sät Korn aus. Danach geht ihr nach Hause.
- Es vergehen Nacht und Tag. Schaut nach einigen Tagen nach, wie eure Saat wächst.
- Nun vergeht eine Woche, und ihr seht euch die Saat an.
- Nach einem Monat betrachtet ihr eure Pflanzen wieder.
- Ein Vierteljahr ist um, seht, wie weit eure Pflanzen gewachsen sind und ob schon Ähren da sind.
- Jetzt kommt die Zeit der Ernte. Wie schauen eure Pflanzen nun aus?

Wenn es euch möglich ist, laßt noch einmal die Zeit des Wachstums in euch vorbeiziehen. Wieviel habt ihr für das Wachsen tun müssen? Welches Bild – welche Zeit des Wachstums – hat euch gut gefallen, mit welchen Bildern wart ihr unzufrieden? War sonst noch etwas schwierig oder gut? Erinnert euch nun an ein Bild, das ihr gerne malen wollt. Räkelt euch langsam durch, aber versucht, nicht zu schwätzen. Papier und die guten Kreiden liegen schon da.

Nacharbeit:
Die Kinder malen die Bilder. Wir schauen uns die Bilder nacheinander der Runde entlang an, wer will, kann ein oder zwei Sätze dazu sagen. Danach habe ich das Gleichnis gelesen, und wir haben uns darüber unterhalten.

2. Stunde: Vom Senfkorn

Körperarbeit:
Macht euch heute ganz klein, wie eine kleine Kugel. Versucht nun, behutsam und langsam zu wachsen. Ich habe eine Musik mitgebracht, laßt euch für das Wachsen die ganze Musik lang Zeit. Bevor ihr heranwachst, stellt euch einmal vor, wie langsam das Wachsen in der Natur geschieht. (Diese Übung war intensiv, und die Kinder konnten sich gut darauf einlassen.)

Imagination zu Markus 4, 30-32:
Setzt euch oder legt euch hin, so daß ihr euch für vier, fünf Minuten nicht zu bewegen braucht. Macht es euch wirklich bequem.
- Stellt euch ein kleines Fleckchen Erde vor, das gut vorbereitet ist. Nun legt ihr einen kleinen Senfsamen in die Erde. Dieser Samen ist winzig klein. Schaut zu, wie dieses Samenkorn wächst. Es darf so werden, wie es wird. Ihr kennt die Musik schon. Während die Musik euch begleitet, habt ihr viel Zeit, in der euer Korn wachsen kann.

Nun ist die Musik zu Ende. Schaut euch die Pflanze noch einmal an: Steht eure Pflanze allein, kommen Menschen, Tiere, z.B. Vögel vorbei? Merkt euch das letzte Bild und bewegt euch langsam wieder. Ja, ihr könnt auch kräftig gähnen und euch räkeln.

Nacharbeit:
Vor den Kindern ist eine sehr große Papierbahn (1m x 3m) ausgelegt. In der Mitte steht eine Kerze, und jeder malt sein Bild mit der Wachsmalkreide. Anschließend standen wir auf und haben uns im Kreis um die Papierbahn bewegt und alle Bilder angeschaut.

3. Stunde: Vom Unkraut unter dem Weizen

Körperarbeit:
Ich arbeite im Liegen und widme mich den Gliedmaßen. Jeder Teil des Körpers wird langsam ein wenig (Zentimeter!) angehoben und wieder abgelegt. Auch der Rücken

und das Becken werden einbezogen; dazu versucht jedes Kind erst im Becken, dann der Wirbelsäule entlang leichten Druck gegen den Boden zu geben.

Imagination zu Matthäus 13, 24-30:
Die Kinder liegen noch auf dem Boden. Stellt euch wieder ein großes, gut für die Saat vorbereitetes Feld vor. Ihr streut euer Korn aus. Achtet darauf, daß überall Kornsaat liegt. Am nächsten Tag schaut ihr euch das Feld an und entdeckt neben eurer Kornsaat andere kleine Samen. Schaut zu, wie das ganze Feld, wie alle Pflanzen wachsen und schaut, wann ihr die einzelnen Pflanzen unterscheiden könnt. Nun kommt die Ernte. Jetzt könnt ihr alle Pflanzen unterscheiden, erntet und trennt das Korn von dem Unkraut.

Nacharbeit:
Die Kinder malen ihr Feld kurz vor der Ernte. Danach erfolgt ein Gespräch über das Gleichnis. Ich lese eventuell den Originaltext. Ich versuche herauszuarbeiten, daß vieles anfangs gleich aussieht und daß wir oft das *vermeintlich* Falsche beseitigen. Dies ist ein Text, der zur Geduld und zum Wartenkönnen anregt.

4. Stunde: Vom Sämann

Körperarbeit:
Wir spüren im Gehen ohne Schuhe den Boden. Wenn gutes Wetter ist, können wir dies draußen tun.

Imagination zu Matthäus 13, 3b-9:
Die Imagination ist im Abschnitt 4.6.4 Imagination zu biblischen Geschichten beschrieben.

Nacharbeit:
Es sind verschiedene kleine Blumentöpfe vorhanden, in die wir unterschiedliche Erdsorten füllen. Die Klasse übernimmt mit der Lehrerin die Betreuung der Blumentöpfe, und es wird notiert, wie die Pflanzen in den einzelnen Töpfen wachsen. Ein Vergleich zwischen Mensch und Pflanze kann sich im Gespräch ergeben.

Schlußbemerkung

Diese Reihe verdeutlicht einige Aspekte der Gleichnisse. Es könnte sich jetzt eine weitere Reiheüber Gleichnisse grundsätzlich anschließen, die die Kenntnisse und Erfahrungen weiter vertieft.

6.3 Beten – eine Reihe aus kirchlichem Unterricht und Kindergottesdienst

Ausgangspunkt dieser Unterrichtsreihe war meine Unzufriedenheit mit meiner eigenen Unterrichtsreihe über das Beten im Kirchlichen Unterricht. Über Beten zu reden oder sich spielerisch anzunähern oder Beten zu erklären, wurde mir immer fragwürdiger. Gleichzeitig besitzen immer weniger Kinder eigene Erfahrungen. Manchmal gelingt es noch, daß die Konfirmanden ein intensives Gebet für einen Vorstellungsgottesdienst schreiben, aber es fehlt grundsätzliche Erfahrung. Durch meine eigene Meditationspraxis und die Anfrage einiger Konfirmanden, ob wir nicht mal meditieren könnten, entstand diese Reihe. Sie ist sicher kein Schlußpunkt, aber es war ein guter Anfang. Diese Reihe veränderte ich dann für den Kindergottesdienst und die Grundschule, des weiteren war sie die Grundlage für eine Fortbildungsmaßnahme.

6.3.1 Das »Vater unser« im Konfirmanden-Unterricht

Im folgenden schildere ich nicht den konkreten Ablauf, sondern ich stelle viele Bausteine für diese Reihe zusammen. Bitte verwenden Sie diese Bausteine gemäß Ihrer eigenen Erfahrung. Im Mittelpunkt dieser Reihe steht das »Vater unser«.

1. Baustein: Sprechen

Ausgangspunkt meiner Arbeit war die Überlegung, daß das »Vater unser« das vertrauteste und bekannteste Gebet ist. Ich bat die Kinder, ein Plakat mit dem Text des »Vater unser« zu gestalten. Die Plakate wurden alle aufgehängt. Am Ende der Stunde ließ ich alle Kinder sich aufrecht hinsetzen. Ich regte die Kinder an, langsam und konzentriert das »Vater unser« mehrmals hintereinander inwendig zu sprechen. Als Zeit der Stille gab ich zwischen fünf und acht Minuten vor. Jede/r trug zwei Sätze ins Heft ein: den Satz, der spontan am meisten und den, der am wenigsten ansprach.

2. Baustein: Schreiben

In der nächsten Stunde begannen wir mit einem meditativen Tanz zum »Vater unser« (Calypso-Fassung). Anfangs war dies ungewohnt, später begleitete uns dieser Tanz in jeder Stunde. Danach schloß sich die Stillezeit mit derselben kleinen Übung wie in der letzten Stunde an. Nun wurden die Sätze verglichen. Jede/r bekam viele Blätter (mindestens DIN A3) und einen Pinsel für Tusche. (Alternativ: echte zugeschnittene Gänsefeder, Tuschreibesteine mit Pinsel, schwarze Wasserfarben.) Nehmen Sie keine schlechten Filzstifte, eine Alternative sind nur sehr breite und gute Stifte. Viel reizvoller ist das handwerkliche Material. Nun entsteht eine kalligraphische Arbeit, für die ich viel Zeit lasse. Die Kinder sollen ihren Satz immer wieder neu schreiben, nach einer kurzen Anlaufphase geschieht dies jeweils auf einem neuen Blatt. Fast immer gelingt ein meditativer Prozeß, und ich lasse ihn bis zu einer halben Stunde gewähren.

3. Baustein: Werten

Am Anfang der Stunde tanzten wir und sangen verschiedene »Vater unser«-Varianten. Dann trugen wir auf einem Plakat die Sätze zusammen, mit denen die einzelnen Schwierigkeiten hatten. (Es gibt nun die Möglichkeit, auch diese Sätze, wie vorher beschrieben, immer wieder zu schreiben. Für die meisten Gruppen ist dieser Wiederholungseffekt nicht hilfreich, bei Erwachsenen habe ich allerdings gute Erfahrungen gemacht.)
Ich bin grundsätzlich beim Schreiben geblieben und habe die Kinder ein Blatt in der Mitte falten lassen. Auf der einen Seite wurde der schwierige Satz liebevoll als Plakat gestaltet, auf der gegenüberliegenden Seite wurde ein zweites Plakat entwickelt, in dem ein für das Kind positives Gegenüber zu dem schwierigen Satz gesucht wurde.

Ein Beispiel:

Erlöse mich von dem Bösen. – Schenke mir Gutes.

Auch dieses Plakat wurde aufgehängt. Mittlerweile hat das »Vater unser« den Raum gestaltet.

4. Baustein: Verkörpern

Ich habe die Stunde wie gewohnt begonnen, allerdings in einem Raum, in dem wir auf einem Teppichfußboden sitzen konnten. Alle saßen im Kreis. Wir suchten gemeinsam Gebetsgebärden aus allen Kulturen und fragten nach der tieferen Bedeutung. Um die Gebärde zu vertiefen, verharrten wir eine Weile in einer Gebärde. Wer wollte, konnte inwendig das »Vater unser« sprechen; für mich war ein »Vater unser« ein guter Zeitraum, um die Gebärde zu empfinden. Ich habe die Gebärden nicht vorgegeben, sondern die Kinder gefragt und ausprobiert. Wir kamen ohne meine Anregungen immer auf sechs bis zehn Gebetshaltungen, vom Händefalten über alle gebeugten Haltungen bis zum Beten mit unterschiedlichen Hand- und Armhaltungen im Stehen. Es ist gut möglich, jeweils ein bis zwei Kinder zu bitten, sich eine Haltung und die Einfälle/Bedeutungen dazu zu merken. Jedes Kind kann dann im Anschluß an diese Einheit das Wichtigste zu seiner Haltung notieren.

Im Anschluß an diese grundsätzlichen Haltungen kann das »Vater unser« in eine Gebärdenfolge übersetzt werden. Am sinnvollsten ist es, den Text gemeinsam zu sprechen und die Gebärden mit allen dazu zu machen.

5. Baustein: Symbolisieren

Dieser Baustein ist für mehrere Stunden gedacht. Jedes Kind in der Gruppe sucht sich einen kleinen Satz aus dem »Vater unser« aus. Es kann ruhig der alte Lieblingssatz sein. Es muß nur darauf geachtet werden, daß alle Sätze verteilt waren. Jedes Kind gestaltet zu seinem Satz einen Symbolentwurf, denn wir töpfern zu dem »Vater unser« ein Mandalabild. Zu seinem Entwurf schreibt jedes Kind (dem Alter angemessen) ein paar Sätze auf.

Töpfern ist auf mindestens zwei Arten möglich:

1. Es wird auf einer großen runden Tonplatte gearbeitet. Die Platte darf nicht größer sein als der Brennofen. Außenherum werden die Worte des »Vater unser« geschrieben. In der Mitte – in einem kleinen Kreis – kann das Amen stehen oder das Ausrufezeichen am Ende. Jedes Kind gestaltet nun ein Symbol für seinen kleinen Teil. Das Symbol muß dann an der Grundplatte aufgeschlickert werden. Vergessen Sie nicht, vor dem Brennen zwei Löcher zu machen, damit Sie einen Riemen zum Aufhängen befestigen können.

2. Sie planen das Bild wesentlich größer und machen eine riesengroße Tonplatte, die Sie nach dem Beschriften und nach dem Aufbringen der Symbole in die entsprechenden Felder sauber zerschneiden. Den Mittelpunkt schneiden Sie extra aus, so ist er später als Mittelpunkt gut sichtbar. Als Kontrast zum großen runden Tonbild holen Sie eine etwas größere quadratische Tischerplatte. Die gebrannten Tonteile befestigen Sie mit reichlich Fliesenkleber.

Bei beiden Wegen können Sie die Platte nach dem Schrühbrand einfarbig oder mehrfarbig glasieren. Es empfiehlt sich, mindestens die Schrift (am besten schreibt eine Person) mit kontrastreicher Glasur nachzuziehen.

Hinweis: Nicht jede/r Leiter/in kann töpfern, mittlerweile gibt es aber genug Eltern, die dies hervorragend können. Ich habe noch nie ohne fachkundige Eltern arbeiten müssen, allerdings sollten Sie vorher über das Projekt mit den Eltern gesprochen haben! Es kann sich empfehlen, nur einige Kinder glasieren zu lassen, weil Glasieren viel Sorgfalt beansprucht und gute Tonentwürfe eventuell zum Schluß zerstört werden.

6.3.2 Elemente für den Gottesdienst

Es bietet sich nahezu an, aus diesem reichen Material einen Gottesdienst zu gestalten und miteinander zu feiern. Sicherlich hängt letztlich die Form davon ab, ob es ein Familien-, Konfirmandenvorstellungs- oder Schulgottesdienst ist.
Nun fasse ich die Elemente zusammen, die in den Gottesdienst einbezogen werden können:

- Die Plakate gestalten den Gottesdienstraum. Ebenso können sie für Einladungen weiterverwendet werden.
- Der meditative Tanz wird einbezogen und vorgetanzt.
- Die vielen Gebetsgebärden werden in Auswahl dargestellt und die Texte dazu gelesen.
- Gemeinsam mit der Gemeinde werden im Gottesdienst die Gebärden zum »Vater unser« eingeübt. (Eine Kleingruppe macht frontal zur Gemeinde die Bewegungen vor.)
- Die Tonmandalabilder stehen im Mittelpunkt, und die einzelnen Worte ergänzen den optischen Eindruck. Es ist auch möglich, Dias oder Schwarzweißbilder von dem Mandala zu machen. Diese Bilder zeigen dann entweder groß als Dia oder schwarzweiß als Kopie auf einem Programm deutlicher die Einzelheiten.

Mir und den Gruppen hat diese Einheit viel Freude gemacht, sie verlangt allerdings viel Vorbereitung.

6.4 Abendstunde – eine Reihe aus einer Kinderfreizeit

Vor vielen Jahren machte ich eine Zeltfreizeit mit Kindern im Saarland. Es ergab sich, daß ich einen Raum abends für eine Stillezeit zur Verfügung hatte, und so entwickelte sich ein spontanes, nicht geplantes allabendliches Treffen mit den Kindern, die kommen wollten. Es war für alle ein Erlebnis, bis heute erzählen die mittlerweile Erwachsenen davon. Auf eine besondere Weise hat uns Zeit, Raum und Stille angerührt.

Rahmen und Aufbau der Abendstunde

Später habe ich diese Stunde bei anderen Freizeiten aufgenommen. Dabei stellten sich einige Kriterien als wesentlich heraus:

- Ein eigener ruhiger Raum.

- Der Raum sollte leer, aber mit einer Mitte ansprechend gestaltet sein (die Kinder können selbst dafür Blumen und Zweige suchen).
- Material sollte im Raum gut geordnet vorhanden sein.
- Störungen von außen sollten möglichst vermieden werden.
- Nicht unter Zeitdruck die Stunde gestalten (wir haben nach dem Abendessen immer viel Zeit gehabt, 60-75 Minuten).
- Absolute Freiwilligkeit – einladen.

Für meine letzte Kinderfreizeit hatte ich folgendes Stundenmodell ausgearbeitet:
- Meditativer Tanz zur Musik von Tonträgern und zu selbstgesungenen Liedern,
- Körperübung, die zum nächsten Teil hinführt,
- FaFeFiFoFu oder Mandala gestalten oder eine andere Übung,
- Kleine stille Zeit – Zeit des Hörens,
- Kurze Abschlußgeschichte.

Ich hatte bei dieser Freizeit zehn Abende zur Verfügung, sieben Abende davon schildere ich.

Zur Arbeisweise

Die Abende stelle ich im Ablauf dar, viele der Übungen kennen Sie schon aus dem Buch. Hier geht es um die Zusammenstellung und um das Zusammenwirken der verschiedenen Elemente zu einem Ganzen.

1. Abend: Wurzeln

- Meditativer Tanz zu einem Kanon, jede Stimme geht in einem Kreis.
- Die Füße beim Gehen spüren, verschiedene Gehweisen ausprobieren.
- FaFeFiFoFu: Das Schiff – FaFeFi – fährt in die Wurzeln eines Baumes und beseitigt Stauungen und Hindernisse in den Wurzeln. Ich habe dies recht umweltfördernd und spannend erzählt. Die Kinder können sitzen oder liegen.
- Die Füße im Stehen spüren, sich verwurzeln, danach die eigenen Füße liebevoll massieren und mit einem Massageöl einreiben.
- Geschichte: Warum der Kranich auf einem Bein stehen kann.

2. Abend: Wärme

- Tanz zu Hawa nagila.
- Das FaFeFiFoFu fährt zur Sonne, die Kinder schauen durch das Glasdach ins Weltall, sie spüren (!) die Wärme und die Schwere. Durch das Glasdach (Mandalamotiv) sehen sie viele bunte Farben.

- Das Mandala der Glaskuppel wird ausgemalt.
- Die Geschichte von der Katze, die zu schnell aufsteht (ohne räkeln), – diese Geschichte erzählte ich spontan, weil einige am Schluß des FaFeFiFoFus ruckzuck aufsprangen.

3. Abend: Kontakt

- Meditativer Tanz zu Trommelmusik (Stampfrhythmus).
- Das Auto – Fa – fährt rund um den Körper, die Kinder spüren den Außenkontakt.
- Zwei Kinder, die sich mögen (!), klopfen sich sanft (eventuell mit Tennisball) den Rücken ab, danach schaukeln sie sich gegenseitig Rücken an Rücken (s. S. 80).
- Aus Knetmaterial formt jedes Kind mit möglichst geschlossenen Augen seinen Körper. Wir schauen uns gemeinsam die Körper an, (Ab)Wertungen werden vermieden. Ich lade ein, ohne Kommentare zu schauen und erkläre, warum ich nicht gerne Noten gebe.
- Die Geschichte von der Schlange, die sich eine neue Haut wünscht.

4. Abend: Vertrauen

- Tanz, bei dem viel Handkontakt ist.
- Die Hände spüren – mit dem Energieball zwischen den Händen spielen.
- Kinder, die sich vertrauen, bilden ein Paar und führen sich gegenseitig im Raum – als Erweiterung (andere Stunde) durch die Natur. Ein Kind hat die Augen geschlossen. Bitte in der Mitte der Zeit an den Wechsel denken.
- Labyrinth-Mandala ausmalen.
- Abraham erzählt einem kleinen blinden Mädchen die Geschichte vom Vertrauen (s. S. 180).

5. Abend: Erde

- Tanz mit viel Erdkontakt zu afrikanischer Trommelmusik.
- Sich hinlegen und den Erdkontakt spüren, direkt danach
- FaFeFiFoFu-Reise um die Erde, um einen Delphin zu suchen, von oben die Erde schauen.
- Selbst in einem Kreis mit dem Delphin (klein in der Mitte) die Erde malen.
- Die Geschichte von der wertvollen Kugel.

6. Abend: Wachsen

- Tanz zum Lied: Jesus unser Bruder (s. S. 129 f.).
- Einen Baum als Imagination in der Bewegung wachsen lassen.
- Den Baum in ein Rundbild malen.

Alternativ:

- Jeder holt schweigend von draußen einen Zweig oder eine Blume oder ein Gras oder eine Ähre usw., und anschließend wird in einer vorbereiteten Schale mit Steckschwamm schweigend ein Gesteck gestaltet. Nacheinander steckt jede/r dazu den eigenen Gegenstand. Das Gesteck schmückt die Mitte.
- Die Geschichte vom Feigenbaum, der eine neue Chance zum Wachsen erhält.

7. Abend: Liebe (dies kann auch eine der ersten Stunden sein)

- Meditativer Tanz zu »Adoramus te« (Taizé).
- Den Leib und das Herz spüren (nur für erfahrene Anleiter/innen). Mit dem FaFeFi durch den Leib reisen, sich dem Herz nähern und es spüren und hören.
- Die Kerze in der Mitte anschauen.
- Aus farbigem Wachs ein kleines Symbol für das Herz herstellen.
- Nacheinander im Schweigen das eigene Symbol an der Kerze in der Mitte anbringen.
- Die Geschichte vom kleinen Prinz und dem Fuchs (A. de Saint-Exupéry).

Schlußbemerkung

Ich habe Ihnen einige Abende als Modell beschrieben. Bitte kopieren Sie diese Stunden nicht einfach, sondern gehen Sie von Ihren Möglichkeiten und Erfahrungen aus! Es hätte den Rahmen des Buches gesprengt, alle Geschichten abzudrucken. Sie entsprechen in Art und Umfang dem »Traum der kleinen Hildegard« (S. 149) und dem Text »Blindes Vertrauen«. Haben Sie den Mut, selbst in solch kurzen Geschichten den jeweiligen Aspekt zu verstärken, der im konkreten Ablauf der Stunde wichtig wurde.

Danksagung

Wir möchten uns bei all den Menschen bedanken, die uns auf die unterschiedlichste Weise bei diesem Buch geholfen haben. Zuallererst unseren Töchtern Annika, Alexandra und Sarah, die unsere Ideen, unsere Arbeit und unsere Anspannung erfahren, mitgeübt und ausgehalten haben. Mit ihnen danken wir all den Kindern in der Schule, auf Freizeiten, im Kindergottesdienst und wer-weiß-nicht-wo, durch die all diese Erfahrungen erst ermöglicht wurden. Danke auch den Teilnehmer/innen an den verschiedenen Fortbildungsveranstaltungen, die uns mit ihrem Interesse, ihrer Bereitschaft, sich auf die Übungen einzulassen, ihren Fragen und Anregungen motiviert haben, dies alles hier zusammenzutragen.
Eleonore Gottfried-Massa und Marie-Luise Soltmann haben uns für die Eutonie-Arbeit bzw. den meditativen Tanz begeistert, und wir freuen uns darüber und danken ihnen für ihre Mitarbeit und ihre Beiträge, ebenso danken wir Bärbel Kunze für ihre Tanzschritte und ihre Mitarbeit in der Schule.
Martina Matthäi hat fast alle Fotos gemacht, Markus Homann hat den Kreis der Mandalas in der Schule fotografiert, und Leena Neubert die abgedruckten Mandalas entworfen. Mark Gierling und Norbert Schoog haben die Liedideen vertont und sich auf unsere Anregungen eingelassen. Luise Pawlowsky und Cornelia Löcher haben uns die Veröffentlichung ihrer Lieder erlaubt.
Arnold, Beate, Doris G., Harri und Markus haben das Manuskript in verschiedenen Stadien gelesen und uns viele Rückmeldungen gegeben.
Herzlichen Dank Euch allen. Wir wünschen uns, daß all die Arbeit Kindern zugute kommt.
Zuletzt danken wir dem Verlag und Winfried Nonhoff für die Geduld, die Gespräche und die Beratung. Dies war viel mehr, als wir erwartet haben.

Langenfeld, im Oktober 1992

Gerda und Rüdiger Maschwitz